Mi más sincero agradecimiento a **Patricia Gemelli** *por la cuidadosa revisión y las valiosas sugerencias durante la edición de la versión en español.*

Published by
Big Enough Productions
www.bigenough.co.uk/books

15 COSAS QUE LA ESCUELA NO TE ENSEÑA

LO QUE NOS ENSEÑAN NO ES LO QUE REALMENTE NECESITAMOS SABER

MARCO CABRIOLU

Copyright © 2025 por Marco Cabriolu

Derechos de Autor

Todos los derechos reservados. Ninguna parte de este libro puede ser reproducida, copiada, distribuida, transmitida ni almacenada en ninguna forma, ya sea digital, oral o impresa, sin el consentimiento previo y por escrito del editor o del titular de los derechos de autor. La difusión no autorizada de esta publicación está estrictamente prohibida.

Limitación de Responsabilidad

La exactitud e integridad de la información contenida en este libro han sido verificadas cuidadosamente; sin embargo, el autor y el editor no asumen ninguna responsabilidad por errores, omisiones o interpretaciones incorrectas. El uso de la información proporcionada es completamente a discreción y bajo la responsabilidad del lector. Ni el editor ni el autor podrán ser considerados responsables, en ningún caso, por daños, pérdidas o consecuencias derivadas, directa o indirectamente, del uso del contenido de este libro.

Aviso Legal

Este libro está protegido por derechos de autor y está destinado exclusivamente al uso personal. Está prohibido modificar, distribuir, vender, citar o parafrasear cualquier parte del contenido sin el consentimiento por escrito del autor o del titular de los derechos. Cualquier infracción será perseguida conforme a las disposiciones legales vigentes.

Descargo de Responsabilidad

El contenido de este libro se proporciona exclusivamente con fines informativos, educativos y de entretenimiento. Aunque se han tomado medidas para garantizar la precisión de la información, no se ofrecen garantías expresas ni implícitas. Las opiniones expresadas por el autor no sustituyen asesoramiento legal, financiero ni profesional. Se recomienda a los lectores consultar con expertos calificados antes de tomar cualquier decisión basada en la información contenida en este libro.

Para derechos y permisos, por favor contactar con:

Big Enough Productions Ltd.

71-75 Shelton Street, Covent Garden

Londres - Reino Unido WC2H 9JQ

publishing@bigenough.co.uk

"El dinero que se tiene es instrumento de libertad, el que se busca lo es de servidumbre."

Jean-Jacques Rousseau

ÍNDICE

Premisa	9
Introducción	11
Dudas, Errores, Aciertos y Lecciones de Vida	17
1. Cómo pensar	23
2. La importancia de viajar	37
3. Los fundamentos del éxito	55
4. Cómo construir una carrera	83
5. Cómo crear un negocio	101
6. Cómo ser un buen socio	125
7. Cómo comunicarse bien	145
8. Cómo crear impacto	169
9. Cómo administrar el tiempo	201
10. Cómo negociar	223
11. Cómo vender	243
12. Cómo administrar el dinero	263
13. Cómo Invertir dinero	277
14. Cómo obtener la libertad económica	303
15. Cómo afrontar el Fracaso	321
Conclusión	349

PREMISA

Este libro no ofrece una fórmula mágica para volverse rico, ni pretende sugerirte consejos milagrosos sobre cómo invertir tu dinero y garantizarte el éxito. Lo que encontrarás aquí es, más bien, una forma diferente de ver las cosas en comparación con lo que te enseñaron durante los años escolares, un nuevo punto de vista que podría abrirte los ojos y ayudarte a mirar más allá de las creencias habituales.

A lo largo de la lectura de este libro, notarás que algunos conceptos se repiten en distintos capítulos. Es una elección intencional: creo firmemente que la repetición ayuda a fijar mejor las ideas principales en tu mente, haciéndolas más fáciles de recordar y aplicar.

Cada capítulo es autónomo y puede leerse de forma independiente. Lo estructuré así precisamente para darte la libertad de abordar los temas en el orden que prefieras. Por tanto, podrás saltar de una sección a otra sin inconvenientes, retroceder o avanzar libremente, eligiendo el recorrido de lectura que más te agrade.

Este libro no constituye un consejo financiero ni una recomendación de inversión. Toda la información compartida tiene únicamente fines informativos y educativos, basada en mi experiencia personal y en observaciones acumuladas a lo largo de los años.

Las decisiones financieras y de inversión conllevan siempre riesgos y deben tomarse con conciencia, realizando la debida investigación y, si es necesario, consultando con profesionales calificados.

El objetivo de este libro es ayudarte a desarrollar una mentalidad emprendedora y estratégica, ofreciendo reflexiones sobre cómo abordar el dinero, las inversiones y la construcción de fuentes de ingreso. Sin embargo, cada decisión financiera es personal y debe evaluarse en función de tus propias necesidades, objetivos y competencias.

INTRODUCCIÓN

Desde los primeros años de escuela, siempre me pregunté si lo que estaba aprendiendo realmente me serviría en la vida real. Recuerdo que, sentado en mi pupitre, mientras el profesor explicaba trigonometría o sintaxis latina, mi mente vagaba por otros lados: *¿Realmente me servirá todo esto para construirme un futuro?*

Creo que la mayoría de las personas ha tenido la misma duda. Porque en la escuela nos enseñan a resolver ecuaciones complejas, a memorizar fechas históricas, a recitar poemas, pero no nos explican cómo ganar y gestionar el dinero, cómo iniciar un negocio, cómo generar riqueza o simplemente cómo enfrentarse al mundo allá afuera.

Yo siempre tuve un enfoque algo distinto. Aprendí a leer a los cuatro años y un año después ya escribía pequeños relatos, gracias a mi madre, maestra de primaria, que entendió desde el principio mi inclinación hacia la creatividad. Nunca me impuso seguir un camino rígido, sino que me animó a explorar. Me daba una hoja en blanco y un reto: crear una historia desde cero, por ejemplo, empezando solo con un lugar y dos personajes. Así comenzó mi pasión por la escritura creativa.

Pero no solo la escritura me estimulaba. A los seis años, cuando familiares y amigos venían de visita, yo andaba con mi cuaderno en

INTRODUCCIÓN

mano, anotando todos mis proyectos. Todavía recuerdo el día en que le mostré a un tío muy querido, que era topógrafo, mi proyecto de un avión biplano con hélice a pedales. Lo había imaginado y dibujado con todo detalle, y él no se rió, al contrario, me animó y me dio valiosos consejos sobre proporciones y medidas. Poco tiempo después, con la ayuda de mi abuelo, ese biplano cobró vida, hecho con tablas de madera y piezas de una bicicleta vieja. No todos mis proyectos funcionaban como los imaginaba en mi cabeza, pero cada error era una lección. Aprendí que la creatividad sin acción es solo una ilusión. Si quieres construir algo real, tienes que darte contra la pared, intentarlo, corregir.

Al crecer, me di cuenta de algo: el mundo allá afuera no premia a los soñadores. Al menos, no si esos sueños se quedan solo en su cabeza.

Durante mi infancia, como muchos de mi edad, vivía en un mundo creado por mi imaginación, donde todo era posible y la fantasía era el motor de cada idea. Pero al crecer, vi a demasiadas personas dejar de soñar, atrapadas por las expectativas de la sociedad, que impone caminos preestablecidos. Hoy observo a los jóvenes y noto cómo su curiosidad parece apagarse. Ya no hacen preguntas por el simple deseo de comprender, sino que aceptan todo pasivamente, como si lo que se les enseña fuera un dogma indiscutible, sin alternativas posibles.

A menudo me sentía un tonto por hacer tantas preguntas en clase; a veces lo hacía por verdadero interés, otras porque por naturaleza tiendo a dudar de todo y no doy nada por sentado. Solo más tarde comprendí que hacer preguntas era importante y me ayudaba a recordar mejor las lecciones. Me bastaba con leer una o dos veces las páginas asignadas y listo. La razón por la que recordaba fácilmente no era por tener una memoria excepcional, sino porque hacía preguntas, porque trataba de conectar todo con algo concreto.

Pero lo que me preguntaba a menudo era: ¿Realmente necesito saber hacer operaciones con radicales o traducir del latín? ¿El pensamiento de Kant me ayudará a pagar las cuentas? ¿La trigonometría me será útil para ganarme la vida? ¿O estudiar historia del arte, conocer de memoria *A Silvia* de Leopardi o *Los Sepulcros* de Foscolo, hacer una versión en prosa de la *Divina Comedia* de Dante Alighieri... y así?

INTRODUCCIÓN

Todo lo que aprendemos en la escuela puede no parecer necesario en el momento, pero de manera indirecta tarde o temprano nos será útil. Todas las respuestas a estas preguntas me llegaron solo después, cuando crucé el umbral del mundo laboral.

Desde el latín hasta la historia del arte, la filosofía y todas las demás materias, de algún modo ayudaron a desarrollar mi pensamiento, a darme un conocimiento básico sobre el mundo, sobre lo que nos rodea, a apreciar lo que se me presenta. En mi caso particular, que trabajo sobre todo en un ámbito artístico como el cine, la poesía, el arte y la cultura general, son una fuente constante de inspiración para mí y para mi trabajo.

Pero de todo lo que se nos enseña en la escuela, hay muy poco de práctico, y cuando salimos de allí, debemos arreglárnoslas solos. Solo después entendemos que la escuela no nos preparó para los verdaderos desafíos de la vida.

Nadie nos explicó cómo ganar dinero de forma independiente, cómo gestionar nuestras finanzas para evitar dificultades, cómo emprender y hacer crecer un negocio, o cómo invertir inteligentemente para que el dinero trabaje para nosotros. Nadie nos enseñó la importancia de saber tratar con las personas, negociar, vender o comunicarse eficazmente. Y sin embargo, esas son las habilidades esenciales para enfrentarse al mundo real, pero en la escuela nunca se mencionan.

Cuando terminamos la educación obligatoria, nos sentimos desorientados y confundidos. En la mayoría de los casos, nos vemos obligados a tomar una decisión mientras el reloj corre. Tenemos que elegir qué universidad seguir a una edad en la que aún estamos realmente indecisos y no podemos asumir una responsabilidad tan grande. Esa elección definirá nuestro futuro, o al menos eso nos dicen. Pero ¿cuántos realmente terminan la universidad? ¿Cuántos logran trabajar en lo que estudiaron durante años?

Siempre nos dijeron: *¡Consigue un título universitario y tendrás un gran trabajo!* ¿Estamos seguros de eso? Porque los hechos y las estadísticas dicen todo lo contrario.

Miles de graduados no encuentran empleo en su campo; jóvenes obligados a aceptar trabajos mal pagados a pesar de sus títulos; un sistema que forma empleados, pero no enseña a ser independientes.

INTRODUCCIÓN

Tener un título universitario no equivale necesariamente a ser más inteligente.

A menudo se confunde la cultura con la inteligencia. La inteligencia se mide por la capacidad de razonar, de conectar causas y efectos según lo que se conoce o aprendiendo lo que es necesario saber. La cultura, en cambio, representa un bagaje de conocimientos que, en la mayoría de los casos, puede depender simplemente de una buena memoria.

Si miramos el mundo de los negocios, nos damos cuenta de que muchos de los empresarios más exitosos nunca obtuvieron un título universitario. Steve Jobs, cofundador de Apple, abandonó la universidad tras unos meses; Richard Branson, fundador del Virgin Group, nunca terminó la secundaria; Mark Zuckerberg dejó Harvard para dedicarse a Facebook; Amancio Ortega, el visionario detrás de Zara, dejó la escuela a los 14 años… y la lista continúa. Incluso hay emprendedores que solo cursaron la primaria y lograron construir imperios económicos, demostrando que el éxito no depende de un papel, sino de la capacidad de pensar de forma innovadora y actuar con determinación.

No me malinterpretes, no estoy diciendo que estudiar sea inútil. Estoy diciendo que **no es suficiente.**

La escuela nos prepara para ser engranajes de un sistema, pero no nos enseña a construir nuestro propio sistema. Y ese es el verdadero problema.

La escuela no ofrece una alternativa a todo esto. No podemos ganarnos la vida simplemente citando a Dante Alighieri o recitando un soneto de William Shakespeare.

Hubo un tiempo en que no existían supermercados, tiendas de comestibles ni centros comerciales. Si querías comer, tenías que aprender a cazar. Si querías un techo sobre tu cabeza, debías construirlo con tus propias manos. No había tiendas de pesca y caza en la ciudad, ni ferreterías para comprar herramientas listas para usar. Tenías que crearlas tú, a partir de la materia prima que ofrecía la naturaleza.

Los conocimientos necesarios para sobrevivir no se aprendían en la escuela, sino que se transmitían de los mayores. Los jóvenes aprendían

INTRODUCCIÓN

observando, experimentando directamente, equivocándose y corrigiéndose, hasta volverse lo bastante hábiles como para no depender de nadie para su propia supervivencia.

Hoy nos llenan la cabeza de conocimientos teóricos, pero ¿sabemos realmente cómo enfrentar la vida por nosotros mismos? La independencia no se conquista solo con un título, sino con la capacidad de ganar y gestionar el propio dinero, entender el sistema fiscal para no ser víctimas del mismo, invertir con conciencia, construir una carrera y tomar decisiones razonadas. Ninguna de estas habilidades se enseña en las escuelas. Así es como cruzamos el umbral del mundo laboral con un diploma en mano y un mar de incertidumbre ante nosotros.

Este libro nace de una reflexión sobre esta paradoja. Sobre lo que se nos enseña y lo que realmente deberíamos saber. Porque, al final, saber sobrevivir no significa solo procurarse alimento, sino también entender cómo vivir en un mundo que, si no aprendes a dominarlo, acabará dominándote a ti.

Quiero entonces compartir **15 lecciones fundamentales** que la escuela no nos enseña y que, en mi opinión, son esenciales para afrontar la vida y el mundo laboral, ofreciendo ideas prácticas y motivadoras a cualquiera que quiera realizar su propio proyecto, construir su riqueza de forma independiente, a quien esté listo para cambiar de perspectiva y empezar a pensar como un emprendedor. Mi objetivo es motivar a los lectores a ser financieramente independientes y construir una base sólida a largo plazo. No se trata solo de ganar dinero, sino de aprender a poner el dinero a trabajar.

Si quieres seguir creyendo que la escuela ya tiene todas las respuestas, entonces este libro no es para ti.

Pero si estás listo para ver las cosas desde un punto de vista diferente y construir tu éxito en la vida y el trabajo, entonces empecemos este viaje juntos.

DUDAS, ERRORES, ACIERTOS Y LECCIONES DE VIDA

Me gusta definirme como un emprendedor creativo, pero en realidad soy simplemente alguien que ha transformado sus pasiones en un camino para recorrer cada día. Crecí en una familia italiana como muchas, con una madre maestra y un padre analista químico. Dos personas maravillosas que, sin embargo, no tenían ninguna experiencia empresarial que pudieran transmitirme. No tenía modelos a seguir, ni manuales que estudiar. Solo contaba con una gran curiosidad y un deseo imparable de crear algo propio.

Siempre sentí un gran interés por el mundo de los negocios. A los siete años me divertía montando auténticos mercadillos en la esquina de mi calle. Cogía cómics, revistas antiguas, recuerdos, juguetes y objetos olvidados pero en buen estado, y todo lo que ya no se necesitaba en casa o en la de mis abuelos, le ponía un precio y trataba de vendérselo a cualquiera que pasara por allí.

No lo hacía solo por diversión, aunque para mí era un juego, sino porque me gustaba la idea de ganar algo de dinero. Mi abuela materna me regaló mi primera hucha y quería llenarla. Con ese dinero podía comprar repuestos para mi bici, ir a la tienda de comestibles de la calle principal a por un helado y chicles de fresa, o comprar cromos en el quiosco para completar el álbum de fútbol.

Era un pequeño vendedor en potencia, y sin saberlo ya había entendido un principio fundamental del negocio: vender en paquetes era más rentable y rápido. Así que, cuando encontraba un cliente, o mejor dicho, alguien lo bastante amable como para apoyar mi juego de pequeño empresario, le ofrecía un pack de productos a buen precio, explicándole lo conveniente que era comprar varias cosas juntas. Pero mi mejor idea fueron *los sobres sorpresa*. Me fascinaba la idea de aprovechar la curiosidad de otros niños y comprendí enseguida que lo desconocido se vendía mejor que lo conocido. Así que creaba sobres con un mix de pegatinas, cromos, pequeños juguetes u objetos curiosos. El misterio hacía la compra más emocionante, y en poco tiempo los sobres sorpresa se convirtieron en mi producto estrella. Se vendían más rápido que cualquier otra cosa y con un margen de ganancia mucho mayor.

Ese juego empezaba a dar resultados concretos. Sin saberlo, ya estaba aprendiendo conceptos de marketing, estrategia de ventas y precios que me serían muy útiles años más tarde. Hoy en día, al pensarlo, me arranca una sonrisa.

Más adelante, cuando empecé a tocar la batería, mi ciudad y los pueblos cercanos estaban llenos de bandas y, por supuesto, de bateristas. Pronto me di cuenta de que tenía que aprender a arreglármelas solo: cambiar los parches, reparar platos agrietados, ajustar herrajes... incluso repintar las baterías para darles una nueva vida.

Con el tiempo, cada vez más amigos bateristas empezaron a pedirme que arreglara sus instrumentos, y así, casi sin darme cuenta, encontré otra manera de ganar algo de dinero extra. Entre concierto y concierto (que en aquella época se pagaban poco o nada), se me ocurrió una idea: ¿por qué no comprar baterías usadas, restaurarlas y revenderlas?

Así, junto a mi amigo baterista Williams, que era un experto con pinturas y acabados, mi garaje se convertía periódicamente en un pequeño taller de restauración. Compraba baterías usadas que, tras ser reparadas y pintadas, se revendían como reacondicionadas. ¡Y funcionaba!

Cada vez que descubría una oportunidad para ganar un poco más, para mí era como un juego. No se trataba solo de dinero, sino de experimentar, de entender cómo funcionaban las cosas, de probar nuevos caminos. Y, sobre todo, de no dejar nada sin intentar.

Cuando me gradué de la escuela secundaria, casi todos mis compañeros sabían exactamente qué carrera universitaria seguir. Medicina, derecho, ingeniería… tenían un plan claro. Yo, en cambio, no. Ninguno de esos caminos parecía hecho para mí. Solo sabía que mi pasión era la música. Empecé a tocar la batería a los once años, y con el tiempo mi sueño se volvió claro: quería ser músico, recorrer el mundo y transformar mi pasión en una profesión.

Para mis padres, esa idea era inaceptable. Para ellos, el camino correcto era otro: aprender un oficio "de verdad" y conseguir un trabajo estable. Pero dentro de mí sabía que esa no era mi dirección. Así que decidí dejar mi tierra, Cerdeña, y partir hacia Nueva York. No tenía un plan definido, pero tenía claro que aprender inglés me abriría nuevas oportunidades.

En Nueva York asistí a una escuela privada de inglés con orientación empresarial, mientras seguía estudiando batería en una escuela de música. Durante el curso de inglés, nos pidieron elegir un sector para hacer prácticas laborales. Entre las opciones había unas prácticas en una empresa de casting para cine y televisión. Sin pensarlo demasiado, acepté. Esa decisión cambió el rumbo de mi vida.

Después de aquella experiencia, regresé a Italia con una nueva visión del futuro. Quería crear algo propio. No asistí a escuelas de cine, ni a cursos de guion, ni a clases de dirección. Aprendí directamente sobre el terreno, observando, experimentando, equivocándome y empezando de nuevo. Sin experiencia, sin capital y con una idea aún por definir, a los veinte años decidí fundar mi primer emprendimiento, ofreciendo servicios para cine y publicidad justo allí, en mi querida Cerdeña, donde nací y crecí.

Muchos me decían que estaba loco: en esa isla, el cine no era un negocio. Para mí era como un lienzo en blanco aún por pintar. Veía una tierra virgen, un mercado por construir desde cero, una oportunidad.

Así que, desde el garaje familiar, con un ordenador, una pequeña videocámara, una cámara de fotos y una conexión a internet, empecé. Creé una base de datos de más de 1000 localizaciones y un archivo de casting con unos 2000 figurantes y artistas varios, comencé a contactar empresas y, contra todo pronóstico, llegaron los primeros trabajos. Mi negocio estaba en marcha. Pero, como suele pasar, el éxito inicial trajo consigo nuevos desafíos.

Este tipo de negocio funcionaba solo en los meses cálidos, mientras que en los períodos bajos los ingresos eran escasos. Así que decidí diversificar y acepté la propuesta de fundar una empresa para la gestión de instalaciones deportivas con dos socios. Fue un desastre. El único realmente comprometido era yo, mientras que los otros apenas se ocupaban del negocio. La empresa no despegó y con ella perdí tiempo y dinero. Pero aprendí una lección fundamental: nunca hagas negocios con personas que no comparten tu visión.

Me encontré en números rojos y las deudas se acumulaban. Me sentía atrapado en un túnel sin salida. Hasta que un día, mirando unas fotos tomadas en Nueva York, me detuve en una de Times Square. Esas enormes pantallas publicitarias me encendieron una chispa: ¿por qué no llevar esa idea a mi ciudad?

Empecé a investigar y encontré una empresa en Puglia que fabricaba pantallas LED controlables a distancia. Los contacté para saber precios y características. El coste era altísimo, como el de un apartamento en las afueras. Pero en lugar de pensar "No puedo permitírmelo", me pregunté: "¿Cómo puedo permitírmelo?". Comencé a ofrecer preventa de espacios publicitarios a los comerciantes locales y en menos de un mes logré reunir suficiente dinero para pagar el anticipo e iniciar el proyecto. En poco tiempo, había creado una nueva fuente de ingresos.

Esa experiencia me enseñó que el éxito depende, en gran parte, de cómo pensamos y reaccionamos ante las dificultades. Desde entonces, empecé a ver oportunidades de negocio en todas partes. A lo largo de los años desarrollé numerosos proyectos: desde la creación de una tarjeta de compras interactiva, al primer outlet de ropa en Cerdeña, hasta la creación de un festival de cine online que vendí a un cliente estadounidense, y más. He escrito, dirigido y participado en la producción de anuncios publicitarios para más de 50 marcas internacionales, y he trabajado con talentos de todo el mundo.

He vivido en varios países, y trabajar con diferentes producciones en el extranjero me permitió colaborar con creativos de renombre internacional. Hasta hoy, he escrito más de 40 historias y guiones originales, 3 formatos de televisión internacionales y las tramas de 5 series de TV. Trabajo como productor y director, construyendo una red que abarca cine, publicidad y televisión.

Pero hay algo que he comprendido por encima de todo: la riqueza no está solo en el dinero, sino en la mentalidad. A lo largo de los años he aprendido a transformar cada error en una oportunidad y a capitalizar lo que siempre he amado hacer. La escritura se ha convertido en uno de mis activos más valiosos, invirtiendo en la propiedad intelectual como recurso para el futuro.

Mi vida es una constante mezcla de música, cine, publicidad, libros e ideas empresariales. Cada pasión que he tenido, cada interés que he cultivado, se ha transformado casi naturalmente en un proyecto concreto. En los últimos años me he acercado también a la escritura de libros, con el deseo de explorar otra forma de expresarme, comunicar y compartir.

Hoy he decidido concentrarme exclusivamente en lo que realmente me gusta, dedicando mi tiempo a hacer lo que amo y transmitiendo lo que he aprendido a lo largo de esta primera parte de un viaje intenso y fascinante. Y si tuviera que decirte cuántas ideas de negocio cruzan mi mente cada día, bueno, creo que ni 10 vidas me alcanzarían para realizarlas todas. Así que aquí estoy, listo para compartir contigo un poco de mi experiencia, con la esperanza de inspirarte a seguir aquello que realmente te hace feliz.

Este libro nace del deseo de compartir lo que he aprendido en mi camino. No importa desde dónde comiences, no importa cuántos obstáculos encuentres en el camino: lo que cuenta es cómo piensas, cómo reaccionas y cómo transformas las dificultades en oportunidades de crecimiento.

Si hay algo que puedo decirte con certeza, es esto: el éxito no es cuestión de suerte, sino de mentalidad y acción.

Hay quienes hacen que las cosas sucedan y quienes solo las observan mientras suceden. Tú decides de qué lado estar. ¡Conviértete en el protagonista de tu vida y toma el control!

1 CÓMO PENSAR

Todo lo que somos proviene de cómo pensamos. Nuestros pensamientos no son simples impulsos mentales, sino fuerzas poderosas que moldean nuestra realidad. Cada experiencia que vivimos, cada meta que alcanzamos, tiene su origen en nuestra mente. Esto significa que la calidad de nuestra vida está directamente influenciada por la calidad de nuestros pensamientos.

Muchos creen que la vida está determinada por el azar o por las circunstancias externas, pero la verdad es que nuestra percepción del mundo es el resultado directo de nuestro diálogo interior. Si creemos que estamos destinados al fracaso, actuaremos de manera inconsciente para confirmar esa creencia. Por el contrario, si creemos que podemos tener éxito, comenzaremos a tomar decisiones y acciones que nos conducirán exactamente en esa dirección.

Un ejemplo clásico es el de dos personas que enfrentan el mismo reto: una lo ve como una oportunidad de crecimiento, la otra como un obstáculo insuperable. Su experiencia será radicalmente diferente, no por la situación en sí, sino por su actitud mental.

Los pensamientos positivos nos dan energía, confianza y determinación. Alimentan nuestra motivación y nos ayudan a superar las dificultades. Cuando creemos en nuestras capacidades y cultivamos una mentalidad optimista, creamos un estado mental favorable al éxito.

Por el contrario, los pensamientos negativos generan miedo, inseguridad y bloqueos mentales. Nos hacen dudar de nosotros mismos y nos impiden aprovechar las oportunidades. Si repetimos constantemente frases como "No soy lo suficientemente bueno" o "Nunca lo lograré", estamos programando nuestra mente para el fracaso.

CÓMO CULTIVAR UNA MENTALIDAD GANADORA

1. **Toma conciencia de tus pensamientos** – El primer paso para cambiar tu mentalidad es reconocer los pensamientos negativos. Presta atención a cómo te hablas a ti mismo y reemplaza cada pensamiento limitante con una afirmación potenciadora.
2. **Visualiza el éxito** – Imagina que alcanzas tus objetivos. La visualización crea en tu mente un modelo que facilita la acción concreta.
3. **Rodéate de positividad** – Las personas con las que más tiempo pasas influyen en tu mentalidad. Elige estar con quienes te inspiran y motivan.
4. **Sustituye el miedo por confianza** – Cada vez que surja una duda, recuerda que tienes la capacidad de afrontar cualquier desafío. El coraje no es la ausencia de miedo, sino la decisión de actuar a pesar de él.
5. **Practica la gratitud** – Ser agradecido por lo que tienes cambia el enfoque mental de lo que falta a lo que ya está presente, aumentando el sentido de abundancia y bienestar.

CÓMO PENSAR EN EL DINERO DE FORMA DIFERENTE

Desde pequeños, muchos de nosotros hemos escuchado frases como "No podemos permitirnos eso" o "El dinero no crece en los árboles", creando una mentalidad de escasez y limitación. Estas ideas se arraigan en nuestro pensamiento y afectan nuestra relación con el dinero, haciéndonos creer que existen límites infranqueables a nuestras posibilidades económicas. Pero si realmente queremos alcanzar el éxito financiero, debemos aprender a pensar de manera diferente.

A lo largo de mi experiencia como emprendedor, entendí que la clave no es fijarse en lo que falta, sino enfocarse en cómo llenar ese vacío. Una lectura muy interesante que aborda este tema es **"Padre Rico, Padre Pobre"** de Robert Kiyosaki, que subraya la importancia de hacernos la pregunta correcta: en lugar de decir "No puedo pagarlo", debemos preguntarnos "¿Cómo puedo pagarlo?". Un simple cambio de perspectiva puede abrirnos un mundo de oportunidades.

LA MENTALIDAD DE ESCASEZ VS. LA MENTALIDAD DE ABUNDANCIA

Esta diferencia en el lenguaje lo cambia todo. Decir *"No puedo permitírmelo"* cierra nuestra mente. Es un punto final, un bloqueo que nos impide buscar soluciones. El cerebro deja de trabajar, deja de pensar de forma creativa.

Por el contrario, cuando nos preguntamos *"¿Cómo puedo permitírmelo?"*, activamos nuestro cerebro de una manera diferente. Ya no es un muro que impide avanzar, sino una puerta que se abre a posibilidades infinitas. Así empezamos a encontrar nuevos caminos, nuevas ideas, nuevas soluciones.

Te doy un ejemplo concreto. Cuando regresé a Cerdeña después de vivir en Nueva York, quería iniciar mi negocio en el sector de la producción cinematográfica y publicitaria. Tenía grandes ideas, pero cero capital. Si hubiera pensado *"No puedo permitírmelo"*, probablemente habría abandonado todo. En cambio, me pregunté *"¿Cómo puedo lanzar este negocio sin dinero?"*.

Comencé a buscar soluciones alternativas: me arreglé con el equipo que tenía, con la ayuda de mis padres transformé el garaje de nuestra casa en una oficina, creé un archivo de localizaciones con miles de fotografías para atraer clientes. En poco tiempo, empezaron a llegar los primeros trabajos. No era cuestión de posibilidades, sino de mentalidad.

EL PODER DE LAS PREGUNTAS CORRECTAS

Si quieres transformar tu relación con el dinero y con las oportunidades, debes aprender a hacerte las preguntas adecuadas.

Si te concentras en lo que te falta, solo encontrarás confirmación de tus límites. Pero si te enfocas en las soluciones, tu cerebro hallará nuevos caminos.

Aquí tienes algunas preguntas que pueden marcar la diferencia:

- En lugar de decir *"No tengo suficiente dinero para iniciar un negocio"*, pregúntate: *"¿Cómo puedo encontrar los recursos para lanzar mi proyecto?"*
- En lugar de decir *"No puedo comprar esa casa"*, pregúntate: *"¿Cómo puedo crear un plan financiero para adquirirla?"*
- En lugar de decir *"Nunca ganaré lo suficiente"*, pregúntate: *"¿Qué habilidades puedo desarrollar para aumentar mis ingresos?"*

Todo gran éxito nace de una buena pregunta formulada en el momento justo. ¿Y la respuesta? Siempre está dentro de nosotros, solo hay que buscarla con la mentalidad correcta.

APLICAR ESTA MENTALIDAD EN LA VIDA COTIDIANA

Cambiar nuestra forma de pensar sobre el dinero y las oportunidades no sucede de un día para otro, pero sí con pequeños pasos diarios. Aquí tienes algunos consejos prácticos que me han funcionado:

1. **Cambia tu lenguaje** – Cada vez que estés por decir *"No puedo permitírmelo"*, detente y reformula: *"¿Cómo puedo permitírmelo?"*.
2. **Escribe las soluciones** – Lleva un diario de ideas que surjan al hacerte preguntas constructivas. Muchas de las mejores intuiciones nacen de una simple reflexión.
3. **Desarrolla habilidades financieras** – Aprende a manejar el

dinero estratégicamente. Estudia inversiones, negocios y gestión de recursos.
4. **Rodéate de personas con mentalidad ganadora** – Aléjate de quienes solo ven obstáculos y acércate a quienes encuentran oportunidades. La energía de las personas con las que te relacionas influirá en tu mentalidad.
5. **Haz de la creatividad financiera un hábito** – No esperes ser "rico" para pensar como alguien exitoso. Empieza ahora a buscar soluciones, sin importar tu situación actual.

LA LECCIÓN MÁS IMPORTANTE

Cuando decidí instalar la primera pantalla LED publicitaria en mi ciudad, no tenía el dinero para hacerlo. Pero en lugar de pensar *"No puedo permitírmelo"*, me pregunté: *"¿Cómo puedo permitírmelo?"*. La respuesta fue simple: conseguir clientes antes incluso de tener el producto.

Así que recorrí la ciudad, hablé con decenas de comerciantes y les ofrecí espacios publicitarios en una pantalla que aún no existía. En un mes había reunido suficiente dinero para pagar el anticipo e iniciar la instalación.

Si hubiese dicho *"No puedo permitírmelo"*, esa pantalla nunca habría existido. Sin embargo, en menos de dos meses, no solo tenía un nuevo negocio, sino que también había creado una red de clientes que luego me confiarían otros trabajos publicitarios.

El éxito financiero no depende solo de cuánto ganas, sino sobre todo de cómo piensas sobre el dinero.

Cada vez que escuches dentro de ti la frase *"No puedo permitírmelo"*, detente. Reformúlala. Pregúntate: *"¿Cómo puedo permitírmelo?"*. Es en este simple cambio de perspectiva donde residen las soluciones que pueden cambiar tu vida.

Recuerda: El dinero nunca es el límite. El verdadero límite está solo en la forma en que eliges pensar.

EL PODER DE LA MENTALIDAD

¿Alguna vez has notado que cuando te concentras en algo —un problema, un deseo o una meta— parece que todo a tu alrededor empieza a reflejarlo? No es magia, es simplemente cómo funciona nuestra mente. Es lo que a menudo se llama la **Ley de Atracción**, un principio según el cual nuestros pensamientos y emociones influyen en las experiencias que vivimos.

Personalmente, siempre he creído que la mentalidad es una de las herramientas más poderosas que tenemos. No fue un libro el que me hizo descubrir este concepto, sino mi propia experiencia. Sin embargo, cuando leí *"La Ley de la Atracción – Pide y se te dará"* de Esther y Jerry Hicks, encontré muchas confirmaciones de algo que ya había observado en mi vida.

¿CÓMO FUNCIONA LA LEY DE ATRACCIÓN?

La Ley de Atracción se basa en tres principios fundamentales:

1. **Los pensamientos generan energía** – Cada pensamiento impacta nuestra realidad. Los pensamientos positivos atraen experiencias positivas, mientras que los negativos bajan nuestra frecuencia y nos llevan a vivir situaciones difíciles.
2. **La atención amplifica la realidad** – Cuanto más nos enfocamos en algo, más se manifiesta en nuestra vida. Si nos centramos en la falta de dinero, siempre nos faltará. Si en cambio nos enfocamos en la abundancia, comenzaremos a notar oportunidades de crecimiento económico.
3. **Las emociones son el motor de la atracción** – No basta con pensar en positivo, también hay que sentirse positivo. Las emociones que experimentamos son el verdadero catalizador de nuestro destino.

DE LA TEORÍA A LA PRÁCTICA: APLICAR LA LEY DE ATRACCIÓN

Tener conciencia de estos principios no es suficiente: hay que ponerlos en práctica. Aquí algunos pasos fundamentales que he aplicado en mi vida:

1. Define claramente lo que deseas

Si no tienes una visión clara de lo que quieres, ¿cómo esperas obtenerlo? Cuando inicié mi primer emprendimiento, tenía una idea genérica: quería trabajar en cine y publicidad. Pero cuando empecé a definir objetivos específicos – crear un archivo de localizaciones, atraer producciones internacionales, construir una red de clientes –, las oportunidades empezaron a llegar.

Ejercicio Práctico: Escribe tus objetivos de forma detallada. En lugar de decir "Quiero más dinero", formula tu deseo así: "Quiero ganar 5.000 € al mes antes de fin de año haciendo un trabajo que me apasiona".

2. Visualiza tu éxito cada día

Cada mañana, antes de comenzar el día, imagino que ya he alcanzado mis objetivos. Cuando quería instalar mi primera pantalla LED, la visualizaba ya encendida, con los anuncios en rotación y la gente observándola. Eso me daba un impulso increíble para pasar a la acción.

Ejercicio Práctico: Dedica 5-10 minutos al día a imaginar tu éxito. Visualiza los detalles: cómo te sientes, qué ves, quién está contigo. Cuanto más lo hagas, más tu cerebro empezará a trabajar en esa dirección.

3. Usa afirmaciones positivas

Lo que te dices a ti mismo tiene un enorme impacto en tu realidad. Aprendí a sustituir frases como "Nunca lo lograré" por "Encontraré una solución".

Algunas afirmaciones que puedes probar:

- "Soy capaz de alcanzar cualquier objetivo."
- "Atraigo abundancia y oportunidades a mi vida."
- "Estoy rodeado de personas positivas y exitosas."

Ejercicio Práctico: Repítelas cada mañana y cada noche, con convicción y emoción.

4. Sustituye los pensamientos negativos por positivos

Nuestro cerebro tiende a aferrarse a las preocupaciones. Una vez, durante un momento difícil, me encontraba pensando constantemente: *"¿Y si todo sale mal?"*. Ese pensamiento me bloqueaba. Tuve que reeducar mi mente, sustituyéndolo por: *"¿Qué puedo hacer hoy para mejorar mi situación?"*.

Ejercicio Práctico: Cada vez que detectes un pensamiento negativo, detente y reformúlalo de manera positiva. Por ejemplo, en lugar de "Nunca lo lograré", prueba con "Cada día me vuelvo más fuerte y capaz".

5. Practica la gratitud

Una de las herramientas más poderosas para atraer positividad es la gratitud. Cuando me concentro en lo que ya tengo, en lugar de en lo que me falta, mi perspectiva cambia por completo.

Ejercicio Práctico: Cada día, escribe al menos tres cosas por las que estás agradecido. Esto cambiará tu enfoque mental de la carencia a la abundancia.

6. Actúa en línea con tus deseos

No basta con pensar y esperar. Hay que actuar. Cuando quise expandir mi negocio, no me limité a imaginarlo: contacté clientes potenciales, estudié estrategias de marketing, asumí riesgos calculados.

Ejercicio Práctico: Si quieres encontrar un nuevo trabajo, empieza a enviar currículums, mejora tus habilidades y conéctate con personas del sector. El universo responde a quien está preparado para recibir.

SUPERAR LAS DUDAS Y LOS BLOQUEOS MENTALES

Muchos dudan de la Ley de Atracción porque no ven resultados inmediatos. Sin embargo, el secreto está en la constancia. Si durante años has cultivado una mentalidad de escasez, no puedes esperar cambiarla en un solo día. Hace falta tiempo para reprogramar el subconsciente y alinearse con las vibraciones del éxito.

Si te encuentras con obstáculos, pregúntate:

- ¿Realmente creo en lo que deseo?
- ¿Estoy actuando en coherencia con mis objetivos?
- ¿Estoy permitiendo que el miedo o la duda saboteen mi crecimiento?

Cuando empecé a invertir en el sector publicitario, no tenía experiencia. Pero en lugar de enfocarme en los riesgos, elegí enfocarme en las oportunidades. Estudié, hablé con expertos, di pequeños pasos. Y al final, el resultado llegó. No fue suerte, sino la combinación de mentalidad adecuada y acción.

La Ley de Atracción no es magia, sino un principio basado en cómo pensamos y actuamos. Si cultivamos pensamientos de éxito, actuamos con confianza y mantenemos una actitud positiva, atraeremos a nuestra vida aquello que deseamos.

Recuerda: Nuestro mayor poder es nuestra mente. Usemos ese poder de forma consciente para crear la vida que deseamos.

PENSAR Y ACTUAR COMO UN MILLONARIO: EL OBJETIVO ES SER RICO, NO PARECERLO

Muchas personas sueñan con ser ricas, pero ¿cuántas realmente se enfocan en construir riqueza en lugar de aparentarla? La diferencia entre quien acumula un patrimonio sólido y quien vive solo de apariencias está, ante todo, en la mentalidad y en las acciones cotidianas.

Los verdaderos millonarios no se limitan a ostentar lujos, sino que construyen su fortuna con estrategias financieras inteligentes, inversiones bien pensadas y una mentalidad orientada al crecimiento. El secreto no está en ganar cifras astronómicas, sino en adoptar hábitos y tomar decisiones que conduzcan a la verdadera libertad financiera.

Al inicio de mi carrera empresarial, atravesé un período difícil. Los obstáculos parecían infinitos y me preguntaba si había tomado la decisión correcta. Sentía que no tenía control sobre mi situación, y la frustración crecía.

Fue entonces cuando mi querido amigo Davide me regaló un libro que me impactó profundamente: ***"El Millonario Instantaneo"*** de Mark Fisher. Más que un manual de finanzas, es una historia que enseña cómo piensan las personas exitosas. ¿La mayor lección que aprendí? Que la riqueza no es solo cuestión de dinero, sino de mentalidad, actitud y acción. Si quieres ser rico, primero debes pensar y comportarte como tal.

El primer paso para hacerse rico es eliminar las creencias limitantes.

Muchas personas crecen con la idea de que ganar dinero es difícil, que está reservado solo a unos pocos privilegiados. Esta mentalidad de escasez las bloquea e impide que vean las oportunidades.

Los millonarios, en cambio, piensan de forma totalmente diferente:

- Creen que la riqueza es abundante y accesible para quien esté dispuesto a trabajar por ella.
- Se enfocan en las oportunidades en lugar de los obstáculos.
- Ven los problemas como retos a superar, no como muros infranqueables.
- Invierten constantemente en su formación y crecimiento personal.

Ejercicio Práctico: Observa tus pensamientos sobre el dinero. ¿Te encuentras diciendo cosas como "No puedo permitírmelo" o "Hacerse rico es imposible"? Intenta cambiar ese diálogo interior con afirmaciones como:

- *"¿Cómo puedo aumentar mis ingresos?"*
- *"El dinero es abundante y puedo atraerlo a mi vida."*

LOS HÁBITOS QUE CONDUCEN A LA RIQUEZA

Pensar en grande es el primer paso, pero sin acción sigue siendo solo un sueño. Los millonarios no esperan el momento perfecto: actúan, experimentan y aprenden de sus errores.

Aquí tienes algunos hábitos fundamentales:

1. Asumir la responsabilidad de tus finanzas

Un millonario no deja que el destino o las circunstancias decidan por él. Toma el control de su dinero, lo gestiona con atención y planifica estrategias para hacerlo crecer.

- Aprende a ahorrar e invertir con inteligencia.
- Evita deudas innecesarias y gastos superfluos.
- Planifica objetivos financieros claros y monitorea los avances.

2. Invertir en uno mismo y en la educación

La riqueza no llega por casualidad, sino como resultado de habilidades y conocimientos aplicados correctamente. Los millonarios dedican tiempo y recursos a su desarrollo personal.

- Leen libros sobre finanzas, negocios y crecimiento personal.
- Asisten a cursos y seminarios para mejorar sus capacidades.
- Buscan mentores y modelos de éxito de los que aprender.

Ejercicio Práctico: Dedica al menos 30 minutos al día a leer libros sobre gestión financiera e inversiones. ¡Incluso un solo libro puede darte ideas que cambien tu vida!

3. Crear múltiples fuentes de ingreso

Depender de un solo salario es arriesgado. Los millonarios diversifican sus ingresos para tener más seguridad y acelerar el crecimiento de su patrimonio.

- Inician negocios o actividades secundarias.

- Invierten en bienes raíces, acciones u otras oportunidades.
- Crean productos o servicios que generan ingresos pasivos.

4. Tomar riesgos calculados

El éxito financiero requiere coraje y visión. Los millonarios no temen al riesgo, pero lo gestionan con inteligencia.

- Analizan bien cada decisión antes de actuar.
- Están dispuestos a fallar y aprender del error.
- Ven el riesgo como una oportunidad de crecimiento, no como una amenaza.

Ejercicio Práctico: Identifica un área de tu vida en la que hayas evitado tomar un riesgo por miedo a fallar. Da un pequeño paso en esa dirección, evaluando el riesgo con lógica, pero sin permitir que el miedo te paralice.

5. Rodearse de personas exitosas

El entorno en el que vivimos influye enormemente en nuestra forma de pensar y actuar. Los millonarios eligen cuidadosamente con quién pasan su tiempo.

- Se relacionan con personas motivadas, ambiciosas y orientadas al éxito.
- Evitan personas negativas que solo ven problemas y límites.
- Construyen una red de contactos que los inspira y ayuda a crecer.

Ejercicio Práctico: Haz una lista de las cinco personas con las que pasas más tiempo. ¿Te están ayudando a crecer o te están manteniendo en tu zona de confort?

EL ERROR A EVITAR

Muchas personas se endeudan para comprar coches de lujo, ropa de marca y accesorios costosos, creyendo que la apariencia es sinónimo de éxito. En realidad, los verdaderos millonarios invierten primero en crear riqueza y solo después en lujos.

Diferencias entre parecer rico y ser rico:

- Comprar cosas para impresionar a los demás vs. Invertir para hacer crecer el patrimonio.
- Vivir por encima de tus posibilidades vs. Vivir por debajo mientras construyes riqueza.
- Gastar dinero en pasivos (coches, moda, vacaciones de lujo) vs. Gastar en activos (inversiones, educación, negocios).

Regla de oro: Primero construye riqueza, luego disfrútala. ¡No lo hagas al revés!

Recuerda: El objetivo no es parecer rico, sino serlo de verdad. Y eso es posible para cualquiera que esté dispuesto a desarrollar los hábitos correctos y perseverar en el tiempo.

EN RESUMEN

Hacerse rico no es cuestión de suerte, sino de mentalidad y acción.

Pensar como un millonario significa creer en tus capacidades y adoptar una visión de abundancia.

Actuar como un millonario significa tomar decisiones inteligentes, invertir en uno mismo, crear múltiples fuentes de ingreso y tener disciplina financiera.

2 LA IMPORTANCIA DE VIAJAR

Viajar es una de las experiencias más ricas y transformadoras que podemos emprender en la vida. Nos abre las puertas a nuevos mundos, nos permite vivir de primera mano diferentes culturas y nos da la oportunidad de descubrir partes de nosotros mismos que desconocíamos.

Analicemos cuán importante es viajar para inspirarnos, vivir, experimentar, observar, documentar, reflexionar, transmitir… y prepárate para emprender un viaje que cambiará tu vida.

Viajar no es solo una experiencia de ocio, sino una poderosa herramienta para abrir la mente, ampliar perspectivas y generar nuevas ideas. Cada lugar que visitamos, cada persona que conocemos y cada cultura que exploramos nos proporciona estímulos, intuiciones y oportunidades que jamás habríamos considerado permaneciendo dentro de nuestra zona de confort.

Desde mis primeros viajes al extranjero, descubrí que el mundo está lleno de modelos de negocio, enfoques laborales y mentalidades que pueden adaptarse y transformarse en oportunidades de éxito. Muchas de las mejores ideas que he tenido en mi vida nacieron precisamente al observar lo que ocurría fuera de mi entorno habitual.

EL VIAJE COMO FUENTE DE CREATIVIDAD E INNOVACIÓN

Cambiar de escenario es un catalizador de creatividad.
¿Por qué viajar estimula nuevas ideas?

- Te pone frente a culturas y formas de pensar diferentes.
- Te aleja de la rutina diaria, permitiéndote ver las cosas con nuevos ojos.
- Te expone a modelos de negocio, estrategias y tendencias innovadoras que puedes adaptar a tu realidad.
- Te obliga a enfrentarte a imprevistos y situaciones nuevas, estimulando la capacidad de resolver problemas y la resiliencia.

Ejemplos Prácticos: *Richard Branson tuvo la idea de crear Virgin Airlines después de una experiencia negativa con una aerolínea durante un viaje por el Caribe. En lugar de quejarse, vio una oportunidad: alquiló un avión, vendió boletos a los demás pasajeros varados como él y transformó un problema en un negocio.*

Howard Schultz, fundador de Starbucks, se inspiró en los bares italianos, donde el café no era solo una bebida, sino un momento de socialización y cultura. Transformó una simple cafetería en una marca global al adaptar la cultura del café italiana a los Estados Unidos.

Ejercicio Práctico: Reflexiona sobre una experiencia de viaje que te haya hecho ver algo desde una nueva perspectiva. ¿Cómo podrías aplicarla a tu negocio o a tu crecimiento personal?

OBSERVAR Y ADAPTAR: TRAER IDEAS EXITOSAS A TU PAÍS

No es necesario reinventar la rueda: muchas ideas exitosas nacen de la adaptación de modelos ya existentes.

¿Cómo identificar ideas de negocio en el extranjero y adaptarlas a tu mercado?

- **Observa qué funciona en otros países:** ¿Cuáles son las tendencias emergentes en ciudades innovadoras como Nueva York, Londres, Tokio o Berlín?
- **Analiza cómo viven y consumen las personas:** ¿Notas diferencias significativas respecto a tu país?
- **Enfócate en necesidades no satisfechas:** ¿Existe algún producto o servicio extranjero que podría funcionar en tu mercado local?
- **Estudia la adaptabilidad de la idea:** ¿Esa solución es replicable? ¿Es culturalmente aceptable? ¿Se puede mejorar para adaptarse a tu público?

Ejemplos Prácticos: *El concepto de Escape Room, nacido en Asia como experiencia interactiva basada en enigmas y resolución de misterios, fue adaptado en Europa y EE. UU. con formatos innovadores, convirtiéndose en una de las formas de entretenimiento más populares de los últimos años.*

Glovo y Deliveroo trajeron el concepto de entrega de comida on-demand, ya popular en Estados Unidos, a Europa, adaptándolo a las necesidades locales y a los hábitos de consumo.

Ejercicio Práctico: Piensa en una idea de negocio que hayas visto en el extranjero y que podría tener éxito en tu país. ¿Cómo podrías adaptarla para hacerla efectiva en tu mercado local?

LOS VIAJES COMO OPORTUNIDAD DE NETWORKING Y CRECIMIENTO PROFESIONAL

Viajar no es solo observar, sino también conectar con las personas adecuadas.

¿Dónde encontrar oportunidades de networking mientras viajas?

- **Conferencias y ferias internacionales:** Eventos del sector son el lugar perfecto para conocer inversores, socios e innovadores.
- **Espacios de coworking globales:** Entornos compartidos donde profesionales y emprendedores pueden colaborar, intercambiar ideas y crear oportunidades de negocio.
- **Eventos locales y grupos de networking:** Meetups, talleres y encuentros brindan acceso a perspectivas únicas del mercado local.
- **Universidades y aceleradoras de startups:** Lugares ideales para descubrir nuevas ideas y encontrar talento.

Ejemplo Práctico: *Muchos emprendedores han construido alianzas estratégicas participando en eventos como el Web Summit, el CES de Las Vegas o el American Film Market, donde nacen conexiones globales que pueden transformarse en oportunidades de negocio.*

Ejercicio Práctico: Planea un viaje con el objetivo de asistir a un evento de networking o visitar un ecosistema emprendedor innovador.

EXPLORAR SIN PREJUICIOS: APRENDER DE CULTURAS DIFERENTES

A veces, la mayor lección no está en un modelo de negocio, sino en una mentalidad distinta.

¿Qué puedes aprender de otras culturas?

- **El sentido de comunidad asiático:** Empresas japonesas y chinas valoran el trabajo en equipo y el crecimiento colectivo.
- **La innovación americana:** Un enfoque audaz y experimental hacia los negocios.
- **El equilibrio vida-trabajo escandinavo:** Enfoque en el bienestar personal para mejorar la productividad.
- **La hospitalidad mediterránea:** Atención a las relaciones humanas y al servicio al cliente.

Ejemplo Práctico: *En Dinamarca, el concepto de 'hygge' (bienestar y confort) se convirtió en una tendencia global que ha influido en sectores como el diseño, el turismo y el estilo de vida.*

Ejercicio Práctico: Reflexiona sobre un valor cultural que hayas observado en otro país y piensa en cómo podría aplicarse a tu negocio o estilo de vida.

PONER EN PRÁCTICA LAS LECCIONES APRENDIDAS DE LOS VIAJES

Viajar inspira, pero la inspiración debe transformarse en acción.
¿Cómo convertir una experiencia de viaje en algo concreto?

- Escribe un diario de viaje con ideas de negocio o reflexiones personales.
- Haz una lista de contactos y mantente en comunicación con las personas que conociste.
- Define un nuevo hábito o estrategia que puedas integrar en tu trabajo o en tu vida.
- Si identificaste una idea de negocio interesante, empieza a probarla a pequeña escala en tu mercado.

Ejemplo Práctico: *Después de un viaje a Asia, muchos emprendedores trajeron el concepto del bubble tea a Europa, transformándolo en una tendencia en auge.*

Ejercicio Práctico: Escribe tres cosas que hayas aprendido en tus viajes y cómo podrías aplicarlas para mejorar tu carrera o tu negocio.

VIAJAR ES MUCHO MÁS QUE VISITAR NUEVOS LUGARES

- Observa qué funciona en el extranjero y evalúa cómo adaptarlo a tu país.

- Aprovecha el viaje para hacer networking y crear conexiones valiosas.
- Estudia las diferencias culturales y aprende nuevas estrategias de negocios y estilo de vida.
- Transforma la inspiración en acción: anota ideas, experimenta y prueba nuevas oportunidades.

Recuerda: El mundo está lleno de ideas, innovaciones y fuentes de crecimiento. Solo tienes que saber detectarlas.

VIAJAR PARA CRECER, INNOVAR Y CREAR OPORTUNIDADES

Como hemos mencionado, viajar es mucho más que desplazarse de un lugar a otro: es una experiencia que puede transformar tu visión del mundo, enriquecer tu creatividad y ofrecer nuevas perspectivas personales y profesionales. Cada viaje es una oportunidad para experimentar, aprender, conectar e inspirarte con nuevas culturas y formas de vida. A menudo, las ideas más innovadoras surgen precisamente durante un viaje, tanto en el ámbito emprendedor como en el desarrollo personal.

Veamos cómo viajar con conciencia puede ayudarte a desarrollar nuevas habilidades, salir de tu zona de confort e incluso descubrir oportunidades de negocio que puedes adaptar y traer a tu país.

VIAJAR CON UNA MENTALIDAD ABIERTA: NO SEAS SOLO UN TURISTA, VIVE EL VIAJE

El viaje más significativo no es el que haces con la cámara en la mano, sino el que vives con la mente abierta.

Cómo convertir un viaje en una experiencia de crecimiento:

- Sumérgete en la cultura local: participa en tradiciones, conoce las costumbres diarias, vive el país como lo hacen sus habitantes.

- Prueba la gastronomía local: la comida es una expresión cultural clave, prueba platos típicos y descubre su historia.
- Interactúa con la gente del lugar: conoce sus puntos de vista, sus experiencias de vida y sus sueños.
- Aprende algo nuevo: idiomas, artes tradicionales, deportes locales; cada cultura tiene algo único que enseñarte.

Ejemplo Práctico: *Anthony Bourdain no se limitaba a comer en restaurantes famosos, se sentaba con personas comunes para escuchar sus historias y entender la cultura a través de la comida.*

Ejercicio Práctico: ¿Cuál es un hábito local que descubriste durante un viaje y que podrías integrar en tu vida cotidiana?

EL VIAJE COMO HERRAMIENTA PARA SALIR DE LA ZONA DE CONFORT

Nada te cambia tanto como un desafío en un contexto desconocido.
Estrategias para ir más allá de tus límites:

- Viaja solo al menos una vez: te hará más independiente y seguro de ti mismo.
- Prueba un estilo de vida diferente: vive en una ciudad con hábitos muy distintos a los tuyos, aunque sea por unas semanas.
- Enfrenta los imprevistos como oportunidades: cada dificultad en el viaje puede convertirse en una lección.

Ejemplo Práctico: *Elizabeth Gilbert, en el libro Comer, rezar, amar, usó el viaje para descubrir nuevas formas de vivir y encontrar su equilibrio interior.*

Ejercicio Práctico: ¿Cuál es una experiencia fuera de tu zona de confort que podrías intentar en tu próximo viaje?

APRENDER NUEVAS HABILIDADES A TRAVÉS DEL VIAJE

Cada cultura tiene algo único que enseñarte.
Ejemplos de habilidades que puedes aprender viajando:

- Cocinar platos tradicionales.
- Practicar artes marciales o deportes locales.
- Aprender técnicas de meditación o bienestar.
- Explorar nuevas tecnologías o modelos de negocio.

Ejemplo Práctico: *Muchos emprendedores digitales descubrieron el concepto de trabajo remoto viajando a países como Tailandia, donde la cultura del nomadismo digital ya está muy desarrollada.*

Ejercicio Práctico: Elige un destino y busca una actividad local que podrías aprender para enriquecer tu experiencia de viaje.

VIAJAR PARA CREAR IMPACTO Y DEJAR HUELLA

Viajar no es solo recibir experiencias, sino también aportar valor.
Cómo hacer que tu viaje sea significativo:

- Participa en proyectos de voluntariado o impacto social.
- Comparte tus conocimientos con la comunidad local.
- Apoya el turismo sostenible y las economías locales.

Ejemplo Práctico: *Muchos viajeros han encontrado un propósito en el turismo experiencial, como hacer voluntariado en África o apoyar proyectos educativos en Sudamérica.*

Ejercicio Práctico: ¿De qué manera podrías contribuir al lugar que visitas?

Viajar es mucho más que ver nuevos lugares: es vivir, aprender, conectar e inspirarse.

- Vive cada viaje con una mentalidad abierta y curiosa.
- Sal de tu zona de confort y prueba cosas nuevas.
- Observa tendencias e ideas de negocio que puedas adaptar a tu país.
- Haz networking y construye conexiones globales.
- Aprende nuevas habilidades y aplica las lecciones a tu vida.

Recuerda: Viajar puede cambiar tu perspectiva, tu negocio… y tu vida.

APRENDER A OBSERVAR: MIRAR NO BASTA, HAY QUE VER DE VERDAD

La observación es una de las habilidades más subestimadas y, sin embargo, es una de las herramientas más poderosas para comprender el mundo, mejorar la capacidad de aprendizaje y descubrir nuevas oportunidades. No basta con simplemente ver: observar significa captar los detalles, entender las dinámicas y leer entre líneas lo que sucede a nuestro alrededor.

Ya sea que estés viajando, haciendo negocios o mejorando tus relaciones personales, aprender a observar puede transformar la forma en la que interpretas el mundo y tomas decisiones.

Existe una gran diferencia entre mirar algo y observar de verdad.
Cómo afinar tu capacidad de observación:

- **Tómate el tiempo para desacelerar**: La prisa es enemiga de la observación. Detente y analiza lo que te rodea.
- **Desarrolla una mentalidad curiosa**: Pregúntate por qué algo se hace de cierta manera e intenta entender su contexto.
- **Usa todos los sentidos**: No te bases solo en la vista; presta atención a los sonidos, olores, sensaciones.
- **Observa los hábitos y comportamientos de las personas**: ¿Cómo interactúan? ¿Qué patrones se repiten?
- **Entrénate para notar los detalles ocultos**: ¿Qué cambia en

un entorno de un día para otro? ¿Qué elementos dicen más sobre la cultura de un lugar?

Ejemplo Práctico: *Muchos escritores se inspiran observando detenidamente a las personas en lugares públicos, captando gestos, expresiones y detalles que hacen más auténticas sus historias.*

Ejercicio Práctico: Durante tu próxima salida, elige un lugar concurrido y observa a las personas durante 10 minutos. ¿Qué detalles notas que normalmente habrías pasado por alto?

LA OBSERVACIÓN COMO HERRAMIENTA DE CRECIMIENTO PERSONAL

Observar a los demás nos ayuda a entendernos mejor a nosotros mismos.

Cómo la observación puede mejorar tu vida:

- **Te ayuda a tomar mejores decisiones**: Notar detalles y comportamientos te permite evaluar mejor situaciones y personas.
- **Aumenta tu inteligencia emocional**: Al observar expresiones y lenguaje corporal, aprendes a interpretar mejor las emociones ajenas.
- **Te vuelve más empático**: Comprender hábitos y culturas diferentes mejora tu capacidad de relacionarte con los demás.
- **Te permite anticiparte a problemas y soluciones**: Detectar señales pequeñas antes de que se conviertan en problemas es una habilidad clave en cualquier ámbito.

Ejemplo Práctico: *Muchos emprendedores exitosos observan atentamente a sus clientes en tiendas o en redes sociales para entender exactamente qué necesitan y cómo mejorar sus productos.*

Ejercicio Práctico: Escucha una conversación (sin intervenir) e intenta captar no solo las palabras, sino también el tono de voz y el lenguaje corporal.

OBSERVAR EL MUNDO PARA DESCUBRIR NUEVAS OPORTUNIDADES

Muchas grandes ideas nacen simplemente al observar lo que falta o lo que se puede mejorar.

Cómo encontrar inspiración a través de la observación:

- **Observa lo que sucede en mercados extranjeros**: ¿Hay un producto o servicio que podría funcionar también en tu país?
- **Observa los problemas cotidianos**: Las mejores invenciones resuelven pequeños problemas comunes. ¿Qué ineficiencias notas en tu rutina o en la de los demás?
- **Analiza las tendencias**: ¿Qué está cambiando en el comportamiento de las personas? ¿Qué nuevas necesidades están surgiendo?
- **Escucha los comentarios de las personas**: A menudo, los clientes expresan problemas o deseos que pueden convertirse en ideas de negocio.

Ejemplo Práctico: *Sara Blakely observó que muchas mujeres tenían dificultades para encontrar ropa interior moldeadora cómoda y creó Spanx, convirtiéndose en multimillonaria gracias a su intuición.*

Ejercicio Práctico: En tu día a día, identifica al menos un problema común que podría resolverse con un producto o servicio innovador.

MEJORAR EL NEGOCIO Y LA COMUNICACIÓN A TRAVÉS DE LA OBSERVACIÓN

Saber observar también es esencial en el mundo de los negocios y en las relaciones interpersonales.

Cómo aprovechar la observación en el ámbito profesional:

- **Estudia a la competencia**: ¿Qué están haciendo diferente o mejor que tú?
- **Analiza las reacciones de los clientes ante tus productos o servicios**: Obsérvalos mientras los usan, escucha sus opiniones, toma nota de sus dificultades.
- **Presta atención a las señales no verbales en las conversaciones**: A menudo el lenguaje corporal dice más que las palabras.
- **Afina tu storytelling**: Las personas se sienten atraídas por historias auténticas y detalles bien construidos. Observar y comprender a tu público te ayudará a contar historias más efectivas.

Ejemplo Práctico: *Los profesionales más atentos saben que el verdadero éxito no reside solo en vender, sino en entender los comportamientos y necesidades de las personas para ofrecer soluciones personalizadas y mejorar la experiencia del cliente.*

Ejercicio Práctico: Si tienes un negocio, pasa un día observando el comportamiento de tus clientes o usuarios y anota al menos tres cosas que podrías mejorar.

AFILAR LA MENTE PARA NOTAR INCLUSO LOS PEQUEÑOS CAMBIOS

Quien observa con atención es capaz de captar detalles que los demás pasan por alto.

Ejercicios para desarrollar una mente más atenta a los detalles:

- **Toma notas diariamente**: Escribir lo que has observado fortalece tu capacidad de detectar detalles.
- **Cambia de perspectiva**: Observa un lugar familiar como si lo vieras por primera vez.
- **Entrena tu memoria visual**: Después de visitar un lugar nuevo, intenta recordar la mayor cantidad posible de detalles.

- **Haz preguntas abiertas a las personas**: Escuchar activamente te ayudará a entender mejor sus necesidades y puntos de vista.

Ejemplo Práctico: *Un detective experimentado nota pequeños detalles que otros ignoran, como un cambio en el entorno o una incongruencia en el comportamiento de alguien, habilidades que le permiten resolver casos complejos.*

Ejercicio Práctico: La próxima vez que entres en un lugar nuevo, intenta memorizar la mayor cantidad de detalles posible y luego comprueba cuántos recuerdas.

Aprender a observar es una competencia fundamental que puede mejorar tu vida, tu carrera y tus relaciones.

- Observa de manera consciente y utiliza todos tus sentidos.
- Usa la observación para comprenderte mejor a ti mismo y a los demás.
- Aprovéchala como herramienta para encontrar ideas y oportunidades de negocio.
- Afina tu capacidad de captar detalles para mejorar la comunicación y la toma de decisiones.

Recuerda: El mundo está lleno de información valiosa: solo necesitas aprender a mirarlo con otros ojos.

DOCUMENTAR, REFLEXIONAR Y TRANSMITIR: DAR VALOR A NUESTRAS EXPERIENCIAS

Viajar, explorar y observar el mundo son experiencias increíblemente enriquecedoras, pero lo que las hace aún más valiosas es la capacidad de documentarlas, reflexionar sobre ellas y compartirlas con los demás. Escribir, grabar y comunicar lo vivido nos ayuda a dar sentido a esos momentos, a recordar detalles que de otro modo olvidaríamos y a ofrecer inspiración y conocimiento a otros.

Veamos cómo documentar nuestras experiencias de forma eficaz, reflexionar sobre lo vivido y transmitir nuestro mensaje al mundo sin perder la autenticidad.

DOCUMENTAR: ¿POR QUÉ ES IMPORTANTE ESCRIBIR O REGISTRAR NUESTRAS EXPERIENCIAS?

No se viaja sólo para ver, sino también para recordar y aprender.

Beneficios de documentar tus experiencias:

- **Memoria a largo plazo:** Las emociones y detalles se desvanecen con el tiempo. Escribir ayuda a mantener vivos los recuerdos.
- **Claridad mental:** Poner por escrito lo vivido permite reflexionar y dar sentido a los eventos.
- **Fuente de ideas y creatividad:** Un diario de viaje puede convertirse en una gran inspiración para futuros proyectos.
- **Oportunidad de compartir:** Las historias que contamos pueden inspirar y ayudar a otros a vivir experiencias similares.

Ejemplo Práctico: *Exploradores del pasado como Marco Polo anotaban cuidadosamente cada detalle de sus viajes, describiendo no solo los lugares, sino también las culturas, costumbres y emociones vividas. Gracias a esas anotaciones, las generaciones futuras pudieron conocer mundos lejanos e inspirarse para nuevas exploraciones.*

Ejercicio Práctico: Si nunca lo has hecho, comienza un diario de viaje. No es necesario escribir todos los días: basta con anotar detalles significativos o emociones vividas.

REFLEXIONAR: TRANSFORMAR LAS EXPERIENCIAS EN APRENDIZAJE

No basta con vivir una experiencia, hay que comprender su valor y las lecciones que deja.

Cómo reflexionar sobre lo vivido:

- **Hazte preguntas significativas**: ¿Qué aprendí de este viaje? ¿Qué me impactó más? ¿Qué emociones despertó en mí?
- **Analiza tus cambios personales**: ¿Cómo he cambiado tras esta experiencia? ¿Qué creencias cuestioné?
- **Reconoce los momentos de crecimiento**: ¿Qué desafíos enfrenté y cómo los superé?

Ejemplo Práctico: *Después de un viaje a la India, Steve Jobs reflexionó sobre la simplicidad y la esencialidad, conceptos que luego influirían en el diseño minimalista de los productos Apple.*

Después de pasar tiempo en una cultura totalmente distinta, muchas personas se dan cuenta de lo relativos que son sus puntos de vista y hábitos. Esta consciencia les ayuda a ser más abiertos, flexibles y capaces de adaptarse a nuevas situaciones.

Ejercicio Práctico: Tras una experiencia significativa, escribe tres cosas que hayas aprendido y cómo podrían influir en tu futuro.

TRANSMITIR: COMPARTIR EXPERIENCIAS SIN PERDER AUTENTICIDAD

Compartir es poderoso, pero debe hacerse con consciencia.

Cómo compartir de forma eficaz:

- **Sé auténtico**: No intentes impresionar. Cuenta tus experiencias tal como las viviste.
- **Usa un lenguaje envolvente**: Describe no solo los hechos, sino también las emociones y sensaciones.
- **Encuentra tu estilo personal**: Diario, blog, pódcast o redes sociales… elige el formato que mejor refleje tu forma de expresarte.
- **Aporta valor a los demás**: Comparte consejos, aprendizajes y reflexiones que puedan ser útiles.

Ejemplo Práctico: *Ernest Hemingway usaba sus viajes y experiencias como inspiración para sus novelas, transformando la realidad en narrativa sin perder autenticidad.*

Ejercicio Práctico: Intenta escribir un breve post o artículo sobre una experiencia que te haya marcado, intentando transmitir su esencia con sinceridad.

EL ROL DE LA TECNOLOGÍA: REDES SOCIALES Y COMPARTIR CON CONSCIENCIA

Las redes sociales son una plataforma para compartir, pero deben usarse con inteligencia.

Estrategias para un uso equilibrado:

- **Vive primero el momento, luego compártelo**: Disfruta sin la presión de capturarlo inmediatamente.
- **No busques la perfección**: Los contenidos más auténticos y espontáneos suelen tener mayor impacto.
- **Sé selectivo**: No todo debe compartirse. Elige momentos que realmente tengan valor.
- **Interactúa con tu audiencia**: Compartir también significa escuchar. Responde, crea diálogo y comparte experiencias.

Ejemplo Práctico: *Muchos narradores digitales han creado comunidades mostrando el detrás de escena de sus aventuras y ofreciendo consejos prácticos, más allá de las imágenes perfectas.*

Ejercicio Práctico: Prueba pasar un día sin compartir nada en redes sociales y vive el momento para ti. Luego, escribe cómo te sentiste y si eso cambió tu percepción de la experiencia.

CONTAR PARA INSPIRAR: EL PODER DE LAS HISTORIAS

Las historias son la forma más poderosa de transmitir un mensaje.
Cómo contar una historia que deje huella:

- **Crea una narrativa clara**: Introduce el contexto, describe el clímax y termina con una reflexión.
- **Usa detalles sensoriales**: Colores, sonidos, aromas, emociones… Haz que el lector se sienta dentro.
- **Añade un mensaje**: Cada historia debe dejar algo a quien la escuche o lea.

Ejemplo Práctico: *Brandon Stanton creó Humans of New York recogiendo historias auténticas de personas, demostrando el poder de la narrativa para crear conexiones profundas.*

Ejercicio Práctico: Cuenta una experiencia que te haya cambiado la vida en menos de 300 palabras, procurando que sea envolvente y significativa.

Documentar, reflexionar y transmitir no es solo contar una experiencia, sino darle sentido y compartirlo.

- Escribe o graba para conservar recuerdos y darles valor.
- Reflexiona para aprender y ver nuevas perspectivas.
- Comparte con autenticidad, con el objetivo de inspirar y conectar.
- Usa la tecnología con consciencia, sin dejar que te distraiga de vivir el momento.

Recuerda: Las experiencias se vuelven más poderosas cuando son comprendidas y compartidas.

EN RESUMEN

Viajar es una experiencia que nos enriquece y nos transforma profundamente. Nos permite descubrir partes de nosotros que desconocíamos y nos impulsa a ver la vida con nuevos ojos. Viajar para inspirarse, vivir, experimentar, observar, documentar, reflexionar y transmitir es una clave para el éxito en la vida. A través de los viajes podemos encontrar inspiración, alimentar nuestra creatividad y descubrir nuestras pasiones. Vivir plenamente cada momento de nuestros viajes nos ayuda a aprender, a salir de la zona de confort y a abrazar los desafíos que la vida presenta.

La observación atenta de lo que nos rodea nos permite captar detalles, historias y matices que de otro modo se nos escaparían. Esto nos ayuda a conocernos mejor y a entender mejor el mundo. Documentar nuestras experiencias en un diario o blog nos permite reflexionar, recordar y compartir nuestras historias.

Compartir nuestras experiencias viajeras con otros nos permite inspirarlos a emprender sus propios caminos y a vivir al máximo. Usar las redes sociales puede ser útil, pero también es importante vivir el presente y disfrutar del momento.

Al viajar, descubrimos no solo la belleza del mundo, sino también la que habita en nuestro interior. Cada viaje es una oportunidad para crecer, aprender y transformarnos. Nos aleja de la rutina diaria, nos abre a nuevos horizontes y nos invita a nuevas ideas y perspectivas.

Viajar nos enseña la importancia de la flexibilidad y la adaptación. Nos enseña a estar abiertos al cambio, a aprovechar las oportunidades y a ser agradecidos por lo que tenemos.

Viajar es una fuente inagotable de inspiración, conocimiento y transformación. Viajar para inspirarse, vivir, experimentar, observar, documentar, reflexionar y transmitir nos permite alcanzar el éxito en la vida. Nos abre las puertas a nuevos mundos, nos enriquece y nos impulsa a vivir nuestras vidas al máximo. No pierdas la oportunidad de emprender tu propio viaje y descubrir lo que te espera.

3 LOS FUNDAMENTOS DEL ÉXITO

Conozcamos mejor los fundamentos esenciales para alcanzar el éxito en la vida a través de la pasión, la salida de la zona de confort, la constancia, la acción, la reflexión, la innovación y la resolución de problemas. Prepárate para descubrir el poder que estas cualidades pueden tener para transformar tu vida.

La pasión es el combustible que alimenta nuestras ambiciones. Cuando nos sentimos realmente comprometidos con algo, trabajar deja de ser un sacrificio y se convierte en una oportunidad para crecer, aprender y mejorar. No es casualidad que las personas exitosas tengan algo en común: aman lo que hacen.

Pero, ¿cómo se encuentra la propia pasión? Y sobre todo, ¿cómo convertirla en algo concreto que pueda mejorar nuestra vida y, tal vez, generar ingresos?

¿CÓMO DESCUBRIR TU PASIÓN?

Hay quienes nacen con una vocación clara y otros que necesitan buscar, probar y experimentar hasta encontrar esa chispa. Yo, por ejemplo, siempre supe que me atraía la creatividad y el emprendimiento, pero me llevó tiempo canalizar esa energía en algo concreto.

Aquí tienes algunas preguntas que pueden ayudarte a descubrir tu pasión:

- ¿Qué harías aunque no te pagaran por ello?
- ¿Qué actividades te hacen sentir vivo y lleno de energía?
- ¿De qué hablas con entusiasmo?
- ¿Qué te hace perder la noción del tiempo?

Ejemplo Práctico: *Me di cuenta de que cada vez que hablaba de ideas de negocios, mi entusiasmo aumentaba. Comprendí que no era solo un interés, sino una verdadera pasión.*

Ejercicio Práctico: Haz una lista de actividades que te entusiasman y que practicarías incluso sin ganar dinero.

CONVERTIR LA PASIÓN EN UN PROYECTO DE VIDA

Tener una pasión es maravilloso, pero sin un plan se queda en un hobby.

Si realmente quieres que se convierta en algo más grande, necesitas transformarla en una actividad productiva.

¿Cómo hacerlo?

- **Estudia el sector que te apasiona** – lee libros, toma cursos, aprende de los mejores.
- **Encuentra una forma de aplicarla en el mundo real** – puede convertirse en un trabajo, un emprendimiento o un hobby rentable.
- **Experimenta sin miedo a fallar** – el primer paso siempre es intentarlo.

Ejemplo Práctico: *Si mi pasión es el fitness, puedo empezar compartiendo mi camino en redes sociales, obtener certificaciones y, quizás, abrir mi propio negocio en ese sector.*

Ejercicio Práctico: Identifica una forma de integrar tu pasión en tu vida diaria de manera productiva.

SUPERAR LAS DIFICULTADES Y MANTENERSE ENFOCADO

Incluso cuando seguimos nuestra pasión, los obstáculos son inevitables.

La diferencia entre quien logra algo y quien se rinde está en la capacidad de mantenerse enfocado a pesar de las dificultades.

Estrategias para no perder la motivación:

- **Recuerda por qué comenzaste** – Mantén viva tu visión.
- **Rodéate de personas que te apoyen** – Aléjate de quienes te desmotivan.
- **Acepta el fracaso como parte del camino** – Cada error es una lección de crecimiento.

Ejemplo Práctico: *Si tengo pasión por la música pero me cuesta destacar, puedo recordarme que todo gran artista empezó desde abajo y superó críticas y fracasos.*

Ejercicio Práctico: Escribe una frase motivadora para releer cada vez que encuentres un obstáculo en tu camino.

LA PASIÓN COMO HERRAMIENTA DE DIFERENCIACIÓN

Quien tiene pasión por lo que hace se distingue automáticamente de los demás.

El entusiasmo y la dedicación son visibles en cada proyecto y hacen que una persona sea más atractiva profesional y personalmente.

¿Cómo usar la pasión para destacar?

- **Sé auténtico** – La pasión no se puede fingir, sé tú mismo.

- **Aporta valor con tu unicidad** – Haz las cosas a tu manera, con tu estilo.
- **Conviértete en un referente** – Comparte tus conocimientos e inspira a otros.

Ejemplo Práctico: *Si me apasiona la cocina y creo un blog con recetas innovadoras, mi pasión se reflejará en el contenido y atraerá a una audiencia fiel.*

Ejercicio Práctico: Identifica una forma en la que tu pasión puede hacerte único en tu sector.

EL VÍNCULO ENTRE PASIÓN Y ÉXITO

Las personas más exitosas del mundo comparten un elemento común: son apasionadas por lo que hacen.

La pasión proporciona la energía necesaria para mejorar, innovar y afrontar los retos.

¿Qué tienen en común las personas exitosas?

- No trabajan solo por dinero, sino por crear algo significativo.
- Enfrentan las dificultades con determinación porque aman lo que hacen.
- Transmiten energía e inspiran a los demás.

Ejemplo Práctico: *Steve Jobs estaba obsesionado con la perfección de sus productos porque amaba la tecnología y el diseño. Eso lo convirtió en un pionero.*

Ejercicio Práctico: Escribe el nombre de una persona que admires por su pasión y analiza qué la llevó al éxito.

Encuentra tu pasión, cultívala cada día y úsala como palanca para construir el futuro que deseas.

Recuerda: La pasión es la fuerza que puede transformar una vida ordinaria en una extraordinaria. No es solo una emoción, sino un motor que, si se cultiva, puede llevarte a resultados impensables.

SALIR DE LA ZONA DE CONFORT: EL PRIMER PASO HACIA EL ÉXITO

La zona de confort es ese lugar mental donde nos sentimos seguros. Sin riesgos, sin imprevistos, todo bajo control. Un refugio perfecto... al menos en apariencia. ¿El problema? Permanecer allí demasiado tiempo significa apagar nuestro crecimiento personal y profesional.

Ha habido momentos en los que me sentí atrapado en una rutina que me daba seguridad, pero también me bloqueaba. Tenía miedo de probar cosas nuevas, de fallar, de sentirme fuera de lugar. Luego entendí que toda gran oportunidad está fuera de esa zona de confort. Y allí es donde empieza la verdadera transformación.

¿POR QUÉ SALIR DE LA ZONA DE CONFORT ES FUNDAMENTAL?

Quedarse en un entorno predecible tiene un alto costo. Tal vez no lo notamos al principio, pero a largo plazo nos priva de crecimiento y oportunidades.

¿Por qué la zona de confort puede limitarte?

- **Bloquea el crecimiento personal** – Sin nuevos retos, no desarrollamos nuevas habilidades.
- **Te atrapa en la rutina** – Demasiada previsibilidad lleva al aburrimiento y la estancación.
- **Reduce las oportunidades** – Las mejores ocasiones suelen surgir de situaciones nuevas e imprevistas.

Beneficios de salir de la zona de confort:

- **Aumento de la confianza en uno mismo** – Cada obstáculo superado refuerza nuestra autoestima.

- **Expansión de oportunidades** – Nuevas experiencias y contactos pueden abrir caminos inesperados.
- **Adaptabilidad al cambio** – El mundo cambia rápidamente; quien aprende a adaptarse, tiene ventaja.

Ejemplo Práctico: *Tenía miedo de hablar en público, evitaba cada ocasión. Pero un día acepté dar una presentación. Estaba nervioso, cometí errores, pero al final recibí elogios. Ahí comprendí que la única forma de superar el miedo es enfrentarlo.*

Ejercicio Práctico: Escribe algo que siempre hayas querido hacer pero que hayas evitado por miedo o inseguridad. ¿Cuál es el primer pequeño paso que puedes dar para enfrentarlo?

¿CÓMO RECONOCER CUANDO ESTÁS ATRAPADO EN LA ZONA DE CONFORT?

Muchas veces ni siquiera nos damos cuenta de que estamos atrapados en nuestra rutina.

Algunas señales:

- Repites siempre las mismas actividades sin variaciones.
- Evitas los desafíos por miedo a fracasar.
- Te sientes aburrido o insatisfecho, pero sigues posponiendo el cambio.

Ejemplo Práctico: *Durante años dije que aprendería un nuevo idioma, pero nunca empecé. No era falta de tiempo, era miedo a sentirme inadecuado. Luego comencé con diez minutos al día y descubrí que con poco se puede avanzar mucho.*

Ejercicio Práctico: Haz una lista de cosas que siempre has querido hacer pero que has postergado. ¿Cuál es la razón detrás de cada aplazamiento?

ESTRATEGIAS PRÁCTICAS PARA SALIR DE LA ZONA DE CONFORT

No necesitas cambiar tu vida de la noche a la mañana. El secreto está en dar pequeños pasos constantes.

Métodos para ampliar tu zona de confort:

- **Prueba algo nuevo cada semana** – Un nuevo pasatiempo, una ruta distinta al trabajo, conocer a alguien nuevo.
- **Rodéate de personas que te desafíen** – Quienes te impulsan a mejorar serán tus mejores aliados.
- **Acepta el fracaso como parte del proceso** – Cada error es un paso adelante, no atrás.

Ejemplo Práctico: *Evitaba las conversaciones con desconocidos. Luego empecé con pasos pequeños: decir unas palabras al camarero, hacer una pregunta en el gimnasio. Ahora interactúo con más confianza y naturalidad.*

Ejercicio Práctico: Escribe tres actividades que salgan de tu rutina y comprométete a realizar al menos una esta semana.

EL PAPEL DE LA MENTALIDAD EN LA TRANSICIÓN FUERA DE LA ZONA DE CONFORT

La manera en que percibimos el cambio determina nuestro nivel de éxito.

Si vemos el éxito como una amenaza, nos quedamos estancados. Si lo vemos como una oportunidad, creceremos.

Mentalidades a desarrollar:

- **Mentalidad de crecimiento** – Cada reto es una oportunidad de aprendizaje.
- **Resiliencia** – El malestar inicial es normal, acéptalo y sigue adelante.
- **Apertura al riesgo** – El fracaso no es el final, sino parte del camino.

Ejemplo Práctico: *Pensaba que no era bueno para los negocios, hasta que lo intenté. Fracasé varias veces, pero cada experiencia me enseñó algo valioso.*

Ejercicio Práctico: Cada vez que sientas una resistencia mental al cambio, escribe un pensamiento alternativo positivo.

EL ÉXITO COMO RESULTADO DE ACTUAR FUERA DE LA ZONA DE CONFORT

Las personas exitosas han aceptado el riesgo y la incertidumbre.
¿Qué tienen en común?

- Comenzaron sin sentirse 100% listas.
- Aprendieron a lidiar con críticas y fracasos.
- Se atrevieron a salir de su zona segura y encontraron nuevas oportunidades.

Ejemplo Práctico: *J.K. Rowling escribió Harry Potter mientras enfrentaba dificultades económicas y numerosos rechazos editoriales. Si hubiera dejado que el miedo la detuviera, hoy no tendríamos uno de los libros más icónicos de la historia.*

Ejercicio Práctico: Escribe el nombre de una persona que admires y analiza cómo salió de su zona de confort para lograr el éxito.

Salir de la zona de confort no significa lanzarse al vacío sin paracaídas, sino aceptar nuevos desafíos y afrontarlos con determinación. Cada vez que superamos un límite, expandimos nuestro potencial y abrimos la puerta a nuevas oportunidades.

Recuerda: El crecimiento comienza donde termina tu zona de confort. El cambio da miedo, pero el miedo es solo la señal de que vas por buen camino.

LA CONSTANCIA: EL VERDADERO SECRETO DEL ÉXITO

El éxito nunca es un golpe de suerte o un evento repentino. Es el resultado de un compromiso constante, hecho de pequeños pasos diarios, incluso cuando nadie está mirando. Aprendí esta lección con el tiempo, después de ver a muchas personas talentosas desperdiciar su potencial por esperar resultados inmediatos. También vi a personas aparentemente "promedio" o incluso "mediocres" alcanzar metas increíbles simplemente porque nunca se detuvieron.

Muchas personas creen que el éxito depende del talento o la suerte. En realidad, el talento sin disciplina no lleva muy lejos, mientras que la constancia, incluso sin habilidades extraordinarias, puede lograr cosas increíbles.

Razones por las que la constancia es la clave del éxito:

- **Supera la motivación momentánea** – El entusiasmo inicial desaparece, pero la disciplina mantiene el progreso.
- **Genera mejora continua** – Incluso los esfuerzos pequeños y diarios generan resultados extraordinarios a largo plazo.
- **Demuestra fiabilidad y credibilidad** – Ser constante te convierte en alguien en quien los demás pueden confiar.

Ejemplo Práctico: *Cuando empecé a escribir mi primer libro, estaba lleno de energía. Después de un mes, la motivación empezó a bajar. Estuve a punto de abandonar, pero me obligué a escribir al menos 500 palabras al día. Un año después, el libro estaba terminado. No fue el talento lo que lo hizo posible, sino la constancia.*

Ejercicio Práctico: Escribe una habilidad u objetivo que quieras mejorar y define una pequeña acción diaria para avanzar hacia él.

CÓMO CREAR EL HÁBITO DE LA CONSTANCIA

La constancia no es un talento innato, sino un hábito que se construye. Y, como cualquier hábito, se desarrolla con tiempo y repetición.

Pasos para desarrollar la constancia:

- **Empieza con pasos pequeños** – Es mejor hacer poco cada día que esfuerzos enormes una vez al mes.
- **Crea una rutina** – Asocia la actividad a un momento fijo del día.
- **Evita las distracciones** – Busca un entorno que favorezca la concentración.
- **Mide tus progresos** – Ver los avances ayuda a mantener la motivación.

Ejemplo Práctico: *Siempre decía que no tenía tiempo para leer. Luego decidí dedicar solo treinta minutos diarios a la lectura, sin esperar el momento perfecto. Después de seis meses, había terminado varios libros y me sentía enriquecido. Solo hacía falta ser constante.*

Ejercicio Práctico: Identifica un hábito que quieras desarrollar y fija un momento del día para practicarlo sin interrupciones.

CÓMO SUPERAR LOS MOMENTOS DE DIFICULTAD

Incluso con la mejor disciplina, habrá días en los que querrás rendirte.

La diferencia entre quienes alcanzan el éxito y quienes se rinden es la capacidad de continuar a pesar de las dificultades.

Estrategias para mantener la constancia en momentos difíciles:

- **Recuerda por qué comenzaste** – Conéctate con tu visión inicial para recuperar la motivación.
- **Adapta tu enfoque** – Si un método no funciona, cambia de estrategia en lugar de rendirte.
- **Busca apoyo** – Rodéate de personas que te animen y te mantengan responsable.
- **Acepta los días "malos"** – Incluso si no puedes dar lo mejor de ti, hacer algo siempre es mejor que nada.

Ejemplo Práctico: *Durante el inicio de mi primer negocio, hubo momentos en que todo parecía salir mal. Pude haberme rendido, pero elegí concentrarme en pequeños pasos diarios. Al final, ese pequeño esfuerzo constante llevó al éxito.*

Ejercicio Práctico: Escribe un plan para afrontar los momentos de dificultad relacionados con un objetivo que estás persiguiendo.

EL ÉXITO ES LA SUMA DE PEQUEÑAS ACCIONES REPETIDAS

Muchos abandonan sus sueños porque quieren resultados inmediatos. Sin embargo, los verdaderos éxitos se construyen con el tiempo.

Ejemplos de éxito gracias a la constancia:

- Los atletas de alto nivel entrenan cada día, incluso cuando no tienen ganas.
- Los emprendedores exitosos mejoran sus productos y estrategias día tras día.
- Quienes alcanzan la libertad financiera lo hacen invirtiendo con constancia, no con golpes de suerte.

Ejemplo Práctico: *Warren Buffett no se convirtió en multimillonario con una sola inversión afortunada. Construyó su riqueza con disciplina e inversiones constantes a lo largo del tiempo.*

Ejercicio Práctico: Escribe un objetivo a largo plazo e identifica las acciones diarias o semanales necesarias para alcanzarlo.

LA CONSTANCIA COMO VENTAJA COMPETITIVA

Vivimos en un mundo donde muchas personas comienzan algo con entusiasmo para luego abandonarlo poco después.

Ser constante te hará automáticamente diferente y más competitivo que la mayoría.

¿Cómo usar la constancia como ventaja?

- **Continúa incluso cuando otros se rindan** – La persistencia te llevará adelante.
- **Conviértete en alguien en quien los demás puedan confiar** – Esto fortalece tu reputación.
- **Demuestra fiabilidad y disciplina** – Las oportunidades llegan a quienes demuestran compromiso constante.

Ejemplo Práctico: *Muchos abren un blog o un canal de YouTube y lo abandonan después de pocos meses. Quienes continúan durante años construyen una audiencia real y éxito.*

Ejercicio Práctico: Identifica un área de tu vida donde puedas destacarte simplemente siendo más constante que los demás.

El secreto del éxito no es comenzar con entusiasmo, sino continuar incluso cuando el entusiasmo desaparece. La constancia es lo que te permite alcanzar tus objetivos, desarrollar nuevas habilidades y superar a la competencia.

Recuerda: No es quien corre más rápido quien gana la carrera, sino quien continúa corriendo hasta el final.

LA ACCIÓN: LA CLAVE QUE TRANSFORMA LOS SUEÑOS EN REALIDAD

Las ideas por sí solas no son suficientes. He conocido personas con intuiciones brillantes, capaces de revolucionar un sector entero, y sin embargo, nunca lograron nada. ¿Por qué? Porque nunca actuaron. Pasaban el tiempo planificando, pensando, perfeccionando detalles, esperando el momento perfecto para comenzar.

El problema es que ese momento perfecto no existe.

El éxito no es algo que sucede de repente, es el resultado de la acción constante. Incluso el proyecto más genial sigue siendo solo una idea si no se lleva a cabo. Veamos ahora cómo superar la inercia, desarrollar el hábito de la acción y enfrentar el miedo a equivocarse.

LA ACCIÓN ES MÁS IMPORTANTE QUE LA PERFECCIÓN

Muchos posponen la acción porque quieren ser perfectos antes de empezar. He aprendido por experiencia propia que la acción es el verdadero motor de la mejora.

Por qué es mejor actuar de inmediato:

- **La acción aporta experiencia** – No puedes aprender a nadar leyendo un libro, tienes que lanzarte al agua.
- **La perfección es una ilusión** – Esperar estar listo al 100% a menudo significa no empezar nunca.
- **Hacer es mejor que pensar demasiado** – El éxito llega a quienes experimentan, corrigen y mejoran sobre la marcha.

Ejemplo Práctico: *Cuando decidí iniciar mi primer negocio, no tenía todas las respuestas. Pero sabía que si no empezaba, me quedaría estancado. Así que lancé el proyecto, me equivoqué, corregí, mejoré. Si hubiera esperado tener un plan perfecto, todavía estaría planificando.*

Ejercicio Práctico: Elige un objetivo que has pospuesto durante demasiado tiempo y da el primer paso hoy mismo. Aunque sea pequeño, hazlo.

SUPERAR EL MIEDO A EQUIVOCARSE

El mayor error que puedes cometer es no hacer nada por miedo a equivocarte.

El fracaso no es el final, sino una lección valiosa que te acerca al éxito.

¿Cómo enfrentar el miedo a actuar?

- **Acepta que los errores forman parte del camino** – Cada éxito se construye sobre fracasos superados.
- **Comienza con acciones pequeñas** – No es necesario dar pasos enormes, basta con empezar con algo manejable.

- **Cambia tu forma de ver el fracaso** – No es una derrota, sino un paso necesario para mejorar.

Ejemplo Práctico: *Cuando decidí realizar mi primera película como director, tenía mil dudas. ¿Y si no estaba a la altura? ¿Y si nadie apreciaba mi trabajo? Durante demasiado tiempo pospuse, esperando tener el presupuesto perfecto, el mejor equipo, el elenco ideal. Al final, me dije: 'Es mejor filmar algo imperfecto que no filmar nada'. Ese primer paso fue fundamental para transformar una idea en realidad.*

Ejercicio Práctico: Escribe un error que hayas cometido en el pasado e identifica qué aprendiste de él.

DE LA INTENCIÓN A LA ACCIÓN: CÓMO CREAR UN PLAN EJECUTIVO

Tener un objetivo es esencial, pero sin un plan claro se corre el riesgo de quedarse estancado.

La acción efectiva nace de una estrategia concreta.

Algunos consejos para transformar una idea en una acción concreta:

- **Define tu objetivo con claridad** – Cuanto más específico sea, más fácil será alcanzarlo.
- **Divide el objetivo en pequeños pasos** – Una gran meta puede parecer inalcanzable, pero pequeños pasos la hacen manejable.
- **Establece plazos** – Sin una fecha límite, lo pospondrás indefinidamente.
- **Actúa de inmediato en una primera tarea** – Comienza con algo sencillo para crear impulso.

Ejemplo Práctico: *Quería abrir un negocio en línea, pero seguía posponiéndolo. Luego decidí dividir el proceso: primer día compro el dominio, segundo día creo el logo, tercer día hago un borrador del sitio. Después de un mes, estaba operativo.*

Ejercicio Práctico: Escribe un objetivo importante para ti y divídelo en cinco pequeños pasos que puedas empezar a dar de inmediato.

CONSTRUIR EL HÁBITO DE LA ACCIÓN

La acción debe convertirse en un hábito, no en una excepción. Cuanto más actúas, más natural se vuelve pasar a la acción sin dudar.

Estrategias para desarrollar el hábito de actuar:

- **Haz algo todos los días, aunque sea pequeño** – No importa cuánto, lo importante es no detenerse.
- **Elimina las excusas** – Encuentra siempre un motivo para actuar, no para posponer.
- **Desarrolla una mentalidad orientada a las soluciones** – En lugar de enfocarte en los problemas, concéntrate en cómo superarlos.

Ejemplo Práctico: *Cuando quería mejorar mi forma física, encontraba mil excusas. Luego decidí empezar con 20 minutos de ejercicio al día. No parecía nada, pero ese pequeño hábito lo cambió todo.*

Ejercicio Práctico: Identifica una actividad que quieras convertir en hábito y establece una pequeña acción diaria para empezar.

LA ACCIÓN COMO DIFERENCIA ENTRE QUIENES ALCANZAN EL ÉXITO Y QUIENES NO

Muchas personas tienen grandes sueños, pero pocas actúan para realizarlos.

La diferencia entre quienes tienen éxito y quienes se quedan atrás es simplemente esta: uno actúa, el otro no.

Es bueno recordar las características de las personas exitosas:

- Actúan antes de sentirse listos.
- Saben que la mejora se da en el camino.

- Transforman cada error en una oportunidad de crecimiento.

Ejemplo Práctico: *Muchos querían crear un canal de YouTube, pero esperaron demasiado. Otros empezaron con videos pésimos y mejoraron con el tiempo. Hoy están entre los creadores de contenido más grandes del mundo y ganan sumas enormes de dinero.*

Ejercicio Práctico: Escribe tres acciones que puedas realizar hoy para acercarte a tus objetivos.

El éxito no llega a quienes tienen las mejores ideas, sino a quienes actúan con constancia y determinación. Actuar significa superar el miedo, aceptar el fracaso y mejorar continuamente.

Recuerda: La acción es la llave que transforma los sueños en realidad. Deja de esperar el momento perfecto y empieza ahora.

LA REFLEXIÓN: EL SECRETO PARA CRECER Y MEJORAR

En el mundo frenético de hoy, a menudo nos vemos empujados a correr de un objetivo a otro sin detenernos a reflexionar. Sin embargo, sin reflexión no hay crecimiento real, porque corremos el riesgo de repetir los mismos errores y de perder la dirección.

La reflexión es lo que transforma la experiencia en sabiduría. No es solo un ejercicio de memoria, sino un hábito estratégico que permite analizar el propio camino, evaluar éxitos y fracasos, y realizar mejoras continuas.

¿POR QUÉ LA REFLEXIÓN ES ESENCIAL PARA EL ÉXITO?

Muchas personas trabajan duro pero nunca se detienen a evaluar si están avanzando en la dirección correcta.

Beneficios de la reflexión:

- **Mejora el proceso de toma de decisiones** – Entender qué funcionó en el pasado ayuda a tomar mejores decisiones en el futuro.
- **Aumenta la autoconciencia** – Reflexionar sobre emociones, reacciones y comportamientos ayuda a conocerse mejor.
- **Permite evitar errores repetidos** – Sin reflexión, corremos el riesgo de cometer los mismos errores una y otra vez.
- **Ayuda a mantenerse enfocado en los objetivos** – Analizar los progresos ayuda a mantener el rumbo adecuado.

Ejemplo Práctico: *Después de escribir mi primer guion, comprendí cuán fundamental era revisar cada aspecto del proceso. Analicé qué funcionaba en la historia y qué podía mejorarse: desde la estructura narrativa hasta el ritmo de los diálogos. Esta reflexión me permitió afrontar los siguientes proyectos con mayor conciencia y seguridad.*

Ejercicio Práctico: Dedica cinco minutos al final del día para escribir algo que hiciste bien y algo que podrías mejorar.

CÓMO PRACTICAR LA REFLEXIÓN DE FORMA EFICAZ

No basta con pensar en el pasado: la reflexión debe ser estructurada para producir resultados concretos.
Técnicas para reflexionar con método:

- **Escribir un diario de reflexión** – Anotar logros, dificultades y lecciones aprendidas ayuda a ordenar los pensamientos.
- **Hacerse preguntas clave** – Preguntarse: ¿Qué aprendí hoy? ¿Qué podría haber hecho mejor?
- **Usar la regla de los tres pasos** – 1) Analiza un evento, 2) Encuentra la lección, 3) Decide cómo aplicarla en el futuro.
- **Crear momentos de silencio** – Encontrar tiempo para reflexionar sin distracciones favorece la claridad mental.

Ejercicio Práctico: Cada semana, escribe tres cosas que hayas aprendido y cómo puedes aplicarlas en el futuro.

LA REFLEXIÓN COMO HERRAMIENTA DE CRECIMIENTO PERSONAL

La reflexión no solo sirve para mejorar el trabajo, sino también nuestra mentalidad y bienestar.

Cómo usar la reflexión para el crecimiento personal:

- **Analizar las propias emociones** – Entender las propias reacciones ayuda a mejorar la gestión del estrés y de las relaciones.
- **Identificar patrones repetitivos** – Si un problema aparece con frecuencia, la reflexión ayuda a encontrar soluciones más eficaces.
- **Tomar decisiones más conscientes** – Cuanto más reflexionamos sobre nuestras experiencias, más desarrollamos la capacidad de decidir con sabiduría.

Ejemplo Práctico: *Si noto que cada vez que dirijo un equipo tiendo a ser demasiado perfeccionista y a controlar cada detalle, puedo reflexionar sobre cómo dar más autonomía a mis colaboradores para obtener mejores resultados.*

Ejercicio Práctico: Cada noche, escribe un momento del día en que hayas sentido una emoción intensa y analiza qué la provocó.

EVITAR EL AUTOANÁLISIS PARALIZANTE

Reflexionar es útil solo si conduce a acciones concretas, de lo contrario puede convertirse en un freno. Pensar demasiado puede bloquear la acción.

Cómo evitar caer en el overthinking:

- **Pon un límite de tiempo a la reflexión** – Pensar demasiado en un error sin actuar no sirve de nada.
- **Concéntrate en las soluciones, no solo en los problemas** – Reflexionar debe llevar a mejoras prácticas.

- **Acepta que no todo tiene una respuesta inmediata** – Algunas lecciones se aprenden con el tiempo.

Ejemplo Práctico: *Después de cometer un error en el set, en lugar de pasar días dándole vueltas, me pregunté: '¿Qué puedo hacer ahora para evitarlo la próxima vez?' Este enfoque me permitió transformar los errores en herramientas de crecimiento.*

Ejercicio Práctico: Si te das cuenta de que estás pensando demasiado en un problema, escribe tres acciones prácticas que puedas tomar para enfrentarlo.

CREAR UN HÁBITO DE REFLEXIÓN CONSTANTE

Para aprovechar al máximo los beneficios de la reflexión, es necesario convertirla en un hábito regular.

Cómo integrar la reflexión en la vida diaria:

- Usa un diario o una nota digital para registrar pensamientos y progresos.
- Reflexiona cada fin de semana sobre los logros y los desafíos enfrentados.
- Comparte tus reflexiones con alguien de confianza para obtener nuevas perspectivas.

Ejemplo Práctico: *Cada domingo por la noche, dedico 10 minutos a escribir lo que aprendí durante la semana y lo que quiero mejorar en la siguiente. Este simple ejercicio me ha ayudado a crecer tanto a nivel personal como profesional.*

Ejercicio Práctico: Programa un recordatorio diario para dedicar unos minutos a la reflexión personal.

La reflexión es una poderosa herramienta de crecimiento que ayuda a transformar experiencias y errores en oportunidades de mejora.

Quien reflexiona estratégicamente tiene una ventaja sobre quien avanza sin analizar su propio camino.

Recuerda: El verdadero cambio ocurre cuando aprendemos de nuestras experiencias. Reflexiona, aprende y mejora constantemente.

LA INNOVACIÓN: EL SECRETO PARA DESTACAR Y CRECER

En un mundo en constante evolución, la innovación es lo que distingue a quienes se adaptan y crecen de quienes se quedan atrás. No basta con seguir las reglas del juego: hay que reescribirlas.

Innovar no significa solo inventar algo completamente nuevo, sino encontrar formas mejores, más eficientes y creativas de hacer las cosas. Quien innova no se limita a seguir a los demás, sino que crea nuevos caminos, nuevas soluciones y nuevas oportunidades.

El mundo cambia constantemente. Si no innovas, corres el riesgo de quedarte atrás.

¿Por qué es fundamental innovar?

- **Te diferencia de la competencia** – Si haces lo que hacen todos, obtendrás los mismos resultados que todos.
- **Te permite resolver problemas de manera más efectiva** – La innovación encuentra soluciones nuevas a problemas antiguos.
- **Te ayuda a aprovechar las oportunidades antes que los demás** – Las mejores oportunidades nacen para quienes están listos para el cambio.

Ejemplo Práctico: *Cuando escribí mi primer guion, me di cuenta de que mi idea no encajaba en los cánones tradicionales del sector. En lugar de desanimarme, decidí adoptar un enfoque innovador, centrándome en una narrativa más visual y menos convencional. Para probar la eficacia de mi elección, organicé una lectura con amigos y colegas, recopilando comentarios útiles para perfeccionar la historia. ¿El resultado? Un guion que se destacaba* *por su estilo único y que captó el interés de potenciales productores, abriéndome nuevas oportunidades en el sector.*

Ejercicio Práctico: Identifica un área de tu vida o de tu trabajo donde podrías aplicar un enfoque más innovador.

CÓMO DESARROLLAR UNA MENTALIDAD INNOVADORA

La innovación no es solo para empresarios o científicos: cualquiera puede desarrollar una mentalidad creativa y abierta al cambio.

Características de una persona innovadora:

- **Curiosidad infinita** – Pregúntate siempre "¿Por qué lo hacemos así?" y "¿Cómo podríamos hacerlo mejor?".
- **Apertura al cambio** – Quien rechaza lo nuevo se queda atrapado en el pasado.
- **Experimentación constante** – No tengas miedo de probar cosas nuevas.
- **Capacidad para conectar ideas diferentes** – Las mejores innovaciones nacen de mezclar conceptos de sectores distintos.

Ejemplo Práctico: *Cuando trabajé en mi primera película, tenía un presupuesto muy limitado, pero encontré una forma innovadora de rodar escenas espectaculares con recursos escasos. Experimenté con nuevas técnicas de filmación, utilicé luz natural y busqué locaciones inusuales que le dieron un carácter único al filme.*

Ejercicio Práctico: Cada día, desafíate a ti mismo a encontrar una forma mejor o más eficiente de hacer algo en tu rutina.

INNOVACIÓN PRÁCTICA: CÓMO APLICARLA EN LA VIDA Y EN LOS NEGOCIOS

La innovación no es solo teoría: debe aplicarse de forma concreta para generar resultados.

¿Dónde aplicar la innovación?

- **En el trabajo** – Automatiza tareas repetitivas, usa nuevas herramientas digitales, encuentra formas más eficaces de gestionar el tiempo.
- **En los negocios** – Analiza lo que hacen tus competidores y piensa en una forma de hacerlo mejor o diferente.
- **En la vida personal** – Cambia hábitos, encuentra nuevos métodos para ser más productivo, explora ideas nuevas.

Ejemplo Práctico: *Cuando creé una publicidad para un cliente importante que quería destacarse, decidí romper con los esquemas tradicionales. En lugar de un anuncio convencional, imprimí su publicidad a toda página, pero al revés, en una de las revistas que producía. Esto despertó la curiosidad de los lectores, que giraron físicamente la revista para ver si era un error. ¿El resultado? El anuncio recibió mucha más atención que los tradicionales, demostrando que un toque de innovación puede marcar la diferencia.*

Ejercicio Práctico: Elige un área de tu vida o de tu trabajo donde te gustaría mejorar y escribe tres formas en que podrías innovarla.

SUPERAR EL MIEDO AL CAMBIO

Muchas personas se resisten a innovar por miedo al cambio o al fracaso.

¿Cómo superar el miedo a innovar?

- **Acepta que el error es parte del proceso** – Toda innovación nace de intentos y errores.
- **No esperes la perfección para actuar** – La innovación requiere experimentación continua.

- **Rodéate de personas abiertas al cambio** – Las influencias correctas favorecen la creatividad.

Ejercicio Práctico: Identifica una situación en la que evitaste el cambio por miedo y escribe una acción que podrías tomar para afrontarla.

CREAR UNA VENTAJA COMPETITIVA CON LA INNOVACIÓN

Las personas y empresas más exitosas son las que innovan constantemente.

- Amazon revolucionó el comercio electrónico con una logística avanzada.
- Tesla transformó la industria automotriz apostando por lo eléctrico antes que nadie.
- Steve Jobs innovó la tecnología de consumo al transformar el teléfono en un ecosistema digital.

¿Cómo usar la innovación para destacarse?

- Observa el mercado y encuentra puntos de mejora.
- Estudia lo que hacen las empresas exitosas y adapta sus estrategias a tu contexto.
- Busca siempre nuevas oportunidades, sin miedo a probar.

Ejercicio Práctico: Escribe una idea innovadora que podrías aplicar en tu trabajo o en un proyecto personal.

La innovación no es un lujo, sino una necesidad para quien quiere sobresalir y tener éxito. No hace falta ser un genio para innovar: basta con ser curioso, estar abierto al cambio y dispuesto a experimentar.

Recuerda: No te limites a seguir las reglas del juego. Crea nuevas reglas y transforma tus ideas en realidad.

RESOLUCIÓN DE PROBLEMAS: LA CLAVE PARA SUPERAR DESAFÍOS

La vida y el trabajo están llenos de desafíos. El éxito no depende de la ausencia de problemas, sino de la capacidad para afrontarlos con eficacia. El "problem solving" es una competencia esencial que distingue a las personas exitosas de aquellas que se bloquean ante las dificultades.

Desarrollar un enfoque estratégico para resolver problemas permite transformar obstáculos en oportunidades, tomar mejores decisiones y superar situaciones difíciles con seguridad y claridad.

EL PROBLEM SOLVING COMO MENTALIDAD DE ÉXITO

Muchas personas ven los problemas como obstáculos insuperables. Las personas exitosas, en cambio, los ven como desafíos que se resuelven con creatividad y lógica.

¿Cómo cambiar la forma de ver los problemas?

- **Vé el problema como una oportunidad de crecimiento** – Cada dificultad enseña algo nuevo.
- **Desarrolla una mentalidad orientada a las soluciones** – Concéntrate en lo que puedes hacer, no en lo que no puedes controlar.
- **No te dejes dominar por la emoción** – Afronta los problemas con lógica y calma, sin dejarte arrastrar por el estrés.

Ejemplo Práctico: *A menudo, cuando escribo un guion, me enfrento a un problema que parece simple pero es muy complejo: cómo hacer que la historia sea original y cautivadora sin contar con un gran presupuesto. En lugar de desanimarme, aprovecho las limitaciones como una oportunidad. Decido ambientar la historia en pocos lugares, enfocándome en diálogos intensos y en la construcción de la tensión. Al final, esta elección hace que el guion sea mucho más fuerte e impactante.*

Ejercicio Práctico: Piensa en un problema reciente y escribe qué puedes aprender de él para el futuro.

RESOLVER UN PROBLEMA

El problem solving no es solo improvisación: seguir un método claro ayuda a encontrar soluciones eficaces.

5 pasos para resolver cualquier problema:

1. **Definir el problema** – ¿Cuál es la verdadera causa del problema?
2. **Analizar las opciones** – ¿Qué soluciones posibles existen?
3. **Evaluar riesgos y beneficios** – ¿Cuál es la solución más eficaz y sostenible?
4. **Actuar rápidamente** – Una solución perfecta mañana vale menos que una buena solución hoy.
5. **Evaluar los resultados** – ¿Funcionó la solución? ¿Qué puedo mejorar la próxima vez?

Ejemplo Práctico: *Si mi negocio está perdiendo clientes, puedo analizar sus comentarios, identificar el problema (precio, calidad, servicio) y probar estrategias para recuperarlos. Por ejemplo, podría ofrecer un servicio personalizado o mejorar la comunicación con los clientes.*

Ejercicio Práctico: Aplica estos 5 pasos a un problema actual que estés enfrentando.

PENSAMIENTO CRÍTICO VS. PENSAMIENTO CREATIVO EN EL PROBLEM SOLVING

Existen dos enfoques principales para resolver problemas: el pensamiento crítico y el pensamiento creativo.

Pensamiento crítico:

- Analiza los datos y hechos con lógica.

- Evalúa pros y contras de manera racional.
- Elimina las opciones poco realistas y se enfoca en soluciones pragmáticas.

Pensamiento creativo:

- Encuentra soluciones fuera de lo común.
- Experimenta con enfoques innovadores.
- Usa la intuición y el brainstorming para generar nuevas ideas.

Ejemplo Práctico: *Si un restaurante tiene pocos clientes, con pensamiento crítico se puede analizar la calidad del servicio y los precios. Con pensamiento creativo, se puede introducir un menú temático o eventos especiales para atraer más público.*

Ejercicio Práctico: Elige un problema y trata de aplicar tanto un enfoque crítico como uno creativo para encontrar soluciones distintas.

CÓMO SUPERAR LAS DIFICULTADES EN EL PROBLEM SOLVING

A veces, incluso con el mejor método, los problemas parecen imposibles de resolver. Aquí te mostramos cómo enfrentar los obstáculos más comunes.

Estrategias para superar bloqueos:

- **Divide el problema en partes más pequeñas** – Resolverlo paso a paso lo hace menos abrumador.
- **Cambia de perspectiva** – Pregúntate: "¿Cómo enfrentaría esta situación alguien exitoso?".
- **Pide ayuda o feedback externo** – A veces, otro punto de vista puede desbloquear una solución.
- **Evita la procrastinación** – Postergar no elimina el problema, lo empeora.

Ejemplo Práctico: *Cuando trabajaba en una producción publicitaria, tuve problemas logísticos: el lugar elegido para filmar no estaba disponible a último momento. En lugar de entrar en pánico, contacté alternativas, reorganicé el plan de producción y encontré una solución en tiempo récord. ¿El resultado? Un anuncio exitoso a pesar de las dificultades.*

Ejercicio Práctico: Escribe un problema complejo y divídelo en 3-5 microproblemas más fáciles de manejar.

EL PROBLEM SOLVING COMO VENTAJA COMPETITIVA

En el mundo laboral y empresarial, las personas más valoradas son las que saben resolver problemas.

¿Por qué ser un problem solver te hace más competitivo?

- Las empresas quieren personas que aporten soluciones, no que se quejen.
- Quien sabe resolver problemas se adapta mejor a los cambios del mercado.
- El problem solving es la base de la innovación y el liderazgo.

Ejemplo Práctico: *Steve Jobs enfrentó el problema de interfaces complicadas en los ordenadores. En una época en la que los PC eran difíciles de usar, introdujo el Macintosh con una interfaz gráfica intuitiva y el ratón, revolucionando la industria tecnológica y haciendo los ordenadores accesibles para todos.*

Ejercicio Práctico: Identifica un problema en tu empresa o sector y escribe una posible solución innovadora.

El problem solving es una de las habilidades más poderosas que puedes desarrollar. Quien busca soluciones en lugar de quejarse siempre tiene una ventaja sobre los demás.

Recuerda: No existen problemas sin solución, solo problemas que aún no se han analizado con el enfoque adecuado.

EN RESUMEN

Hemos explorado los fundamentos esenciales para alcanzar el éxito en la vida. La pasión, salir de la zona de confort, la constancia, la acción, la reflexión, la innovación y el problem solving son herramientas poderosas que puedes utilizar para transformar tus sueños en realidad.

Recuerda que el éxito requiere compromiso, determinación y una mentalidad abierta al cambio. Estate dispuesto a salir de tu zona de confort, afrontar los desafíos con valentía e innovar constantemente.

Con estas herramientas a tu disposición, podrás enfrentar cualquier obstáculo y alcanzar el éxito que mereces en tu vida.

4 CÓMO CONSTRUIR UNA CARRERA

Veamos cómo superar el miedo a pedir, la importancia de las relaciones públicas y cómo transformar las oportunidades en ganancias. Aprendiendo estas habilidades fundamentales, estarás preparado para aprovechar al máximo cada oportunidad que se presente en tu vida.

Muchas personas renuncian a sus sueños no porque les falte talento o capacidad, sino porque no se atreven a pedir. A menudo estamos bloqueados por el miedo al rechazo, a la humillación o al juicio de los demás. Sin embargo, pedir es el primer paso para obtener.

Las personas exitosas no esperan a que las oportunidades caigan del cielo: las buscan activamente, hacen preguntas, piden ayuda, negocian condiciones y crean conexiones.

POR QUÉ PEDIR ES FUNDAMENTAL PARA EL ÉXITO

Si no pides, no obtienes.

¿Por qué es esencial aprender a pedir?

- **Abre nuevas oportunidades** – Muchas posibilidades existen solo para quienes tienen el valor de solicitarlas.

- **Permite obtener apoyo y recursos** – Nadie puede lograrlo completamente solo.
- **Ayuda a negociar mejores condiciones** – Pedir puede darte ventajas que de otro modo perderías.
- **Demuestra confianza en uno mismo** – Las personas respetan a quienes tienen el valor de expresar sus necesidades.

Ejemplo Práctico: *Cuando decidí abrir mi primera empresa de servicios, tenía una buena idea pero me faltaban fondos. En lugar de dejar que esta dificultad me detuviera, pedí ayuda. Mis padres fueron los primeros en apoyarme, pero pronto también recibí el respaldo de colegas del sector, tanto en Italia como en el extranjero, desde Roma hasta Nueva York. Además, pude obtener en préstamo equipos fundamentales para iniciar la actividad. Si no hubiera tenido el valor de pedir, mi negocio nunca habría despegado.*

Ejercicio Práctico: Escribe tres cosas que te gustaría conseguir e identifica una persona o contexto en el que podrías pedirlas.

CÓMO SUPERAR EL MIEDO AL RECHAZO

El miedo a pedir suele nacer del temor al rechazo. Pero el rechazo no es un fracaso, es simplemente una respuesta.

- **Acepta que el rechazo es parte del proceso** – Cada "no" te acerca a un "sí".
- **No lo tomes como algo personal** – Un rechazo no define tu valor.
- **Considera el rechazo como una oportunidad de aprendizaje** – Analiza qué puedes mejorar en la próxima solicitud.
- **Acostúmbrate a pedir cosas pequeñas** – Comienza con peticiones simples para ganar confianza.

Ejemplo Práctico: *Cuando empecé a trabajar en producción cinematográfica, a menudo tenía que contactar empresas y patrocinadores para pedir* *financiamiento. Al principio, cada 'no' me parecía un golpe muy duro. Luego entendí que cada rechazo me enseñaba algo: mejoraba mi presentación, afinaba mis peticiones y aprendía a expresarme de manera más convincente. Al final, esos 'no' iniciales me hicieron más fuerte y determinado.*

Ejercicio Práctico: Escribe un episodio en el que evitaste pedir por miedo al rechazo y piensa cómo podrías haberlo enfrentado de otra manera.

EL ARTE DE PEDIR DE FORMA EFICAZ

Pedir no significa simplemente decir "quiero esto". Hay que saber cómo hacerlo correctamente para aumentar las probabilidades de obtener lo que deseas.

Cómo hacer solicitudes efectivas:

- **Sé claro y específico** – Las personas no pueden leer tu mente, así que explica exactamente lo que deseas.
- **Demuestra valor** – Explica por qué tu solicitud también es beneficiosa para la otra parte.
- **Pide con seguridad** – La forma en que lo haces influye en la respuesta: sé firme y directo.
- **Prepárate para recibir un "no" y replantear** – Si te rechazan, pregunta si hay alternativas.

Ejemplo Práctico: *Durante la realización de una película, el director necesitaba filmar algunas escenas en una ubicación exclusiva. En lugar de limitarme a pedir un permiso estándar, preparé una propuesta explicando cómo mi producción daría visibilidad al lugar y ofrecí un retorno de imagen para su marca. ¿El resultado? Conseguí la autorización gratuita a cambio del uso de algunos clips con fines promocionales.*

Ejercicio Práctico: Escribe una solicitud que te gustaría hacer e intenta formular una versión más clara y efectiva.

DÓNDE Y CUÁNDO PEDIR PARA MAXIMIZAR TUS POSIBILIDADES DE ÉXITO

El momento y el contexto en el que haces una solicitud pueden influir mucho en su resultado.

- **Elige el momento adecuado** – Una solicitud hecha en el momento equivocado puede ser ignorada o rechazada.
- **Identifica a la persona correcta** – Pide a quien tiene el poder de decidir, no a quien no puede ayudarte.
- **Usa el tono y lenguaje adecuados** – Adapta tu enfoque a la situación y a la persona con la que estás hablando.

Ejemplo Práctico: *Una vez quería proponerle una idea a un productor importante, pero sabía que recibía decenas de propuestas al día. Estudié el mejor momento para acercarme y decidí escribirle después de un evento de networking, cuando estaba más relajado y accesible. Gracias a esta estrategia, conseguí su atención y una reunión posterior.*

Ejercicio Práctico: Piensa en una solicitud que hayas hecho en el pasado y evalúa si el momento y la persona eran los adecuados.

PEDIR COMO HÁBITO: EL MÉTODO DE LOS 100 RECHAZOS

Muchos emprendedores exitosos aplican el método de los 100 rechazos, una técnica que enseña a no tener miedo de pedir.

¿Cómo funciona?

- **Haz 100 solicitudes** en distintos ámbitos de la vida (trabajo, relaciones, oportunidades).
- **Registra cada "no" y analiza las respuestas** para mejorar tu enfoque.
- **Con el tiempo, descubrirás que recibir un "no" no es tan terrible** y empezarás a recibir muchos "sí".

Ejemplo Práctico: *Cuando lancé mi editorial, me enfrenté a un gran reto: conseguir clientes para la publicidad en mis revistas sin tener aún un portafolio consolidado. En lugar de desanimarme, decidí contactar a varias empresas pidiendo literalmente 'ayuda' y ofreciendo servicios publicitarios innovadores, con descuentos o en proyectos pequeños para demostrar mi valor. Muchos me rechazaron, pero algunos aceptaron, lo que me permitió construir credibilidad y ganar experiencia. Si hubiera dejado de pedir tras los primeros rechazos, mis revistas nunca habrían salido a la luz.*

Ejercicio Práctico: Empieza hoy tu método de los 100 rechazos: haz una solicitud al día y registra las respuestas.

Pedir es una habilidad que cambia la vida.

- No tengas miedo de expresar tus deseos.
- Acepta el rechazo como parte del camino.
- Pedir con seguridad te acerca al éxito.

Recuerda: Si no pides, la respuesta siempre será "no". Aprende a pedir con determinación y descubrirás cuántas oportunidades pueden abrirse.

EL PODER DE LAS RELACIONES PÚBLICAS: CONSTRUIR CONEXIONES PARA EL ÉXITO

Vivimos en un mundo donde el éxito no depende solo de las competencias y conocimientos, sino también de la calidad de nuestras relaciones. Las relaciones públicas no son solo una estrategia de marketing empresarial, sino una habilidad esencial para generar oportunidades y abrir puertas que, de otro modo, permanecerían cerradas.

Saber cultivar y gestionar una red de relaciones sinceras y estratégicas puede marcar la diferencia entre una carrera estancada y un camino lleno de oportunidades. Las personas exitosas no lo construyen todo por sí solas, sino que saben conectarse con las personas adecuadas en el momento justo.

¿POR QUÉ SON FUNDAMENTALES LAS RELACIONES PÚBLICAS?

Las relaciones adecuadas pueden abrir más puertas que las habilidades por sí solas.

He aquí por qué es esencial construir una red sólida:

- **Ofrecen acceso a oportunidades laborales y de negocios** – Muchos negocios se concretan gracias a referencias y al boca a boca.
- **Permiten obtener información y recursos valiosos** – Quien tiene una red fuerte puede encontrar soluciones e ideas innovadoras más fácilmente.
- **Ayudan a construir una reputación sólida** – Las personas confían más en quien es conocido y está bien conectado.
- **Mejoran el apoyo y el crecimiento personal** – Tener los contactos adecuados ayuda a superar momentos difíciles con consejos y apoyo de personas experimentadas.

Ejemplo Práctico: *Cuando Jeff Bezos fundó Amazon, no contaba con un gran capital inicial, pero supo construir relaciones estratégicas para obtener financiación y apoyo logístico. Pidió confianza a inversores, colaboradores y socios comerciales, demostrando que una idea revolucionaria necesita una red de personas que crean en ella para poder crecer. Si no hubiera tenido el coraje de pedir, probablemente Amazon nunca se habría convertido en el gigante que es hoy.*

Ejercicio Práctico: Haz una lista de cinco personas que admires en tu sector y pregúntate cómo podrías conectar con ellas de forma auténtica.

CÓMO CREAR RELACIONES AUTÉNTICAS Y DE VALOR

El networking no se trata solo de conocer más personas, sino de construir conexiones verdaderas y duraderas.

- **Da antes de pedir** – Ofrece valor, apoyo o consejos antes de esperar algo a cambio.
- **Sé genuino y sincero** – Las personas perciben la autenticidad. Intenta construir relaciones reales, no solo oportunistas.
- **Mantén el contacto** – Una red necesita ser alimentada: enviar un mensaje, compartir un artículo interesante o felicitar por un logro crea un vínculo más fuerte.
- **Asiste a los eventos adecuados** – Conferencias, seminarios y grupos profesionales son ocasiones perfectas para ampliar tu red.

Ejemplo Práctico: *Conocí a uno de mis colaboradores más importantes casi por casualidad, durante un evento en el que inicié una conversación sin expectativas. No le pedí nada, simplemente escuché su punto de vista y compartí mi experiencia. Años después, esa conexión se transformó en una colaboración estratégica que trajo grandes resultados.*

Ejercicio Práctico: Escribe el nombre de tres personas con las que te gustaría fortalecer la relación y planifica una acción para reconectar con ellas.

ESTRATEGIAS EFECTIVAS DE NETWORKING

El networking eficaz no consiste solo en intercambiar tarjetas de presentación, sino en construir relaciones útiles y recíprocas.

- **Haz preguntas y escucha activamente** – Mostrar interés en los demás genera conexiones más sólidas.
- **Participa en eventos de networking con un objetivo claro** – Saber lo que deseas lograr te ayuda a conectar con las personas adecuadas.
- **Usa las redes sociales de forma estratégica** – LinkedIn y los grupos profesionales pueden ser herramientas poderosas para ampliar tu red.

- **Sigue la regla del 24/7/30** – Después de conocer a alguien, envía un mensaje en 24 horas, vuelve a contactar en 7 días y mantén el vínculo en los siguientes 30 días.

Ejemplo Práctico: *Cada vez que asisto a un festival de cine o a un mercado cinematográfico, en lugar de limitarme a intercambiar contactos, hago un seguimiento con un mensaje personalizado a cada persona que conocí. Esto me permite crear relaciones reales que, con el tiempo, pueden transformarse en colaboraciones importantes.*

Ejercicio Práctico: Prepara una breve presentación personal de 30 segundos que puedas usar cuando conozcas a nuevas personas (elevator pitch).

EVITAR LOS ERRORES COMUNES EN RELACIONES PÚBLICAS

Construir una red requiere tiempo y estrategia. Evita estos errores comunes:

- **Estar solo interesado en lo que puedes obtener** – Las relaciones deben ser recíprocas, no unilaterales.
- **No hacer seguimiento después del primer encuentro** – Una relación debe cultivarse con el tiempo.
- **No adaptar tu mensaje al contexto** – Hablar solo de ti sin considerar el interés del otro no genera conexiones reales.
- **Subestimar el poder de la amabilidad y el respeto** – Las personas recuerdan a quienes las tratan con atención y consideración.

Ejemplo Práctico: *Richard Branson, fundador de Virgin, construyó su imperio no solo con ideas innovadoras, sino también cultivando relaciones estratégicas. Siempre ha tenido la costumbre de hacer seguimiento personal a quienes conocía, manteniendo vivo el diálogo y creando oportunidades de colaboración. Su capacidad para conectarse con socios, inversores y empleados transformó Virgin en una marca global.*

Ejercicio Práctico: Escribe el nombre de una persona que hayas conocido recientemente y envíale un mensaje para reforzar la conexión.

TRANSFORMAR EL NETWORKING EN OPORTUNIDADES CONCRETAS

Una red sólida no es solo una lista de contactos, sino un grupo de personas dispuestas a colaborar.

- Identifica a las personas clave que pueden ayudarte a crecer.
- Crea valor para tu red compartiendo información útil y conectando a otras personas.
- Aprovecha cada conexión para aprender algo nuevo.
- No esperes a tener una necesidad para empezar a construir relaciones.

Ejemplo Práctico: *Las conexiones auténticas pueden cambiar el destino de una carrera. Un día, un colega del sector me presentó a un productor que buscaba a alguien con mi perfil. Ese encuentro, nacido de un simple intercambio de opiniones, se convirtió en una colaboración decisiva para mi trayectoria profesional. Si no hubiera cultivado relaciones sinceras y valorado esos momentos, probablemente esa oportunidad nunca habría llegado.*

Ejercicio Práctico: Piensa en una oportunidad que te gustaría obtener y pregúntate qué contacto podría ayudarte a hacerla realidad.
Para simplificar:

- Tu red de contactos es tu capital social.
- Cuantas más conexiones auténticas crees, más oportunidades se abrirán.
- Invertir en relaciones trae beneficios a largo plazo en todos los ámbitos de la vida.

Recuerda: El éxito nunca es un camino solitario. Las personas adecuadas a tu lado pueden marcar la diferencia.

CREAR TUS PROPIAS OPORTUNIDADES

Muchas personas pasan la vida esperando el momento perfecto, la ocasión ideal o la suerte de que una oportunidad toque a su puerta. Pero quienes logran el éxito no esperan: crean sus propias oportunidades.

La iniciativa, la creatividad y la capacidad de detectar el potencial oculto en cada situación son las verdaderas claves para convertir una circunstancia común en una ocasión extraordinaria. El mundo pertenece a quienes saben ver oportunidades donde otros solo ven obstáculos.

El éxito rara vez es cuestión de suerte. Las oportunidades nacen de quien las busca activamente.

- Las personas exitosas no esperaron el momento perfecto, lo crearon.
- Cada dificultad oculta una oportunidad para quien está listo para aprovecharla.
- El primer paso para crear una oportunidad es actuar, sin esperar condiciones ideales.

Ejemplo Práctico: *Sara Blakely, fundadora de Spanx, transformó una idea simple en un imperio multimillonario. Empezó con solo 5.000 dólares y sin experiencia en la industria textil, desarrolló un producto innovador e insistió hasta conseguir una reunión con directivos de Neiman Marcus, convenciéndolos de vender sus prendas. Gracias a su determinación y voluntad de crear su propia oportunidad, se convirtió en la multimillonaria self-made más joven del mundo, según Forbes.*

Ejercicio Práctico: Escribe tres situaciones en tu vida en las que esperaste demasiado antes de actuar y piensa cómo podrías haberlas transformado en oportunidades.

DESARROLLAR UNA MENTALIDAD PROACTIVA

Las oportunidades no aparecen mágicamente: se necesita la mentalidad adecuada para identificarlas y aprovecharlas.

- Cambia de perspectiva: en lugar de pensar "no puedo", pregúntate "¿cómo puedo?".
- Mantente siempre curioso y abierto a nuevas posibilidades.
- Transforma los problemas en ocasiones de crecimiento e innovación.

Ejemplo Práctico: *Ingvar Kamprad, fundador de IKEA, transformó la industria del mobiliario al identificar una oportunidad en el mercado: ofrecer muebles de diseño a precios accesibles. Revolucionó el sector al introducir el concepto de muebles desmontables y fáciles de transportar, haciendo que el diseño estuviera al alcance de todos.*

Ejercicio Práctico: *Cada vez que enfrentes un obstáculo, escribe tres maneras posibles de convertirlo en una oportunidad.*

CÓMO RECONOCER LAS OPORTUNIDADES OCULTAS

Las oportunidades no siempre se presentan de forma evidente. A menudo se disfrazan de desafíos o situaciones complejas.

- Observa las necesidades no satisfechas en tu sector o comunidad.
- Mantente atento a las tendencias emergentes y a los cambios del mercado.
- Escucha a las personas: sus necesidades y frustraciones pueden revelar oportunidades de negocio o innovación.

Ejemplo Práctico: *Airbnb nació de la idea de dos jóvenes que, al no poder pagar el alquiler, decidieron alquilar un colchón inflable en su sala. Convirtieron una dificultad personal en una oportunidad que revolucionó la industria del turismo.*

Ejercicio Práctico: Escribe tres problemas que observes en tu vida cotidiana y piensa en posibles soluciones innovadoras.

CREAR OPORTUNIDADES A TRAVÉS DEL NETWORKING Y LAS CONEXIONES

A menudo, las mejores oportunidades no surgen por sí solas, sino a través de las personas que conoces.

- Participa en eventos del sector, seminarios y encuentros profesionales.
- Crea relaciones auténticas con personas que compartan tus intereses.
- No tengas miedo de pedir: las conexiones adecuadas pueden abrirte nuevas puertas.

Ejemplo Práctico: *Steven Spielberg comenzó su carrera colándose en los estudios de Universal Pictures y entablando amistad con los productores. Esto le permitió obtener sus primeras grandes oportunidades en el cine.*

Ejercicio Práctico: Haz una lista de cinco personas que podrían ayudarte en tu camino y planifica una forma de ponerte en contacto con ellas.

ACTUAR DE INMEDIATO: EL MOMENTO ADECUADO ES AHORA

El mayor error que se puede cometer es posponer. Cada día sin acción es una oportunidad desperdiciada.

- No esperes el "momento perfecto", porque no existe.
- Da pequeños pasos cada día para acercarte a tus objetivos.
- Experimenta, fracasa, aprende y vuelve a intentarlo: la acción es la clave del progreso.

Ejemplo Práctico: *Jeff Bezos dejó un trabajo seguro para fundar Amazon en su garaje. Si hubiera esperado el momento perfecto, hoy no existiría el gigante del comercio electrónico.*

Ejercicio Práctico: Escribe una acción inmediata que puedas realizar hoy para acercarte a una de tus oportunidades.

Las oportunidades no llegan solas: tú debes crearlas

- Desarrolla una mentalidad proactiva.
- Aprende a reconocer las oportunidades ocultas.
- Rodéate de personas que puedan ayudarte a crecer.
- No lo dejes para mañana: actúa ya.

Recuerda: El futuro pertenece a quienes no esperan, sino que crean. Aprovecha las oportunidades que te rodean.

TRANSFORMAR OPORTUNIDADES EN BENEFICIOS: DE LA IDEA A LA ACCIÓN

Descubrir una oportunidad es un paso fundamental, pero no basta con reconocer el potencial de una idea o conexión: hay que saber transformarla en un resultado concreto y rentable.

Demasiadas personas ven oportunidades de crecimiento o ingresos, pero no saben cómo aprovecharlas por completo. El verdadero éxito llega cuando logramos traducir nuestra red, ideas y recursos en beneficios reales.

DE OPORTUNIDAD A BENEFICIO: EL PROCESO EN 4 PASOS

No todas las oportunidades conducen automáticamente al éxito. Se necesita un método para convertirlas en valor tangible.

1. **Identifica el valor de la oportunidad** – ¿Qué la hace única? ¿Qué problema resuelve?

2. **Define un plan de acción** – ¿Qué pasos debes seguir para aprovecharla al máximo?
3. **Monetiza tu idea o conexión** – ¿Cuál es el modelo de negocio o estrategia de ingreso?
4. **Mide y optimiza** – Evalúa los resultados y mejora el proceso con el tiempo.

Ejemplo Práctico: Un fotógrafo conoce a un influencer en un evento de networking. En lugar de limitarse a un intercambio de contactos, le ofrece una sesión gratuita para demostrar su valor. El influencer, satisfecho, empieza a recomendarlo a otros, transformando una conexión en un flujo constante de clientes.

Ejercicio Práctico: Elige una oportunidad reciente que hayas identificado y escribe los cuatro pasos para convertirla en un beneficio.

CONOCER A MUCHAS PERSONAS NO ES SUFICIENTE

Hay que saber cómo transformar los contactos en oportunidades de negocio, sin caer en el oportunismo ni confundir el networking profesional con la amistad personal.

- **Construye relaciones estratégicas** – Céntrate en conexiones que puedan generar valor mutuo y profesional.
- **Crea una oferta clara y de valor** – Explica a tus contactos cómo puedes ayudarlos de forma específica y profesional, sin dobles intenciones.
- **Sé proactivo al proponer colaboraciones** – No esperes a que te pidan algo, ofrece tu valor de forma genuina.
- **Dale seguimiento a tus contactos** – Muchas oportunidades de negocio se concretan solo después de varios encuentros e interacciones.

Ejemplo Práctico: Un emprendedor conoce a un posible cliente en un evento. En lugar de quedarse en una charla genérica, al día siguiente le envía un correo con una idea concreta sobre cómo puede ayudarlo, ofreciendo una asesoría gratuita para comenzar. Este enfoque proactivo aumenta las probabilidades de cerrar un trato, sin que el contacto perciba una actitud oportunista.

Ejercicio Práctico: Piensa en tres contactos profesionales recientes y escribe una acción específica para transformarlos en una oportunidad de negocio auténtica y recíproca.

ENCONTRAR EL MODELO DE MONETIZACIÓN ADECUADO

Tener una idea o una conexión no es suficiente: hay que saber cómo hacerla económicamente sostenible.

- **Venta directa** – Ofrecer productos o servicios de pago basados en la oportunidad identificada.
- **Colaboraciones estratégicas** – Encontrar socios con los que compartir y monetizar una idea.
- **Creación de valor a largo plazo** – Construir un sistema de ingresos recurrentes (suscripciones, regalías, afiliaciones).
- **Automatización del beneficio** – Crear modelos de negocio escalables que funcionen sin intervención constante.

Ejemplo Práctico: *Un experto en fitness crea un curso online en lugar de trabajar solo con clientes individuales. Esto le permite escalar su negocio y generar ingresos pasivos, transformando su conocimiento en una oportunidad de ganancia duradera.*

Ejercicio Práctico: Toma una oportunidad que hayas identificado y elige un modelo de monetización para aprovecharla al máximo.

LA RESILIENCIA: EL SECRETO PARA SUPERAR LAS DIFICULTADES

No todas las oportunidades se transforman en beneficios inmediatos. Es aquí donde entran en juego la resiliencia y la adaptabilidad.

- **Acepta los fracasos como parte del proceso** – Cada error es una oportunidad de aprendizaje.
- **Ajusta tu estrategia** – Si una idea no funciona, cambia el enfoque en lugar de rendirte.
- **Mantén el enfoque en los resultados** – La disciplina y la constancia son clave en el tiempo.

Ejemplo Práctico: *Jeff Bezos comenzó vendiendo solo libros en Amazon, pero al ver que el modelo funcionaba, amplió su oferta. Si se hubiera quedado solo con la idea inicial, no habría construido el gigante que es hoy.*

Ejercicio Práctico: Escribe un episodio en el que hayas fallado al transformar una oportunidad en beneficio e identifica qué podrías hacer de forma diferente la próxima vez.

CREAR UN SISTEMA PARA CONVERTIR OPORTUNIDADES EN BENEFICIOS DE FORMA CONTINUA

El éxito no depende de una sola oportunidad, sino de la capacidad de replicar el proceso a lo largo del tiempo.

- **Crea un flujo constante de oportunidades** – Expande tu red y busca constantemente nuevas ocasiones.
- **Define un sistema para monetizar las oportunidades** – Automatiza procesos y crea estrategias escalables.
- **Mejora continuamente tu método** – Analiza los resultados y optimiza tu enfoque con el tiempo.

Ejemplo Práctico: *Elon Musk no se detuvo en PayPal: utilizó el capital ganado para fundar Tesla y SpaceX, aplicando la misma mentalidad emprendedora para crear nuevas oportunidades de beneficio.*

Ejercicio Práctico: Crea una lista de verificación de acciones para asegurarte de que cada oportunidad sea aprovechada al máximo y pueda replicarse en el futuro.

Identificar una oportunidad es solo el primer paso. El verdadero éxito llega cuando sabemos convertirla en un beneficio tangible.

- Desarrolla un método claro para convertir oportunidades en acciones.
- Monetiza ideas con modelos de negocio sostenibles.
- No temas al fracaso y mejora el proceso constantemente.
- Crea un sistema replicable para maximizar las oportunidades a lo largo del tiempo.

Recuerda: El mundo está lleno de oportunidades, pero solo quienes saben aprovecharlas realmente obtienen resultados.

EN RESUMEN

Hemos explorado cómo superar el miedo a pedir, la importancia de las relaciones públicas, la creación de oportunidades y la conversión de esas oportunidades en beneficios.

Recuerda que el éxito no llega por casualidad. Es el resultado de un compromiso constante, de una mentalidad abierta y de acciones enfocadas. No temas pedir, ya que solo mediante la comunicación y la interacción puedes descubrir nuevas posibilidades. Las relaciones públicas son fundamentales para construir una red de apoyo y conexiones que puedan abrirte puertas inesperadas. No esperes pasivamente a que lleguen las oportunidades, sé proactivo en buscarlas, crearlas y reconocerlas cuando aparezcan. El verdadero éxito proviene de la capacidad de transformar y monetizar las oportunidades, aplicando determinación, disciplina y acciones coherentes.

Recuerda que toda persona tiene el potencial para alcanzar el éxito, pero requiere un esfuerzo constante y la voluntad de afrontar los desafíos del camino. No permitas que el miedo o la inseguridad te detengan. Sé valiente, ten confianza y prepárate para dar lo mejor de ti. Trabaja duro, mantén una mente abierta y aprende de cada obstáculo que encuentres en tu recorrido.

5 CÓMO CREAR UN NEGOCIO

Como sabemos, todo gran éxito nace de una idea. Sin embargo, no todas las ideas están destinadas a funcionar.

Muchas veces me he entusiasmado con una idea que me parecía genial, solo para darme cuenta poco después de que no había mercado para ella, o que no tenía las competencias adecuadas para llevarla a cabo. Es frustrante, pero es un paso necesario. Elegir la idea correcta no es solo cuestión de intuición: se necesita pasión, experiencia y un análisis concreto del mercado.

Veamos cómo evaluar y seleccionar la idea adecuada, reduciendo el riesgo de fracaso y maximizando las posibilidades de éxito.

LA IMPORTANCIA DE PARTIR DE TUS PASIONES

Hacer algo que te apasiona no solo es más satisfactorio, sino que también aumenta tu resiliencia frente a las dificultades.

Preguntas para identificar tu pasión:

- ¿Qué actividades te entusiasman tanto que pierdes la noción del tiempo?
- ¿Sobre qué temas lees, estudias y te informas sin esfuerzo?

- Si no tuvieras límites de tiempo ni dinero, ¿qué harías?

¿Por qué es importante la pasión?

- Te motiva en los momentos difíciles.
- Te ayuda a destacarte de la competencia porque transmites entusiasmo y autenticidad.
- Te hace más propenso a invertir tiempo y energía en aprender y mejorar.

Ejemplo Práctico: *Steve Jobs no se limitó a crear ordenadores: era un apasionado del diseño, la tecnología y la experiencia del usuario, y combinó esas pasiones para revolucionar la industria.*

Ejercicio Práctico: Escribe tus tres principales pasiones y piensa cómo podrían convertirse en una actividad emprendedora.

EVALUAR TUS COMPETENCIAS Y FORTALEZAS

No basta con tener pasión: también necesitas competencias para transformar esa pasión en un proyecto sostenible.

Cómo evaluar tus competencias:

- ¿En qué eres bueno y por qué te suelen pedir consejo?
- ¿Qué experiencias profesionales o personales te han dado habilidades útiles?
- ¿Qué habilidades podrías adquirir fácilmente con estudio y práctica?

Competencias clave a desarrollar:

- **Técnicas:** Habilidades específicas necesarias en el sector donde quieres operar.
- **Transversales:** Liderazgo, gestión del tiempo, comunicación y resolución de problemas.

- **Digitales:** Hoy en día, casi todo negocio necesita una sólida presencia en línea.

Ejemplo Práctico: *Un gran chef puede tener pasión por la cocina, pero para abrir un restaurante exitoso también debe desarrollar competencias en gestión empresarial y marketing.*

Ejercicio Práctico: Haz una lista de tus principales competencias e identifica cuáles pueden ser útiles para tu idea de negocio.

ANALIZAR EL MERCADO Y LA DEMANDA REAL

Una buena idea debe responder a una necesidad del mercado. Si nadie está dispuesto a pagar por tu producto o servicio, no puede convertirse en un negocio.

Pasos para analizar el mercado:

- **Estudia las tendencias:** ¿Qué sectores están creciendo? ¿Existen nuevas tecnologías o hábitos emergentes?
- **Identifica necesidades insatisfechas:** ¿Hay problemas que aún no tienen una solución eficaz?
- **Analiza la competencia:** ¿Qué empresas ya operan en el sector? ¿Cómo puedes diferenciarte?
- **Verifica el interés del público:** Puedes hacer encuestas, probar un MVP (Producto Mínimo Viable) o usar herramientas para evaluar la demanda.

Ejemplo Práctico: *Netflix entendió que el público quería contenido a demanda, superando el antiguo modelo de videoclubes y revolucionando la industria del entretenimiento.*

Ejercicio Práctico: Identifica un sector que te interese y busca tres problemas comunes que podrías resolver con un producto o servicio innovador.

PROBAR LA IDEA ANTES DE INVERTIR GRANDES RECURSOS

Muchos fracasos empresariales nacen de inversiones prematuras en ideas no validadas.

Métodos para probar una idea sin grandes inversiones:

- **Crea un prototipo o MVP**: una versión reducida de tu producto para evaluar el interés.
- **Lanza una landing page**: una página web con una propuesta clara y opción de preventa o registro.
- **Usa las redes sociales**: publica contenido para ver cómo reacciona el público a la idea.
- **Realiza preventas o crowdfunding**: una excelente manera de validar la demanda y recaudar fondos iniciales.

Ejemplo Práctico: *Dropbox probó su producto con un simple video demostrativo antes de desarrollar el software, recopilando miles de registros y confirmando el interés del mercado.*

Ejercicio Práctico: Piensa en una forma de probar tu idea con un presupuesto mínimo antes de hacer grandes inversiones.

ENCONTRAR EL EQUILIBRIO ENTRE PASIÓN, COMPETENCIAS Y DEMANDA DEL MERCADO

La idea perfecta se encuentra en la intersección entre pasión, competencias y oportunidad de mercado.

El modelo de los tres círculos:

1. **Pasión**: Te entusiasma y te motiva a largo plazo.
2. **Competencias**: Eres (o puedes llegar a ser) bueno en ello.
3. **Mercado**: Existe una demanda real por tu producto o servicio.

Ejemplo Práctico: *Si amas la fotografía, tienes experiencia en crear* *contenido visual y el mercado necesita imágenes de calidad para publicidad digital, podrías iniciar un negocio de fotografía para marcas y empresas.*

Ejercicio Práctico: Dibuja tres círculos representando pasiones, competencias y oportunidades de mercado, y encuentra el área de intersección ideal para tu idea empresarial.

Elegir la idea correcta es el primer paso para construir un negocio exitoso.

- Identifica tus pasiones para mantener alta la motivación.
- Evalúa tus competencias y desarrolla las habilidades necesarias para tener éxito.
- Estudia el mercado para asegurarte de que exista una demanda real por tu idea.
- Prueba la idea antes de invertir grandes recursos para evitar errores costosos.
- Encuentra el equilibrio perfecto entre pasión, competencia y oportunidad de mercado.

Recuerda: Una idea por sí sola no basta: se necesita una estrategia clara y una visión sólida.

LA VACA PÚRPURA

Vivimos en un mundo saturado de productos, servicios y mensajes publicitarios. Si quieres tener éxito, no basta con ser bueno: debes ser extraordinario.

Desde mis primeros proyectos, me di cuenta de que el mercado no premia el simple "ser bueno". Si quieres destacar, debes encontrar una forma de diferenciarte, de hacerte notar en medio de un mar de ofertas similares. Y aquí entra en juego el concepto de la *"Vaca Púrpura"* de Seth Godin.

Imagina conducir por el campo y ver cientos de vacas marrones y blancas. Al cabo de un rato, dejas de notarlas. Pero si de repente ves una vaca púrpura… imposible ignorarla. Esa vaca extraordinaria captaría tu atención de inmediato.

Ese es el punto: en los negocios debes ser esa Vaca Púrpura, el elemento que rompe los esquemas y deja huella.

¿QUÉ ES LA VACA PÚRPURA Y POR QUÉ ES TAN PODEROSA?

Las personas ignoran lo que es ordinario y predecible. Si quieres destacar, debes ofrecer algo sorprendente e inesperado.

La Vaca Púrpura es:

- Un producto o servicio que rompe los esquemas.
- Una idea tan diferente que genera atención inmediata.
- Algo que las personas quieren contar a los demás.

Ejemplo Práctico: *LEGO redefinió el concepto de juguete, transformando simples bloques en una experiencia creativa e interactiva que involucra tanto a niños como adultos, creando una comunidad global apasionada por construir e innovar.*

Ejercicio Práctico: Mira tu sector y pregúntate: ¿qué puedes hacer completamente diferente de lo que hacen los demás?

IDENTIFICAR TU FACTOR DIFERENCIADOR

Cada negocio tiene un punto fuerte único. El desafío está en identificarlo y comunicarlo eficazmente.

Cómo descubrir tu Vaca Púrpura:

- **¿Qué te hace realmente diferente?** (No solo mejor, sino único).
- **¿Qué problema resuelves de una forma que nadie más está abordando?**

- **¿Tu producto tiene un elemento sorprendente o inesperado?**
- **¿Estás desafiando una norma establecida del sector?**

Ejemplo Práctico: *Dyson revolucionó el mercado de las aspiradoras al eliminar la bolsa y usar tecnología ciclónica, transformando un electrodoméstico ordinario en un objeto de diseño e innovación.*

Ejercicio Práctico: Escribe tres cosas que hacen que tu producto o servicio sea radicalmente diferente de la competencia.

CREAR UNA NARRATIVA QUE REFUERCE LA DIFERENCIACIÓN

Una Vaca Púrpura por sí sola no basta: necesitas contar tu unicidad de forma efectiva.

Estrategias para comunicar tu diferencia:

- **Usa una historia poderosa**: ¿Por qué existes? ¿Cuál es tu misión?
- **Crea un mensaje claro y directo**: El público debe entender enseguida qué te hace especial.
- **Evoque emociones**: La gente recuerda lo que les hace sentir algo.
- **Aprovecha la prueba social**: Testimonios, reseñas y casos de éxito refuerzan la percepción de tu unicidad.

Ejemplo Práctico: *Airbnb no solo creó una alternativa a los hoteles, sino que contó una historia de conexión entre personas, experiencias únicas y una nueva forma de viajar.*

Ejercicio Práctico: Escribe un mensaje breve (una frase) que cuente de forma clara y contundente por qué tu marca es única.

SER AUDAZ: EL CORAJE DE SER DIFERENTE

Muchas personas temen diferenciarse demasiado, pero la verdad es que, en el mercado actual, ser "normal" equivale a ser invisible.
Cosas que debes recordar al crear tu Vaca Púrpura:

- **Ser diferente implica atraer críticas**: No todos entenderán tu idea al instante, y está bien.
- **La innovación es arriesgada, pero el conformismo es mortal**: El mundo no necesita otro producto igual a los demás.
- **No basta con ser original, hay que ser relevante**: La unicidad debe resolver un problema real o satisfacer un deseo profundo del público.

Ejemplo Práctico: *Nintendo decidió no competir directamente con Sony y Microsoft en el sector de los videojuegos, y en su lugar creó consolas innovadoras como la Wii, redefiniendo la manera de jugar.*

Ejercicio Práctico: Piensa en un aspecto de tu negocio en el que puedas ser más audaz y valiente al diferenciarte.

ADAPTARSE E INNOVAR CONSTANTEMENTE

Ser una Vaca Púrpura hoy no significa que lo serás para siempre. El mercado cambia y la diferenciación debe evolucionar.
Estrategias para mantener viva tu unicidad:

- **Monitorea el feedback y adapta tu producto.**
- **Continúa innovando y mejorando tu oferta.**
- **Nunca dejes de probar nuevas ideas para seguir siendo relevante.**

Ejemplo Práctico: *Netflix nació como un servicio de alquiler de DVD, pero siguió innovando hasta convertirse en el gigante del streaming que es hoy.*

Ejercicio Práctico: Define una acción que puedas implementar en los próximos meses para mantener tu marca innovadora y sorprendente.

Ser una Vaca Púrpura significa ser único, audaz y extraordinario en un mundo lleno de opciones ordinarias.

- Identifica tu punto fuerte único y úsalo para destacar.
- Crea una narrativa poderosa para comunicar claramente tu unicidad.
- No temas ser diferente: el coraje de romper los esquemas es lo que te hará sobresalir.
- Sigue innovando para estar siempre un paso adelante.

Recuerda: Las personas olvidan lo ordinario, pero siempre recuerdan las experiencias extraordinarias.

CÓMO DAR VIDA A LA IDEA GANADORA

Una idea, por brillante que sea, no es suficiente por sí sola. El éxito no nace de un simple "golpe de genio", sino de la capacidad de transformar una intuición en un proyecto concreto.

Muchos emprendedores fracasan no porque no tengan ideas, sino porque no saben cómo desarrollarlas y ponerlas a prueba. El proceso de crear una idea ganadora requiere estrategia, validación y adaptación continua.

Veamos cómo estructurar el camino desde el brainstorming inicial hasta la realización concreta de la idea, reduciendo el riesgo de fracaso y maximizando su potencial de éxito.

GENERAR MUCHAS IDEAS: EXPANDIR EL PENSAMIENTO CREATIVO

El primer paso es no quedarse con la primera idea que te viene a la mente. La creatividad nace de la exploración.

Estrategias para generar ideas innovadoras:

- **Brainstorming sin filtros:** Escribe cualquier idea sin juzgarla de inmediato.
- **Asociaciones creativas:** Toma un concepto y combínalo con otros campos para encontrar nuevas perspectivas.
- **Analiza problemas existentes:** Las mejores ideas suelen surgir al resolver un problema concreto.
- **Estudia otros sectores:** Muchas veces la inspiración viene de áreas totalmente distintas a la propia.

Ejemplo Práctico: *Spotify revolucionó la industria musical resolviendo el problema de la piratería digital, ofreciendo un servicio de streaming accesible, legal y conveniente para los usuarios, y sostenible para los artistas.*

Ejercicio Práctico: Escribe al menos 10 ideas para un nuevo negocio o proyecto, sin descartarlas de inmediato.

EVALUAR Y SELECCIONAR LA MEJOR IDEA

No todas las ideas tienen el mismo potencial. Es necesario analizarlas para entender cuáles son realmente viables.

Criterios para seleccionar una idea ganadora:

- **Viabilidad:** ¿Se puede llevar a cabo con los recursos disponibles?
- **Originalidad:** ¿Es algo nuevo o una mejora significativa de lo ya existente?
- **Demanda del mercado:** ¿Hay un público dispuesto a pagar por esta idea?
- **Escalabilidad:** ¿Tiene potencial para crecer y generar beneficios a largo plazo?

Ejemplo Práctico: *Airbnb identificó un problema clave: los hoteles eran caros e impersonales. Transformaron el concepto de hospitalidad en una experiencia más auténtica, permitiendo que cualquiera alquilara su casa.*

Ejercicio Práctico: Toma tu lista de ideas y analízalas con estos criterios. ¿Cuáles parecen las más prometedoras?

REFINAR Y DESARROLLAR LA IDEA

Una vez identificada la idea con mayor potencial, hay que transformarla en un proyecto detallado.

Cómo mejorar la idea antes del lanzamiento:

- **Identifica los detalles críticos**: ¿Quién es tu público? ¿Cuál es el precio adecuado? ¿Cuáles son los costos?
- **Estudia la competencia**: ¿Qué hacen los demás? ¿Cómo puedes diferenciarte?
- **Diseña un modelo de negocio**: ¿Cuál será tu principal fuente de ingresos?

Ejemplo Práctico: *Netflix comenzó como un servicio de alquiler de DVDs por correo, pero rápidamente adaptó el modelo a la distribución por streaming para mantenerse relevante.*

Ejercicio Práctico: Escribe un breve plan estratégico que responda a las preguntas clave: ¿Quién? ¿Qué? ¿Cómo? ¿Por qué? ¿Cuándo?

PROBAR LA IDEA CON UN PROTOTIPO O UN MVP (PRODUCTO MÍNIMO VIABLE)

No esperes a la perfección para empezar. Lanza una versión simplificada para ver si la idea realmente funciona.

Formas de probar la idea sin grandes inversiones:

- **Landing page de prueba**: crea una página web simple con una descripción del producto y una opción de registro.
- **Prototipo básico**: una versión reducida del producto que permita a los usuarios probarlo.

- **Campaña de prelanzamiento**: utiliza crowdfunding o preventas para validar el interés del mercado.
- **Focus group o pruebas beta**: invita a un grupo reducido de personas a probar el producto y dar feedback.

Ejemplo Práctico: *Antes de desarrollar su plataforma de transporte compartido, Uber comenzó con un MVP (producto mínimo viable) simple que permitía a los usuarios solicitar un coche negro a través de SMS. Esta prueba inicial confirmó la demanda antes de invertir en una aplicación a gran escala.*

Ejercicio Práctico: Define cómo podrías probar tu idea sin necesidad de construir inmediatamente el producto final.

REVISAR Y ADAPTAR LA IDEA EN BASE AL FEEDBACK

El éxito no es un camino lineal: requiere la capacidad de modificar la idea según los datos y la reacción del público.

Cómo adaptar la idea para mejorarla:

- **Escucha a los primeros usuarios**: identifica fortalezas y debilidades en tu propuesta.
- **Haz mejoras progresivas**: cambia lo que no funciona sin perder tu visión original.
- **No temas cambiar de dirección**: si los datos indican que otro enfoque sería más efectivo, sé flexible.

Ejemplo Práctico: *Instagram inicialmente era una app más compleja llamada Burbn, que combinaba geolocalización y check-ins. Tras analizar los datos, los fundadores notaron que la función favorita era compartir fotos. Eliminaron todo lo demás y crearon la plataforma de fotos que hoy conocemos.*

Ejercicio Práctico: Analiza las posibles debilidades de tu idea y piensa en alternativas para resolverlas.

Dar vida a una idea ganadora no es un proceso instantáneo, sino un camino que requiere estrategia, prueba y adaptación.

- Genera muchas ideas para tener un amplio abanico de posibilidades.
- Selecciona la mejor idea evaluando su viabilidad, originalidad y demanda de mercado.
- Desarrolla un plan claro para hacer que la idea sea realizable.
- Prueba la idea con un prototipo o MVP para validar su potencial.
- Itera y mejora la idea según los feedbacks, sin miedo a cambiar de dirección.

Recuerda: No existe la idea perfecta en el primer intento: el verdadero éxito llega para quien tiene el coraje de adaptarse y mejorar constantemente.

CREAR UN PLAN DE NEGOCIO: EL MAPA HACIA EL ÉXITO

Una idea emprendedora, por brillante que sea, no puede convertirse en un negocio sin una planificación sólida.

El Plan de Negocio es el documento que transforma un concepto en un proyecto concreto, sostenible y financiable. Es una herramienta esencial para atraer inversores, obtener préstamos y planificar el crecimiento del negocio.

¿Pero cómo se elabora un Plan de Negocios eficaz? Aquí veremos los elementos fundamentales de un Plan de Negocios, los errores que se deben evitar y cómo estructurarlo para recaudar fondos con éxito.

¿POR QUÉ ES TAN IMPORTANTE EL PLAN DE NEGOCIO?

Muchos emprendedores subestiman el Plan de Negocio, pero sin él, se navega a ciegas.

Principales ventajas de un buen Plan de Negocio:

- **Claridad y visión estratégica:** Te ayuda a definir objetivos, estrategias y acciones concretas.
- **Herramienta para captar fondos:** Inversores y bancos quieren ver números concretos antes de financiar un proyecto.
- **Gestión del riesgo:** Te permite anticipar problemas y planear soluciones.
- **Guía operativa:** Te proporciona una hoja de ruta clara para lanzar y hacer crecer tu negocio.

Ejemplos Prácticos: *Spotify convenció a los inversores gracias a un Plan de Negocio que mostraba un cambio en la forma de consumir música, proponiendo un modelo de suscripción innovador que revolucionó la industria musical.*

Airbnb logró atraer inversores con un Plan de Negocio centrado en resolver el problema del alojamiento económico y auténtico para viajeros. Con una estrategia clara y escalable, se convirtió en una de las plataformas de reserva más revolucionarias del mundo.

Ejercicio Práctico: Reflexiona sobre cómo un Plan de Negocio podría mejorar tu idea y ayudarte a definir tu estrategia.

LOS ELEMENTOS CLAVE DE UN PLAN DE NEGOCIO EXITOSO

Un Plan de Negocio eficaz debe ser claro, convincente y basado en datos concretos.

Secciones fundamentales:

1. Resumen Ejecutivo (Executive Summary)

- Una visión general concisa del negocio, su misión y el valor que ofrece.

- Debe captar la atención de los inversores en pocas líneas.
- **Error a evitar:** Ser demasiado vago. Los inversores quieren saber exactamente de qué trata tu negocio y por qué debería tener éxito.

2. Descripción del Negocio y de la Visión

- ¿Qué problema estás resolviendo?
- ¿Cuáles son tus objetivos a corto y largo plazo?
- ¿Cuál es tu propuesta de valor única?
- **Error a evitar:** Subestimar la importancia de la visión a largo plazo. Una idea prometedora hoy puede no tener futuro si no es escalable.

3. Análisis de Mercado y Competencia

- ¿Quiénes son tus clientes objetivo?
- ¿Cuál es el tamaño del mercado?
- ¿Quiénes son tus principales competidores?
- ¿Cuál es tu ventaja competitiva?
- **Error a evitar:** Ignorar la competencia. Pensar que "no tienes competencia" es un grave error: siempre hay soluciones alternativas para el cliente.

4. Modelo de Negocio (cómo generas ingresos)

- ¿Cuáles son tus fuentes de ingresos?
- ¿Cuáles son tus principales costos?
- ¿Qué estrategia de precios utilizarás?
- **Error a evitar:** No tener un modelo de ingresos claro. Si tu plan no explica cómo ganarás dinero, ningún inversor lo tomará en serio.

5. Estrategia de Marketing y Ventas

- ¿Cómo llegarás a tu público objetivo?

- ¿Qué canales utilizarás para promocionarte?
- ¿Cuáles serán tus estrategias de captación de clientes?
- **Error a evitar:** Pensar que el producto se venderá solo. Sin una estrategia de marketing sólida, incluso el mejor producto puede fracasar.

6. Plan Operativo y Logística

- ¿Cuáles son las actividades clave para que funcione el negocio?
- ¿Qué herramientas, tecnologías o proveedores utilizarás?
- ¿Qué equipo necesitarás para gestionar la actividad?
- **Error a evitar:** No tener una estrategia clara para la operativa. Los inversores quieren saber cómo vas a producir y entregar tu producto o servicio.

7. Plan Financiero y Proyecciones Económicas

- ¿Cuánto capital inicial necesitas?
- ¿Cuáles serán tus ingresos y gastos previstos en los próximos 3-5 años?
- ¿Cuándo alcanzarás el punto de equilibrio (break-even)?
- ¿Cuál es el potencial de crecimiento del negocio?
- **Error a evitar:** Proyecciones financieras demasiado optimistas. Los inversores prefieren números realistas con datos de respaldo.

CÓMO USAR EL PLAN DE NEGOCIO PARA RECAUDAR FONDOS CON ÉXITO

Los inversores no financian ideas vagas. Quieren ver cifras y una estrategia clara.

Lo que hace atractivo tu Plan de Negocio para los inversores:

- Un mercado en crecimiento y un problema real por resolver.
- Un equipo competente con experiencia sólida.

- Un modelo de negocio escalable.
- Proyecciones financieras creíbles.

Error a evitar: No conocer tus propios números. Si no puedes responder a preguntas financieras básicas, perderás credibilidad.

CROWDFUNDING: LANZA TU NEGOCIO SIN CAPITAL INICIAL

Una estrategia cada vez más común para financiar un proyecto sin grandes inversiones iniciales es el **crowdfunding**. Es una recaudación colectiva de fondos en la que cualquier persona, a través de plataformas dedicadas, puede apoyar económicamente una idea, producto o iniciativa emprendedora. Aun así, también en este caso es esencial tener un Plan de Negocio atractivo.

En los últimos años, el crowdfunding se ha convertido en una plataforma de lanzamiento para startups, artistas, innovadores y creativos de todos los sectores. Lo más interesante es que no necesitas acudir a grandes inversores: son personas comunes, apasionadas por tu idea, quienes financian tu proyecto.

Tipos de crowdfunding:

- **Reward-based:** los patrocinadores reciben una recompensa a cambio de su contribución, como un producto anticipado o beneficios exclusivos.
- **Equity crowdfunding:** los financiadores obtienen una pequeña participación en la empresa, convirtiéndose en inversores.
- **Donation-based:** basado en donaciones sin retorno económico, común para causas sociales o benéficas.
- **Lending crowdfunding (peer-to-peer lending):** permite obtener préstamos de particulares que se devuelven con intereses.

Si tienes una idea válida y sabes cómo presentarla correctamente, el crowdfunding puede ser una excelente solución para conseguir el capital necesario sin endeudarte ni ceder acciones de tu empresa.

Ofrece recompensas atractivas, crea un video persuasivo y actualiza con frecuencia a tus patrocinadores. Y siempre ten un plan alternativo en caso de no alcanzar el objetivo. La clave del éxito está en una propuesta clara, emocionante y bien estructurada que atraiga al público adecuado y lo convenza de invertir en tu visión.

Error a evitar: Lanzar una campaña sin un público objetivo, sin metas realistas y descuidando la comunicación.

ERRORES COMUNES A EVITAR AL CREAR UN PLAN DE NEGOCIO

Muchos Planes de Negocio fracasan por errores evitables.

Errores más comunes:

- **Ser demasiado genérico**: Las frases vagas no convencen a los inversores.
- **Ignorar a la competencia**: Decir que "no tienes competencia" demuestra inexperiencia.
- **No tener un modelo de ingresos claro**: Sin ingresos, una idea no es sostenible.
- **Hacer previsiones financieras poco realistas**: Los números deben estar respaldados por datos reales.
- **No adaptar el plan al público objetivo**: Un plan para un banco es distinto al de un inversor privado.

Ejemplo Práctico: *Muchas startups tecnológicas fracasaron por no prever el tiempo necesario para adquirir usuarios o por subestimar los costos de desarrollo. Un Plan de Negocio realista es siempre más eficaz que uno optimista pero inalcanzable.*

Ejercicio Práctico: Revisa tu Plan de Negocio y pregúntate: ¿Estoy evitando estos errores?

Un buen Plan de Negocio no es solo un documento, sino una guía estratégica para transformar una idea en una empresa exitosa.

- Define claramente tu negocio, tu estrategia y tus objetivos financieros.
- Analiza el mercado e identifica tu ventaja competitiva.
- Evita los errores más comunes para que tu plan sea más sólido y creíble.
- Usa el Plan de Negocio para atraer inversores y recaudar fondos.

Recuerda: Una idea sin un plan sigue siendo solo un sueño.

CÓMO ENCONTRAR A TUS CLIENTES

Has trabajado duro para desarrollar tu idea, has construido un Plan de Negocio detallado y ahora estás listo para lanzar tu producto o servicio. Pero ¿cómo encontrarás a tus clientes?

Un negocio sin clientes no puede existir. Identificar y alcanzar al público adecuado es la clave del éxito. Este capítulo te guiará a través de las estrategias más efectivas para encontrar, atraer y fidelizar a tus clientes, optimizando tus acciones de marketing y construyendo una red sólida de contactos.

DEFINIR EL PÚBLICO OBJETIVO: ¿QUIÉNES SON TUS CLIENTES IDEALES?

No puedes venderle a todo el mundo, pero puedes vender con éxito a quienes realmente necesitan tu producto.

Cómo identificar a tu cliente ideal:

- **¿Quiénes son?** Define sus características demográficas (edad, género, ingresos, ubicación).
- **¿Qué problemas tienen?** Comprender sus necesidades y desafíos te ayuda a ofrecer una solución específica.

- **¿Dónde se encuentran?** ¿Frecuentan redes sociales, foros del sector, eventos específicos?
- **¿Cómo toman decisiones de compra?** ¿Prefieren reseñas, recomendaciones de amigos o publicidad directa?

Ejemplo Práctico: *Nike no se dirige simplemente a quienes hacen deporte, sino que segmenta su público en atletas profesionales, aficionados al fitness y amantes de la moda deportiva, adaptando sus estrategias de marketing a cada segmento.*

Ejercicio Práctico: Escribe un perfil detallado de tu cliente ideal (buyer persona) y piensa dónde podrías encontrarlo.

APROVECHAR EL PODER DEL MARKETING DIGITAL

El marketing digital te permite alcanzar a tu audiencia de forma eficaz y medible.

Principales estrategias a utilizar:

- **SEO (optimización para motores de búsqueda):** Si tu sitio aparece entre los primeros resultados de Google, obtendrás tráfico orgánico sin pagar publicidad.
- **Marketing en redes sociales:** Usa Facebook, Instagram, LinkedIn, TikTok o X (Twitter) para interactuar con tu audiencia y dar a conocer tu marca.
- **Content Marketing:** Crea artículos, vídeos, podcasts o infografías útiles para atraer clientes sin parecer demasiado promocional.
- **Email Marketing:** Construye una lista de contactos y envía contenido de valor para mantener el interés y fidelizar clientes.
- **Publicidad online (Google Ads, Facebook Ads):** Invierte en anuncios segmentados para llegar rápidamente a tu público objetivo.

Ejemplo Práctico: *Airbnb utilizó el marketing digital para crecer rápida-*

mente, aprovechando SEO, marketing de referidos y contenido atractivo para atraer nuevos usuarios.

Ejercicio Práctico: Elige dos estrategias digitales para implementar de inmediato y empezar a construir tu presencia online.

CREAR UNA COMUNIDAD ALREDEDOR DE TU MARCA

Los clientes más fieles no son solo compradores, sino verdaderos embajadores de tu marca.

Cómo construir una comunidad sólida:

- **Ofrece contenido de valor**: guías, webinars, tutoriales que realmente ayuden a tus clientes.
- **Crea un grupo o foro**: un espacio (también online) donde tus clientes puedan interactuar entre ellos y con tu marca.
- **Interactúa activamente**: responde comentarios, haz preguntas, involucra a tu audiencia en conversaciones.
- **Organiza eventos y webinars**: oportunidades para compartir conocimientos, experiencias y crear conexiones auténticas.

Ejemplo Práctico: *Apple ha construido una comunidad fiel a través de eventos como el WWDC y foros dedicados, creando un vínculo muy fuerte con sus clientes.*

Ejercicio Práctico: Piensa en una forma de involucrar a tu audiencia más allá de la venta directa del producto.

HACER NETWORKING Y APROVECHAR EL BOCA A BOCA

Las relaciones pueden ser más poderosas que la publicidad.

¿Dónde y cómo hacer networking?

- **Eventos del sector:** participa en ferias, talleres y conferencias para conocer clientes potenciales y socios.
- **Meetups y grupos locales:** si tu negocio es local, construye una red directa con emprendedores y profesionales de tu zona.
- **Colaboraciones y alianzas:** trabaja con influencers, otras marcas o profesionales del sector para ampliar tu alcance.
- **Marketing de referidos:** ofrece incentivos a tus clientes para que te recomienden (descuentos, regalos, servicios exclusivos).

Ejemplo Práctico: *Dropbox utilizó el boca a boca y el marketing de referidos, ofreciendo espacio de almacenamiento gratuito a los usuarios que invitaban amigos, lo que generó un crecimiento exponencial.*

Ejercicio Práctico: Encuentra tres contactos o empresas con las que podrías colaborar para aumentar tu visibilidad.

OFRECER UNA EXPERIENCIA EXCEPCIONAL PARA FIDELIZAR A LOS CLIENTES

Un cliente satisfecho no solo vuelve, sino que también trae nuevos clientes consigo.

Cómo mejorar la experiencia del cliente:

- **Escucha el feedback:** pide opiniones a tus clientes y utiliza sus sugerencias para mejorar tu producto o servicio.
- **Supera las expectativas:** sorprende al cliente con pequeños detalles que hagan la experiencia memorable.
- **Crea un servicio al cliente impecable:** la rapidez y eficacia con que resuelves los problemas influye enormemente en la reputación de tu negocio.
- **Desarrolla un programa de fidelización:** premia a los clientes más leales con beneficios exclusivos.

Ejemplo Práctico: *Amazon ha construido su éxito sobre un servicio al* *cliente excepcional, que incluye devoluciones gratuitas y una atención personalizada.*

Ejercicio Práctico: Piensa en un pequeño detalle que podrías mejorar en tu servicio para ofrecer una experiencia extraordinaria al cliente.

ADAPTAR Y OPTIMIZAR LAS ESTRATEGIAS SEGÚN LOS RESULTADOS

Encontrar clientes es un proceso dinámico: requiere análisis constante y optimización.

Cómo mejorar continuamente tus estrategias de captación de clientes:

- **Monitorea los datos:** utiliza herramientas como Google Analytics, Meta Insights o plataformas de email marketing para entender qué funciona.
- **Prueba nuevas estrategias:** si un canal no da resultados, prueba alternativas. Testea nuevos mensajes, ofertas y métodos de interacción.
- **Optimiza las conversiones:** si muchas personas visitan tu web pero pocas compran, puede haber un problema de comunicación o de precios.

Ejemplo Práctico: *Netflix analiza constantemente el comportamiento de los usuarios para mejorar las recomendaciones y hacer el servicio más atractivo.*

Ejercicio Práctico: Identifica un área de tu estrategia de marketing que puedas mejorar y planifica una prueba para optimizarla.

Encontrar a tus clientes no es cuestión de suerte, sino de estrategia.

- Define con precisión tu público objetivo.

- Aprovecha el marketing digital para llegar a más personas de forma eficaz.
- Crea una comunidad leal alrededor de tu marca.
- Haz networking y usa el poder del boca a boca.
- Ofrece una experiencia al cliente extraordinaria para fidelizar y atraer nuevos clientes.
- Supervisa los resultados y adapta continuamente tu estrategia.

Recuerda: El éxito no depende solo de la calidad de tu producto, sino de cuántas personas logras alcanzar.

EN RESUMEN

Elegir la idea correcta es el primer paso crucial hacia el éxito empresarial. Es fundamental considerar tus pasiones, competencias y las necesidades del mercado para identificar una idea con verdadero potencial. La "Vaca Púrpura" representa ese elemento diferenciador que hará única tu propuesta y te permitirá destacarte de la competencia.

Crear una idea ganadora requiere un proceso de generación, evaluación, refinamiento y prueba. No temas hacer ajustes y mejoras a lo largo del camino. Encontrar a tus clientes exige una comprensión clara de tu público objetivo y el uso de estrategias de marketing digital, networking y construcción de comunidad.

Recuerda que el éxito empresarial no llega de la noche a la mañana. Es un viaje que requiere compromiso, perseverancia y adaptabilidad. Mantente abierto al feedback, aprende de los errores y sigue creciendo. Con una idea sólida, una estrategia de marketing eficaz y un enfoque constante en la satisfacción del cliente, estás en el camino correcto para alcanzar el éxito en la vida y en los negocios.

6 CÓMO SER UN BUEN SOCIO

El éxito nunca es una hazaña solitaria. Las personas con las que nos rodeamos influyen en nuestra forma de pensar, en nuestro nivel de motivación y, en última instancia, en nuestros resultados.

Si estás rodeado de individuos ambiciosos, positivos y motivados, tu propia actitud ante la vida y el trabajo reflejará esas cualidades. Por el contrario, si tu entorno está compuesto por personas negativas, que se quejan y no creen en el crecimiento personal, corres el riesgo de absorber esa energía y limitar tu potencial.

Aprendí por las malas lo importante que es elegir cuidadosamente con quién compartir tiempo y energía. En el pasado, trabajé con personas que no creían en sus capacidades y pasaban el tiempo quejándose en lugar de buscar soluciones. Esa actitud, poco a poco, empezó a afectarme. Hasta que decidí hacer un cambio: comencé a rodearme de personas con una mentalidad enfocada en el crecimiento. ¿El resultado? Un impulso increíble hacia nuevas oportunidades y un cambio de mentalidad que transformó mi camino.

LA INFLUENCIA DE LAS PERSONAS QUE NOS RODEAN

Tu entorno es el reflejo de tu futuro.

Cómo las personas a tu alrededor influyen en tu éxito:

- **Te motivan o te desmotivan**: Si estás rodeado de personas ambiciosas y con mentalidad de crecimiento, tendrás más inclinación a trabajar duro por tus objetivos. En cambio, si estás rodeado de personas que se quejan y ven obstáculos por todas partes, absorberás esa mentalidad limitante.
- **Te inspiran o te frenan**: Estar en contacto con personas que ya han alcanzado lo que deseas te ayuda a ver el éxito como un objetivo posible. Por el contrario, quienes te desaniman o no creen en ti pueden disminuir tu autoestima.
- **Crean oportunidades o barreras**: Una buena red de contactos puede abrirte puertas que difícilmente podrías cruzar solo. Personas influyentes, mentores y colaboradores pueden ofrecerte consejos valiosos y oportunidades que jamás habrías considerado.

Ejemplo Práctico: *Steve Jobs y Steve Wozniak se influenciaron mutuamente, combinando la visión empresarial de Jobs con el talento técnico de Wozniak, dando origen a Apple.*

Muchos grandes innovadores encontraron el éxito gracias a colaboraciones con personas que los estimularon y los desafiaron a dar lo mejor de sí. Las mejores ideas a menudo nacen cuando se está rodeado de personas brillantes y ambiciosas.

Ejercicio Práctico: Haz una lista de las cinco personas con las que pasas más tiempo y pregúntate: ¿Están contribuyendo a mi crecimiento o me están frenando?

CONSTRUIR UN ENTORNO DE PERSONAS GANADORAS

Tu crecimiento también depende de las personas con las que eliges pasar tu tiempo.

Estrategias para atraer y mantener a tu alrededor personas exitosas:

- **Busca mentores**: Encuentra personas que ya hayan logrado los resultados que tú deseas obtener y aprende de ellas.
- **Frecuenta entornos estimulantes**: Asiste a eventos, talleres y conferencias en tu sector para conocer personas con tus mismos intereses.
- **Aléjate de personas tóxicas**: No tengas miedo de reducir el contacto con quienes te desmotivan o menosprecian tus sueños.
- **Crea tu red de contactos**: No esperes a que las personas adecuadas lleguen por sí solas; construye activamente una red de relaciones valiosas.

Ejemplo Práctico: *Elon Musk siempre ha buscado rodearse de ingenieros e innovadores talentosos, creando equipos capaces de llevar a cabo proyectos ambiciosos como Tesla y SpaceX.*

Muchos emprendedores alcanzaron el éxito porque invirtieron tiempo en construir una red sólida, asistiendo a eventos y forjando relaciones con personas que compartían su visión.

Ejercicio Práctico: Piensa en una persona a la que admires y con la que te gustaría interactuar más. Escribe un plan sobre cómo podrías acercarte a ella, por ejemplo siguiéndola en redes sociales, participando en eventos donde esté presente o enviándole un mensaje de valor.

EL EFECTO ESPEJO: CONVIÉRTETE EN LA PERSONA QUE DESEAS ATRAER

Para tener cerca personas exitosas, tú también debes ser una persona valiosa.

Cómo mejorar a ti mismo para atraer personas de calidad:

- **Desarrolla habilidades útiles**: Cuanto más competente seas en un área específica, más personas interesantes se sentirán atraídas por tu experiencia.
- **Mantén una actitud positiva**: Nadie quiere estar cerca de alguien que se queja constantemente o ve problemas en todo.
- **Ofrece valor antes de pedir algo**: Ayuda a los demás, comparte tus conocimientos y crea conexiones sin esperar nada a cambio.
- **Sé selectivo**: No todas las personas que conoces merecen tu tiempo. Elige a quienes realmente puedan enriquecer tu vida y tu carrera.

Ejemplo Práctico: *Oprah Winfrey se convirtió en un referente para muchas personas exitosas porque siempre trabajó en sí misma, mejorando sus habilidades y construyendo relaciones auténticas.*

Muchos líderes exitosos construyeron relaciones sólidas y auténticas gracias a su mentalidad de crecimiento y a su capacidad de ofrecer valor antes de pedir algo a cambio.

Ejercicio Práctico: Escribe tres cualidades que te gustaría desarrollar para ser una persona que atrae el éxito y empieza hoy a trabajar en ellas.

EL PODER DE LA COLABORACIÓN: EL ÉXITO NO SE ALCANZA EN SOLITARIO

Incluso los empresarios y líderes más grandes han construido su éxito con el apoyo de un equipo.

Por qué la colaboración es fundamental:

- **Amplía las oportunidades**: Una red de personas talentosas puede abrirte puertas a nuevas ideas, proyectos y colaboraciones.
- **Compensa tus debilidades**: No podemos ser buenos en todo. Un buen equipo te permite concentrarte en lo que mejor sabes hacer.
- **Genera innovación**: Intercambiar ideas con mentes distintas conduce a nuevas ideas y soluciones creativas.

Ejemplo Práctico: *Larry Page y Sergey Brin combinaron sus habilidades para fundar Google, una de las empresas más influyentes del mundo.*

Los mayores éxitos en el mundo de los negocios y la innovación han nacido de la colaboración entre personas con habilidades diferentes que se complementaban mutuamente.

Ejercicio Práctico: Identifica a una persona con la que podrías colaborar en un proyecto y propón una idea de asociación.

CÓMO GESTIONAR LAS RELACIONES DE MANERA ESTRATÉGICA

El networking no es solo hacer contactos, sino cultivar relaciones valiosas a lo largo del tiempo.

Cómo mantener relaciones profesionales y personales sólidas:

- **Muestra gratitud**: Un simple "gracias" puede marcar la diferencia en el fortalecimiento de un vínculo.

- **Mantén el contacto**: No busques a las personas solo cuando necesites algo; cultiva la relación también en momentos neutros.
- **Da antes de pedir**: Ofrece ayuda, consejos o conexiones antes de pedir favores.
- **Sé coherente**: Las personas confían en quien cumple su palabra y muestra consistencia con el tiempo.

Ejemplo Práctico: *Richard Branson es conocido por su enfoque relacional: mantiene un contacto auténtico con las personas y construye relaciones basadas en la confianza y el respeto.*

Ejercicio Práctico: Envía hoy un mensaje a alguien con quien desees fortalecer un vínculo, mostrando interés genuino por su camino.

El éxito no depende solo del talento o la suerte, sino también de con quién eliges compartir el camino.

- Crea conexiones auténticas y cultiva tu red de forma estratégica.
- Colabora con mentes brillantes para multiplicar las oportunidades de éxito.
- Conviértete en la persona que deseas atraer: tu valor determina la calidad de tus relaciones.

Recuerda: Tu entorno puede acelerar o frenar tu éxito. ¡Elige con sabiduría!

EL ROL DEL SOCIO EN EL CAMINO HACIA EL ÉXITO

El éxito nunca es un camino solitario. Las personas con las que colaboramos, debatimos y construimos proyectos tienen un impacto enorme en nuestro crecimiento, tanto profesional como personal. Entre ellas, una de las figuras más importantes es nuestro socio: ya sea un socio de negocios, un colaborador cercano o incluso una pareja de vida.

He aprendido en carne propia lo fundamental que es elegir bien a las personas con las que compartes un proyecto. Un socio puede ser el mayor acelerador de crecimiento o el lastre que ralentiza todo. Ha habido momentos en los que tuve a mi lado personas que me ayudaron a superar obstáculos, y otros en los que me encontré con colaboradores que no compartían mi visión y dificultaban todo.

Un socio valioso es quien te estimula a mejorar, te ofrece una perspectiva distinta y, sobre todo, comparte tu misma ambición.

¿EL SOCIO ADECUADO: APOYO U OBSTÁCULO?

Las personas a nuestro alrededor tienen el poder de motivarnos o bloquear nuestro camino. Tener cerca a alguien que cree en tu proyecto puede marcar la diferencia entre rendirse o seguir adelante con más determinación.

Cómo influye el socio en nuestro camino:

- **Te da una perspectiva diferente**: Cuando estamos demasiado inmersos en nuestras ideas, corremos el riesgo de no ver soluciones alternativas. Un buen socio te ayuda a detectar lo que no verías por ti mismo.
- **Te apoya en los momentos difíciles**: Todo camino tiene obstáculos. Contar con alguien que no desaparezca en los momentos duros es una gran ventaja.
- **Reparte la carga de trabajo**: Delegar y dividir tareas es clave para evitar el agotamiento y optimizar resultados.
- **Potencia tus habilidades**: Nadie puede ser experto en todo. Un socio con habilidades complementarias puede llenar vacíos y fortalecer el proyecto.

Ejemplo Práctico: *Bill Gates y Paul Allen construyeron Microsoft gracias a una colaboración basada en la confianza y la división de competencias: Gates se enfocaba en la estrategia y Allen en la tecnología.*

En el pasado, colaboré con personas que no compartían mi mismo entusiasmo. Cada pequeña dificultad se convertía en una excusa para detenerse. Cuando encontré socios con mi misma mentalidad, todo cambió: los desafíos se enfrentaban con espíritu de equipo y cada problema se transformaba en una oportunidad de crecimiento.

Ejercicio Práctico: Haz una lista de las personas con las que más colaboras y pregúntate: ¿Están contribuyendo a mi éxito o me están frenando?

CREAR UN APOYO MUTUO Y CONSTRUCTIVO

Una buena relación de colaboración no nace por casualidad. Debe construirse con intención y compromiso.

Estrategias para valorar a tu socio:

- **Valora sus ideas**: Todos queremos sentirnos escuchados y apreciados. Reconocer el aporte del otro genera motivación.
- **Comunica con claridad**: Los malentendidos son una de las principales causas de tensión en las colaboraciones. Ser transparente y directo ayuda a evitar problemas.
- **Apoya en los momentos difíciles**: Habrá altibajos. Un verdadero socio no aparece solo cuando todo va bien.
- **Define roles y responsabilidades**: Una clara división de tareas evita sobrecargas y conflictos.

Ejemplo Práctico: *Larry Page y Sergey Brin fundaron Google valorando sus respectivas competencias: Page se encargaba de la visión general y Brin de la innovación tecnológica.*

He aprendido que un socio no es solo alguien con quien compartes un proyecto, sino también un camino. Recuerdo una vez en que un proyecto iba mal: mi instinto fue buscar un culpable. En cambio, mi socio me hizo ver la situación desde otra perspectiva y convertimos un fracaso en una lección valiosa.

Ejercicio Práctico: Pregunta a tu socio qué aspectos de vuestra colaboración podrían mejorar.

CONSTRUIR CONFIANZA Y RESPETO

Sin confianza, ninguna colaboración puede funcionar. El respeto mutuo es la base de una relación duradera y productiva.

Cómo construir una relación sólida:

- **Cumple siempre tu palabra**: Si dices que harás algo, hazlo. La credibilidad es fundamental.
- **Da retroalimentación constructiva**: Las críticas deben ir siempre acompañadas de soluciones.
- **Reconoce los logros del otro**: A veces basta un "buen trabajo" para motivar a alguien a dar aún más.
- **Evita conflictos innecesarios**: Las diferencias son normales, pero deben tratarse con inteligencia.

Ejemplo Práctico: *Elon Musk siempre ha resaltado el rol clave de sus equipos en el éxito de sus empresas, demostrando cómo valorar a los colaboradores es esencial.*

Me ha tocado trabajar con un socio que no cumplía los plazos. Siempre encontraba una excusa, y el proyecto se veía afectado. Cuando decidí afrontar la situación con honestidad y sin rodeos, entendí que no era la persona adecuada para mí.

Ejercicio Práctico: Reflexiona sobre cómo podrías mejorar el nivel de confianza con tu socio. ¿Hay algo que podrías hacer diferente?

EVITAR ERRORES COMUNES EN LAS COLABORACIONES

Incluso las mejores colaboraciones pueden fracasar si no se gestionan adecuadamente.

Errores a evitar:

- **Dar por sentado el aporte del otro**: La gratitud mantiene fuerte una relación profesional.

- **No comunicar de manera eficaz:** La falta de claridad genera malentendidos y tensiones.
- **No enfrentar los problemas a tiempo:** Evitar un problema no lo elimina, lo agranda.
- **Desequilibrar los esfuerzos:** Si uno se siente sobrecargado, la relación se desgasta.

Ejemplo Práctico: *Steve Jobs y Jonathan Ive transformaron Apple en una marca icónica combinando creatividad e innovación tecnológica.*

Hubo un tiempo en que pensaba que cuanto más trabajaba, más resultados obtendría. Pero comprendí que si mi socio no hacía su parte, yo acababa cargando con todo. El verdadero éxito está en encontrar un equilibrio.

Ejercicio Práctico: Si tienes un socio profesional, pregúntale si hay algún aspecto de vuestra relación que podría mejorar.

El éxito está influenciado por las personas con las que elegimos colaborar.

- Un buen socio es un acelerador de crecimiento.
- La comunicación y la confianza son la base de una colaboración exitosa.
- Valorar al otro crea un entorno de trabajo positivo y productivo.
- Evitar errores comunes ayuda a construir relaciones duraderas y sólidas.

Recuerda: Elegir al socio adecuado puede ser la clave para convertir una idea en un éxito concreto.

NEGOCIOS Y FAMILIA: UN EQUILIBRIO DELICADO

Para muchos emprendedores, la familia es el corazón de su vida, pero en los negocios, la dinámica cambia por completo. Mezclar negocios y vínculos familiares puede ser una decisión ganadora o una bomba de tiempo. He visto empresas crecer gracias a la colaboración entre parientes, pero también he presenciado negocios destruidos por conflictos internos y decisiones tomadas más con el corazón que con la cabeza.

Tras años de experiencia y después de hablar con decenas de emprendedores, entendí que mantener una clara separación entre familia y negocios suele ser la opción más sabia. Pero si decides trabajar con tus seres queridos, debes hacerlo con reglas claras y una estrategia bien definida.

LAS VENTAJAS DE INVOLUCRAR A LA FAMILIA EN EL NEGOCIO

Hay razones válidas para integrar a los familiares en una actividad empresarial. En algunos casos, puede ser una ventaja estratégica.

Beneficios de una empresa familiar:

- **Confianza y lealtad**: En teoría, los familiares deberían ser más fiables que un extraño.
- **Visión compartida**: Cuando hay una misión común, la motivación es más fuerte.
- **Continuidad en el tiempo**: Una empresa familiar puede perdurar por generaciones.
- **Ahorro de costes**: Los parientes pueden estar más dispuestos a hacer sacrificios económicos en tiempos difíciles.

Ejemplo Práctico: *Muchas empresas históricas, como Ferrari o Hermès, fueron fundadas y desarrolladas dentro de núcleos familiares, creando marcas sólidas y duraderas.*

Ejercicio Práctico: Si estás pensando en involucrar a un familiar, pregúntate: ¿realmente tiene las competencias necesarias o es solo una elección emocional?

LOS DESVENTAJAS DE MEZCLAR FAMILIA Y NEGOCIOS

Si bien hay ventajas, trabajar con familiares también puede volverse una pesadilla.

Problemas típicos en empresas familiares:

- **Falta de objetividad**: Decisiones tomadas más por afecto que por estrategia.
- **Dificultad para separar vida privada y trabajo**: Las discusiones laborales pueden contaminar los vínculos familiares.
- **Conflictos de intereses**: Un pariente podría anteponer sus propias necesidades a las de la empresa.
- **Decisiones estratégicas comprometidas**: Si los familiares no tienen experiencia, pueden frenar el crecimiento.
- **Dificultad para despedir a un familiar**: Si un pariente no está a la altura, removerlo se convierte en un dilema emocional.

Ejemplo Práctico: *Muchas empresas familiares han enfrentado crisis o incluso la quiebra debido a disputas internas, como ocurrió con la familia Gucci, donde las tensiones entre los miembros llevaron a la venta de la empresa a inversores externos.*

He visto empresas fracasar porque los miembros de la familia se peleaban por el liderazgo o tomaban decisiones basadas en dinámicas afectivas en lugar de razonamientos empresariales.

Ejercicio Práctico: Si tuvieras que tomar una decisión difícil sobre un familiar en la empresa, ¿serías capaz de hacerlo sin dejarte influenciar por los lazos personales?

SEPARAR NEGOCIOS Y FAMILIA: UNA DECISIÓN ESTRATÉGICA

Después de años de experiencia, estoy convencido de que separar el trabajo de la familia es el camino más seguro para evitar conflictos.

Razones para mantener ambas esferas separadas:

- **Mayor profesionalismo**: Elegir colaboradores según sus competencias y no por lazos familiares garantiza una gestión más eficiente.
- **Independencia en la toma de decisiones**: No tener que consultar cada decisión con familiares sin experiencia permite actuar más rápido y con libertad.
- **Vida familiar más serena**: Sin los problemas laborales en casa, los vínculos familiares se mantienen más sanos.
- **Evita favoritismos y tensiones internas**: Cuando hay varios miembros de la familia en la empresa, fácilmente surgen rivalidades o competencias dañinas.

Ejemplo Práctico: *Muchos emprendedores exitosos, como Warren Buffett, han optado por no involucrar directamente a la familia en la gestión de sus empresas para evitar conflictos de interés y mantener la meritocracia.*

Ejercicio Práctico: Al llegar a casa, establece un límite: nada de discusiones laborales, solo tiempo de calidad con la familia.

SI INVOLUCRAS A LA FAMILIA, CAPACÍTALOS ADECUADAMENTE

Si decides incluir a un familiar en el negocio, asegúrate de que esté debidamente formado para el rol.

Por qué la formación es fundamental:

- Evita tener personas incompetentes en puestos clave.
- Profesionaliza el negocio y reduce el favoritismo.

- Garantiza un crecimiento real de la empresa, evitando decisiones mal informadas.

Estrategias para formar a un familiar:

- Haz que adquiera experiencia en otro lugar antes de ingresar a la empresa familiar.
- Ofrécele cursos de formación para mejorar sus competencias.
- Asígnale responsabilidades de forma progresiva, evitando atajos.

Ejemplo Práctico: *Las familias que gestionan empresas exitosas, como los Ferrero, siempre han priorizado la formación antes de confiar cargos directivos a los miembros de la familia.*

Ejercicio Práctico: Si tienes un familiar en la empresa, evalúa su nivel de preparación. ¿Necesita una formación específica?

Mezclar negocios y familia puede ser una decisión arriesgada. A veces funciona, pero solo con reglas claras y una base profesional.

- Involucrar a la familia puede ofrecer confianza y estabilidad, pero también generar problemas.
- Las decisiones empresariales deben basarse en competencias, no en lazos de sangre.
- Separar trabajo y vida privada ayuda a mantener relaciones familiares saludables.
- Si trabajas con familiares, trátalos como a cualquier otro colaborador: con formación y meritocracia.

Recuerda: El éxito no depende solo de las habilidades empresariales, sino también de las personas que elegimos tener a nuestro lado.

EL ÉXITO ES CUESTIÓN DE EQUIPO

Si hay algo que he aprendido en mi experiencia emprendedora, es que el éxito nunca es un camino solitario. Las personas con las que eliges colaborar pueden acelerar tu crecimiento o frenarte hasta el punto de hacerte fracasar. He tenido colaboradores fantásticos que me ayudaron a concretar ideas ambiciosas, pero también socios equivocados que convirtieron cada paso en un infierno.

Encontrar a los socios adecuados y construir un equipo eficaz es esencial para transformar una idea en realidad. Seleccionar cuidadosamente a las personas con las que trabajas, crear un entorno productivo y gestionar el equipo con estrategias inteligentes puede marcar la diferencia entre el éxito y el fracaso. En este capítulo, veremos cómo elegir a los colaboradores correctos, construir un equipo sólido y optimizar la colaboración para lograr el mejor resultado.

ELEGIR LOS SOCIOS DE TRABAJO CORRECTOS

Encontrar al socio adecuado no es cuestión de simpatía o comodidad, sino una decisión estratégica que puede determinar el futuro del proyecto.

Criterios para seleccionar un buen socio:

- **Visión y objetivos alineados**: Trabajar con alguien que comparte tu visión reduce el riesgo de conflictos.
- **Habilidades complementarias**: Un buen socio debe tener competencias que equilibren las tuyas, creando una sinergia ganadora.
- **Fiabilidad y compromiso**: Honestidad, responsabilidad y compromiso son cualidades imprescindibles. Sin ellas, incluso el mayor talento resulta inútil.
- **Capacidad para gestionar conflictos**: Toda colaboración tendrá momentos de tensión, por lo que es esencial elegir a alguien que sepa manejar los problemas con madurez y sin personalismos.

- **Espíritu de iniciativa**: Un socio debe estar dispuesto a innovar, adaptarse y proponer soluciones de forma proactiva.

Ejemplo Práctico: En una de mis primeras experiencias empresariales, elegí a un socio por amistad, sin evaluar su compatibilidad real con el proyecto. Después de pocos meses, nuestras diferencias se volvieron insostenibles y la colaboración terminó mal. Aprendí que la confianza es importante, pero las competencias y el alineamiento en los objetivos lo son aún más.

Ejercicio Práctico: Si estás buscando un socio, haz una lista de las cualidades imprescindibles y compárala con las personas que tienes en mente. ¿Realmente son adecuadas para tu proyecto?

EVITAR ERRORES COMUNES AL ELEGIR SOCIOS

Elegir al socio equivocado puede comprometer tu negocio o frenar su crecimiento.

Errores a evitar:

- **Basarse solo en la relación personal**: Un amigo de confianza no es necesariamente un buen socio de negocios.
- **Ignorar señales de incompatibilidad**: Si una persona ya ha demostrado ser poco fiable, ¿por qué debería cambiar?
- **No definir roles y responsabilidades**: Sin una clara división de tareas, solo surgen problemas.
- **No establecer acuerdos por escrito**: Incluso con personas de confianza, un contrato claro evita malentendidos.

Ejemplo Práctico: *Muchas startups fracasan no por problemas de mercado, sino por desacuerdos entre socios, a menudo causados por falta de comunicación y roles poco definidos.*

Conozco muchos emprendedores que vieron fracasar sus empresas por conflictos entre socios. A veces, basta con unas pocas reglas escritas para evitar grandes problemas.

Ejercicio Práctico: Si ya tienes un socio, evalúa vuestra colaboración: ¿hay puntos débiles que podrían mejorarse?

CONSTRUIR UN EQUIPO EFICAZ

Una idea brillante no es suficiente. Si quieres llevarla a cabo, necesitas un equipo fuerte. El éxito de un proyecto no depende solo de los líderes, sino también del equipo que trabaja detrás del escenario.

Trabajando en la producción de películas y anuncios publicitarios, me ha tocado coordinar a más de 300 personas por día en el set. Y te aseguro que no es nada fácil. No existe un libro que te enseñe a manejar el caos organizado de un set: lo aprendes con experiencia y con un equipo que sabe exactamente qué debe hacer. Si una sola pieza del rompecabezas no encaja, todo puede venirse abajo. Lo mismo sucede en cualquier negocio: sin roles claros y un sistema bien estructurado, tarde o temprano las cosas empiezan a desmoronarse.

Elementos clave de un equipo ganador:

- **Selección cuidadosa**: Cada miembro debe tener habilidades específicas y alinearse con la visión del proyecto.
- **Comunicación transparente**: Todos deben saber qué se espera de los demás.
- **Roles claros**: Asignar responsabilidades precisas evita confusiones e ineficiencias.
- **Ambiente de trabajo positivo**: Un equipo motivado trabaja mejor y enfrenta las dificultades con mayor resiliencia.

Ejemplo Práctico: *Elon Musk selecciona personalmente a sus colaboradores más cercanos, buscando individuos altamente competentes y motivados, capaces de trabajar bajo presión.*

En uno de mis proyectos más ambiciosos, noté la diferencia entre un equipo motivado y uno desmotivado. Con el primero, todo fluía; con el segundo, cada decisión se volvía una lucha.

Ejercicio Práctico: Analiza tu equipo: ¿hay roles que podrían redefinirse para mejorar la productividad?

ESTRATEGIAS PARA UNA GESTIÓN DE EQUIPO EFICAZ

Gestionar un equipo implica coordinar personas distintas, manteniendo el foco en los objetivos comunes.

Estrategias de gestión eficaces:

- **Expectativas claras**: Cada miembro debe saber qué se espera de él.
- **Colaboración e intercambio**: Las mejores ideas surgen del diálogo.
- **Retroalimentación constructiva**: Criticar sin aportar soluciones no sirve de nada.
- **Herramientas de gestión de trabajo**: Plataformas como Trello, Asana o Slack pueden facilitar la organización.
- **Reconocimiento de resultados**: Quien logra buenos resultados debe sentirse valorado.

Ejemplo Práctico: *Google es conocida por su gestión innovadora de equipos, donde la colaboración y la retroalimentación constante son claves de la productividad.*

He trabajado en equipos donde faltaba una guía clara, y el resultado era el caos total. Un líder debe dar dirección, no solo órdenes.

Ejercicio Práctico: Implementa un sistema de retroalimentación semanal para mejorar la comunicación y la eficiencia del equipo.

SUPERAR CONFLICTOS Y MOMENTOS DE CRISIS

Todo equipo enfrenta momentos difíciles. La clave está en gestionarlos con inteligencia.

Cómo afrontar los conflictos:

- **Escuchar todas las partes**: A menudo los problemas surgen de malentendidos.
- **Buscar compromisos razonables**: No siempre se puede ganar, pero sí encontrar equilibrio.
- **Evitar favoritismos y decisiones impulsivas**: La gestión del equipo debe ser imparcial.
- **Revisar periódicamente la organización**: Si algo no funciona, se necesita un cambio.

Ejemplo Práctico: *Muchas empresas exitosas han superado crisis internas gracias a un liderazgo sólido y a la capacidad de adaptarse a los cambios.*

En el pasado intenté ignorar los conflictos del equipo, esperando que se resolvieran solos. Nunca funcionó. Afrontarlos de inmediato siempre es la mejor solución.

Ejercicio Práctico: Si hay tensiones en tu equipo, organiza una reunión para abordar el problema con transparencia.

Elegir los socios adecuados y gestionar bien un equipo son factores clave para el éxito.

- Un buen socio tiene competencias complementarias, es fiable y comparte una visión clara.
- Evitar decisiones basadas solo en relaciones personales es fundamental.
- Un equipo eficaz está bien estructurado, motivado y bien gestionado.
- Los conflictos deben abordarse de inmediato con comunicación clara.

Recuerda: El éxito no se construye solo. Rodéate de las personas adecuadas ¡y verás los resultados!

EN RESUMEN

El éxito no se alcanza en soledad, sino con el apoyo y la colaboración de quienes nos rodean. Valorar al compañero de vida y considerar el rol de la familia en el camino profesional puede aportar un equilibrio valioso a nuestra vida. La elección de socios laborales y una gestión eficaz del trabajo en equipo son fundamentales para lograr resultados exitosos. Trabajar con personas motivadas y competentes, que comparten nuestra visión y nuestros valores, puede ser el motor que nos impulse hacia el cumplimiento de nuestras metas.

Nunca subestimes el poder de las relaciones. Invertir en la relación con quienes nos rodean, tanto en lo personal como en lo profesional, puede ser la clave para abrir puertas y acceder a oportunidades que de otro modo permanecerían cerradas. Recuerda que el éxito no se trata solo de talento y esfuerzo, sino también de relaciones significativas que nos sostienen e inspiran a lo largo del camino.

7 CÓMO COMUNICARSE BIEN

La comunicación es el arma secreta del éxito en la vida. Es el puente que conecta a las personas, permitiéndoles comprenderse, colaborar y alcanzar resultados extraordinarios juntos.

Analicemos la importancia de escuchar al interlocutor, las técnicas clave de comunicación y los temas que debemos evitar o considerar durante una conversación con desconocidos o en el trabajo en equipo.

Ya mencionamos lo fundamental que es saber escuchar, pero ahora quiero profundizar en un aspecto crucial: aplicar la escucha activa en las relaciones con clientes, socios comerciales y vendedores. En un mundo donde todos quieren hablar y pocos quieren realmente escuchar, quien domina esta habilidad tiene una enorme ventaja.

Por experiencia propia, he visto emprendedores fracasar no porque su idea fuera mala, sino porque nunca escucharon de verdad a su público. También he visto vendedores convertir una conversación en una venta exitosa solo por valorar las palabras del cliente. Escuchar es un arte, y quien lo domina tiene una ventaja competitiva poderosa.

LA ESCUCHA ACTIVA: EL SUPERPODER QUE NADIE USA

La escucha activa no es simplemente oír palabras, sino comprenderlas, interpretarlas y responder adecuadamente.
¿Por qué la escucha activa es tan poderosa?

- Construye confianza y credibilidad con clientes y colaboradores.
- Ayuda a comprender mejor las necesidades y expectativas del interlocutor.
- Permite resolver problemas más rápida y eficazmente.
- Evita malentendidos y conflictos.
- Mejora la calidad de las negociaciones y las ventas.

Ejemplo Práctico: *Richard Branson, fundador de Virgin, atribuye gran parte de su éxito a su capacidad para escuchar. Siempre valoró el feedback de clientes y empleados, usándolo para mejorar continuamente sus negocios.*

Yo creía saber exactamente lo que querían mis clientes potenciales, pero cuando empecé a hacer preguntas y escuchar, descubrí que sus necesidades eran completamente distintas. Adapté mi servicio… ¡y las ventas se dispararon!

Ejercicio Práctico: La próxima vez que hables con un cliente o colaborador, intenta no interrumpir hasta que haya terminado de hablar. Toma nota mental de lo que dice y solo después responde.

TÉCNICAS PARA UNA ESCUCHA ACTIVA EFICAZ

La escucha activa es una habilidad que puede entrenarse con técnicas sencillas:

1. **Mantén el contacto visual**: Muestra interés y compromiso.
2. **Utiliza señales no verbales**: Asiente, sonríe, demuestra participación.

3. **Haz preguntas dirigidas**: Pide aclaraciones para profundizar la conversación.
4. **Resume lo que escuchaste**: Repite con tus palabras para confirmar que entendiste bien.
5. **No interrumpas**: Deja que el interlocutor se exprese completamente.
6. **Evita distracciones**: Teléfono, correos, notificaciones… todo puede esperar.

Ejemplo Práctico: *Una vez estuve en una negociación complicada con un proveedor. En lugar de rebatir sus propuestas, simplemente escuché. Tras 10 minutos, comprendí dónde podíamos llegar a un acuerdo. ¿Resultado? Obtuve mejores condiciones sin necesidad de presionar.*

Un vendedor que escucha atentamente puede entender las necesidades reales del cliente y ofrecer la mejor solución, aumentando así las probabilidades de cerrar la venta.

Ejercicio Práctico: Tras una conversación importante, escribe un breve resumen de lo que escuchaste. ¿Estás seguro de haber captado todos los puntos clave?

ESCUCHAR A UN CLIENTE: LA CLAVE PARA VENDER MEJOR

Un cliente que se siente escuchado es un cliente que regresa. ¿Cómo lograrlo?

- **Deja que el cliente hable primero.** No te apresures a ofrecer soluciones sin comprender el problema.
- **Haz preguntas abiertas.** Ejemplo: "¿Cuáles son sus principales dificultades con este producto?"
- **Entiende las emociones detrás de las palabras.** ¿Busca una solución técnica o necesita seguridad?
- **No contradigas de inmediato.** Aunque creas que está equivocado, escucha primero y luego guía la conversación

con datos y hechos.

Ejemplo Práctico: *Un restaurador exitoso no se limita a tomar pedidos, sino que escucha los comentarios de sus clientes. Un detalle como una silla más cómoda o un menú más claro puede marcar la diferencia entre un cliente ocasional y uno fiel.*

Ejercicio Práctico: Intenta no hablar durante al menos 60 segundos mientras un cliente te expone un problema. Solo después, responde con precisión.

ESCUCHAR A UN SOCIO: CONSTRUIR RELACIONES SÓLIDAS

En los negocios, las relaciones marcan la diferencia entre el éxito y el fracaso. Escuchar es la clave para construir una relación sólida con tus socios.

- **Comprende sus prioridades**: Un buen socio tiene sus propios objetivos, no solo los tuyos.
- **Demuestra empatía e interés real**: Haz que el otro se sienta parte fundamental del proyecto.
- **Encuentra un punto de equilibrio entre tus ideas y las suyas**: El compromiso suele dar los mejores resultados.
- **Da espacio al otro para expresarse**: No tengas prisa por imponer tu opinión.

Ejemplo Práctico: *Muchos grandes acuerdos comerciales se cerraron no porque una parte impusiera su voluntad, sino porque ambas partes escucharon sus necesidades mutuas y encontraron una solución ganar-ganar.*

Ejercicio Práctico: La próxima vez que discutas una estrategia con un socio, escucha primero su punto de vista sin interrumpir y trata de resumirlo antes de responder.

ESCUCHAR A UN VENDEDOR: COMPRAR CON INTELIGENCIA

Incluso cuando tú eres el cliente, escuchar es esencial para tomar decisiones informadas. Un buen comprador también es un buen oyente.

Cómo escuchar a un vendedor sin dejarte influenciar innecesariamente:

- **Deja que el vendedor exponga su punto sin interrumpir**: Cuanta más información obtengas, más fácil será decidir.
- **Haz preguntas específicas.** Ej.: "¿Cuáles son las diferencias entre este producto y su competidor?"
- **Reconoce las técnicas de venta, pero no caigas en la presión emocional.**
- **Tómate tu tiempo para decidir**. Un vendedor serio apreciará a un cliente informado.

Ejemplo Práctico: *Con el tiempo aprendí que se obtienen mejores condiciones en las negociaciones simplemente escuchando atentamente a los vendedores antes de negociar. Entender cómo piensa quien tienes enfrente es la mitad de la estrategia.*

Un empresario que sabe escuchar a los vendedores puede obtener condiciones más ventajosas y elegir a los mejores proveedores.

Ejercicio Práctico: La próxima vez que hables con un vendedor, escucha con atención y luego resume los puntos clave antes de tomar una decisión.

Escuchar: la habilidad más infravalorada pero poderosa.

- Escuchar activamente mejora la comunicación, reduce los conflictos y favorece decisiones más informadas.
- Escuchar a un cliente permite vender mejor y fidelizar.
- Escuchar a un socio ayuda a construir relaciones valiosas y tomar decisiones estratégicas.

- Escuchar a un vendedor permite comprar con mayor inteligencia.
- Quien sabe escuchar tiene ventaja sobre quien solo habla.

Recuerda: La próxima vez que tengas una conversación importante, detente y pregúntate: "¿Estoy realmente escuchando o solo esperando mi turno para hablar?"

LA COMUNICACIÓN: EL PUENTE HACIA EL ÉXITO

No me cansaré de repetirlo: la comunicación es la base sobre la cual se construye el éxito.

Ya sea que estés vendiendo un producto, convenciendo a un inversor, motivando a un equipo o construyendo relaciones profesionales, la calidad de tu comunicación determinará tus resultados. Una idea extraordinaria no vale nada si no se comunica correctamente.

En el pasado, aprendí por las malas cuánto puede afectar una mala comunicación: genera malentendidos, retrasa proyectos o incluso hace perder oportunidades. Por suerte, entendí pronto que comunicar bien no es solo un talento innato, sino una habilidad que se puede (y debe) desarrollar.

LA COMUNICACIÓN COMO HERRAMIENTA DE ÉXITO

La capacidad de expresarse con claridad y eficacia es lo que distingue a los líderes exitosos.

¿Por qué la comunicación es tan importante?

- **Aumenta la persuasión**: Ser convincente ayuda a vender ideas, productos y proyectos.
- **Mejora la gestión del equipo**: Un buen líder comunica de forma clara y motivadora.
- **Facilita las negociaciones**: Saber comunicar ayuda a obtener mejores condiciones.
- **Reduce los conflictos**: La claridad y la empatía previenen tensiones e incomprensiones.

- **Construye relaciones sólidas**: La gente confía en quienes se comunican con eficacia.

Ejemplo Práctico: *Steve Jobs era un maestro de la comunicación. Sus discursos no solo eran informativos, sino emocionantes, persuasivos e inspiradores. Esta habilidad hizo de Apple una marca icónica.*

Una vez perdí una oportunidad laboral simplemente porque no supe explicar con claridad el valor de mi proyecto. Tenía la solución perfecta para el cliente, pero la presenté de forma confusa y desordenada. ¿Resultado? Eligió a un competidor con una oferta inferior, pero mejor comunicada.

Ejercicio Práctico: La próxima vez que presentes una idea, pregúntate: *¿Estoy comunicando con claridad? ¿Mi interlocutor comprende el valor de lo que digo?*

LAS 3 REGLAS DE LA COMUNICACIÓN EFICAZ

Para mejorar tu comunicación, necesitas dominar tres elementos clave:

1. Claridad

- Evita palabras complicadas o conceptos vagos.
- Ve directo al grano y utiliza ejemplos concretos.
- Si un mensaje puede expresarse con menos palabras, hazlo.

2. Participación

- Usa un tono de voz dinámico y varía el ritmo al hablar.
- Añade historias o anécdotas para hacer el mensaje más interesante.
- Presta atención al lenguaje corporal para reforzar tus palabras.

3. Adaptabilidad

- Ajusta tu estilo de comunicación según el contexto y tu interlocutor.
- Con un cliente, sé claro y tranquilizador.
- Con un socio comercial, sé concreto y profesional.
- Con un equipo, sé motivador e inclusivo.

Ejemplo Práctico: *Un buen comunicador sabe adaptar su lenguaje según con quién habla: técnico con los especialistas, inspirador con el público, estratégico con los posibles inversores.*

Ejercicio Práctico: Cuando hables con personas diferentes, intenta modificar tu lenguaje y enfoque para ver cuál funciona mejor.

HABLAR ES FÁCIL, COMUNICAR ES UN ARTE

Comunicar no significa solo hablar: significa transmitir tu mensaje de la forma correcta.

Errores comunes que debes evitar:

- **Demasiada información en poco tiempo**: Si sobrecargas al interlocutor, perderás su atención.
- **No escuchar a quien tienes enfrente**: La comunicación es un diálogo, no un monólogo.
- **No adaptarte al contexto**: Usar lenguaje técnico con alguien no experto solo genera confusión.
- **Descuidar el lenguaje no verbal**: El tono de voz, el contacto visual y la postura influyen en la percepción del mensaje.

Ejemplo Práctico: *Un buen líder no se limita a dar instrucciones; observa al equipo, escucha sus dudas y adapta su comunicación según las necesidades de quienes lo siguen.*

Ejercicio Práctico: Graba un discurso o presentación tuya y escúchala. ¿Te parece clara y eficaz? Si fueras tú oyente, ¿te convencerías?

ESCRIBIR PARA COMUNICAR MEJOR

Además de la comunicación verbal, saber escribir con claridad y eficacia es una habilidad esencial.

Cómo redactar mensajes, correos y textos persuasivos:

- **Sé claro y directo**: Evita frases largas y complejas.
- **Usa un lenguaje natural**: Escribe como si le hablaras directamente al lector.
- **Resalta los puntos clave**: Usa listas, negritas o subtítulos para hacer el texto más legible.
- **Incluye siempre un "llamado a la acción"**: Di claramente qué esperas que el lector haga después de leer.

Ejemplo Práctico: *Un correo bien escrito puede abrir puertas y generar oportunidades. Uno confuso puede hacerte perder una colaboración importante.*

Ejercicio Práctico: Relee tu último correo laboral y pregúntate: ¿Es claro, breve e impactante? Si lo recibieras tú, ¿responderías enseguida?

APRENDER DE LOS GRANDES COMUNICADORES

Estudiar a los grandes comunicadores puede ayudarte a mejorar tu efectividad.

Algunos ejemplos de comunicadores excepcionales:

- **Martin Luther King Jr.**: El uso de pausas, repeticiones y lenguaje evocador hacía sus discursos poderosos.
- **Oprah Winfrey**: Empatía y conexión emocional con su audiencia.
- **Jeff Bezos**: Claridad y capacidad para simplificar conceptos complejos.
- **Tony Robbins**: Energía y poder motivacional.

Ejemplo Práctico: *Observando las técnicas de comunicación de los* *grandes líderes, podemos aprender a hacer que nuestro mensaje sea más fuerte y memorable.*

Ejercicio Práctico: Mira un discurso de uno de estos comunicadores y analiza cómo usa la voz, el lenguaje corporal y las pausas para enfatizar sus ideas clave.

La comunicación es la base del éxito, en cualquier ámbito.

- Quien sabe comunicarse mejor, obtiene más oportunidades.
- Claridad, participación y adaptabilidad son claves de una comunicación eficaz.
- Hablar es fácil, pero saber transmitir el mensaje con impacto es un arte que se debe dominar.
- Mejorar tu comunicación escrita y verbal puede generar resultados concretos en tu vida y en tu negocio.
- Estudiar a los grandes comunicadores ayuda a desarrollar un estilo más eficaz.

Recuerda: La forma en que comunicas determina cómo te perciben los demás. Mejora tu comunicación y mejorarás tu éxito.

MEJORAR LA COMUNICACIÓN: TÉCNICAS Y ESTRATEGIAS

Comunicar eficazmente no se trata solo de palabras: es una habilidad que combina escucha, expresión y lenguaje corporal.

Existen técnicas específicas que pueden ayudarte a mejorar tus capacidades comunicativas, haciendo tus conversaciones más fluidas, persuasivas y productivas. Ya sea que estés hablando con un cliente, un socio o un público más amplio, la forma en que te comunicas influirá en el resultado.

Debo admitirlo: al comienzo de mi carrera, pensaba que hablar bien significaba solo expresar ideas con seguridad. Luego comprendí que el verdadero secreto es saber escuchar y adaptarse al interlocutor. He visto presentaciones fracasar porque el ponente no leía el lenguaje de su audiencia, y negociaciones fallar porque nadie se tomaba el tiempo para escuchar realmente al otro.

Aquí quiero proponerte algunas estrategias prácticas para mejorar tu comunicación, basadas en técnicas psicológicas y conductuales.

LA IMPORTANCIA DE LAS PREGUNTAS ABIERTAS

Las preguntas abiertas son una de las herramientas más poderosas en la comunicación.

¿Por qué son tan eficaces?

- Invitan al interlocutor a expresarse libremente, generando una conversación más profunda.
- Permiten obtener más información, evitando respuestas cerradas y superficiales.
- Crean un diálogo interactivo y empático, fortaleciendo la conexión.

Ejemplos de preguntas abiertas eficaces:

- "¿Cuáles son los principales desafíos que estás enfrentando?"
- "¿Qué opinas de esta solución?"
- "¿Cómo ves el futuro de tu sector?"

Ejemplo Práctico: *Un vendedor experto no pregunta simplemente '¿Necesitas este producto?', sino: '¿Qué características buscas en un producto como este?' De esta forma, el cliente se siente implicado y más dispuesto a comprar.*

Ejercicio Práctico: La próxima vez que hables con alguien, intenta reemplazar preguntas cerradas (sí/no) por abiertas y observa cómo cambia la conversación.

LA TÉCNICA DE PARAFRASEAR: REFORMULAR PARA DEMOSTRAR COMPRENSIÓN

Repetir o reformular lo que el otro ha dicho ayuda a generar claridad y confianza.

¿Cómo funciona?

- Confirma que has comprendido correctamente lo que el interlocutor quiso decir.
- Evita malentendidos, permitiendo que la otra persona aclare o corrija.
- Demuestra escucha activa e interés, haciendo sentir importante al otro.

Ejemplos de paráfrasis eficaces:

- **Interlocutor**: "Creo que el proyecto es interesante, pero tengo dudas sobre los plazos."
- **Respuesta con paráfrasis**: "Entonces, lo que más te preocupa es si podremos cumplir con los plazos, ¿verdad?"

Ejemplo Práctico: *En una negociación comercial, un buen negociador no dice solo 'Ok, entendido', sino que reformula: 'Si entendí bien, tu principal objetivo es reducir costos sin comprometer la calidad, ¿es correcto?' Esto ayuda a ambas partes a estar en la misma sintonía.*

Ejercicio Práctico: Durante tu próxima conversación importante, intenta resumir lo que ha dicho tu interlocutor antes de responder.

EL LENGUAJE CORPORAL: COMUNICAR MÁS ALLÁ DE LAS PALABRAS

Las palabras son solo una parte de la comunicación: el lenguaje corporal juega un papel fundamental.

Elementos clave del lenguaje corporal:

- **Contacto visual**: Mantén un buen equilibrio sin fijar la mirada ni evitarla.
- **Postura abierta**: Evita cruzar los brazos o inclinarte hacia atrás, ya que puede transmitir cierre o desinterés.
- **Movimientos naturales**: Los gestos y movimientos de las manos ayudan a enfatizar los puntos clave del discurso.
- **Expresión facial**: Sonreír en el momento adecuado transmite seguridad y positividad.

Ejemplo Práctico: *Si durante una entrevista de trabajo un candidato evita el contacto visual, encoge los hombros y responde con duda, dará una impresión de inseguridad, sin importar lo que diga.*

Ejercicio Práctico: La próxima vez que hables con alguien, presta atención a tu postura y tus gestos: ¿tu cuerpo está reforzando tu mensaje o lo está contradiciendo?

LA IMPORTANCIA DEL TONO DE VOZ

Como dices algo suele ser más importante que lo que dices.
Cómo usar el tono de voz de forma eficaz:

- **Varía el ritmo**: Un discurso monótono pierde rápidamente la atención del oyente.
- **Destaca las palabras clave**: Usa pausas estratégicas para enfatizar los conceptos más importantes.
- **Ajusta el volumen y la entonación**: Un tono seguro y dinámico hace que el mensaje sea más atractivo.

Ejemplo Práctico: *Los mejores oradores no hablan de forma plana y uniforme, sino que usan variaciones de tono para captar el interés y guiar al oyente.*

Ejercicio Práctico: La próxima vez que des un discurso o una presentación, grábate y escucha tu tono de voz. ¿Es monótono o transmite energía?

La comunicación eficaz es una habilidad que puede entrenarse y mejorarse con las técnicas adecuadas.

- Las preguntas abiertas hacen las conversaciones más dinámicas y productivas.
- Parafrasear demuestra escucha y reduce los malentendidos.
- El lenguaje corporal transmite seguridad y credibilidad.
- El tono de voz es una herramienta poderosa para generar impacto y emoción.
- Mejorar tu comunicación mejora tu éxito en la vida y en los negocios.

Recuerda: La forma en que te comunicas determina cómo te perciben. Entrenar tus habilidades comunicativas te dará una gran ventaja en cualquier ámbito.

COMUNICACIÓN Y EL ARTE DE ELEGIR LOS TEMAS CORRECTOS

La comunicación es un arte y, como todo arte, requiere sensibilidad y atención al contexto. He aprendido por experiencia propia que, cuando hablas con alguien que no conoces bien, el riesgo de tocar temas inadecuados es alto. Algunos asuntos pueden generar tensión, malentendidos o momentos incómodos, arruinando el primer contacto y la posibilidad de construir una relación positiva.

Me ha pasado varias veces estar en conversaciones que, en segundos, tomaban un rumbo equivocado. Como aquella vez en un evento de networking, cuando hice un chiste político creyendo que era inofensivo… y resultó que mi interlocutor tenía una opinión opuesta y muy firme. ¿El resultado? Conversación terminada en minutos y una oportunidad perdida.

Veamos qué temas es mejor evitar en una conversación con desconocidos y qué alternativas usar para mantener el diálogo interesante y constructivo.

TEMAS QUE DEBES EVITAR EN UNA PRIMERA CONVERSACIÓN

Hay ciertos temas que conviene no tocar, especialmente si no conoces bien a la otra persona.

1. Política

- La política es un tema divisivo por excelencia. Diferencias de opinión pueden convertirse rápidamente en discusiones acaloradas.
- Incluso si tienes una postura clara, evita debatir de política hasta conocer mejor a la otra persona.

Alternativa: Si el tema surge, dirige la conversación hacia cuestiones más generales, como innovaciones tecnológicas o tendencias económicas.

2. Religión y Creencias

- Al igual que la política, la religión es un tema muy personal y delicado.
- Incluso preguntas inocentes como *"¿Crees en Dios?"* pueden ser inapropiadas.

Alternativa: Si la conversación gira en torno a valores, habla de conceptos universales como la gratitud, el crecimiento personal o la bondad.

3. Salud y Apariencia Física

- Comentar el aspecto físico, aunque sea con buenas intenciones, puede ser incómodo u ofensivo.
- Evita preguntas sobre salud o hábitos personales, a menos que la otra persona saque el tema.

Alternativa: Si se habla de bienestar, céntrate en actividades generales como deportes o viajes, sin emitir juicios ni dar consejos.

4. Situación Financiera y Salario

- Preguntar cuánto gana alguien o cómo está su situación económica es muy inapropiado.
- Aunque tengas curiosidad sobre su sector, evita entrar en detalles personales.

Alternativa: Si el tema es laboral, pregunta *"¿A qué te dedicas?"* o *"¿Cómo comenzaste en tu sector?"*, dejando espacio a una respuesta discreta.

5. Vida Sentimental y Decisiones Familiares

- Preguntar si alguien está casado, tiene hijos o por qué no tiene pareja puede ser muy invasivo.
- Preguntas como *"¿Por qué sigues soltero?"* o *"¿Cuándo piensas tener hijos?"* pueden incomodar.

Alternativa: Si se habla de experiencias personales, mantén un enfoque ligero hablando de hobbies, viajes o pasiones.

TEMAS NEUTROS PARA UNA CONVERSACIÓN AGRADABLE

Si quieres construir un diálogo interesante y sin riesgos, aquí tienes algunas alternativas válidas:

a) Aficiones y Pasatiempos

- Preguntar por los hobbies de alguien siempre es una opción segura.
- Es un tema que permite crear conexiones y **descubrir intereses en común**.

b) Viajes y Destinos Favoritos

- Viajar es un tema fascinante y universal que lleva a compartir experiencias positivas.
- Puedes preguntar: *"¿Cuál es el lugar más bonito que has visitado?"*

c) Cine, Música y Libros

- Hablar de cultura es ideal para encontrar puntos en común y nuevas perspectivas.
- Ejemplos: *"¿Has visto alguna película interesante últimamente?"* o *"¿Cuál es tu libro favorito?"*

d) Deportes y Actividad Física

- Aunque no seas fan del deporte, hablar de eventos o actividades al aire libre es un buen comienzo.
- Preguntas como *"¿Practicas algún deporte?"* o *"¿Sigues algún equipo?"* son útiles.

e) Curiosidades y Tendencias Actuales

- Nuevas tecnologías, eventos internacionales o curiosidades del mundo son excelentes temas.
- Puedes preguntar: *"¿Has oído hablar de la nueva tecnología que están desarrollando?"*

CÓMO MANEJAR UNA CONVERSACIÓN QUE TOMA UN MAL RUMBO

A veces, incluso con buenas intenciones, una conversación puede volverse incómoda.

¿Qué hacer en estos casos?

- **Cambia de tema con naturalidad**: Si alguien comienza a hablar de política con intensidad, puedes decir: "Entiendo tu punto. Por cierto, ¿has visto ese nuevo documental en Netflix?"
- **Usa el humor**: A veces, una broma ligera puede suavizar la tensión y redirigir la conversación.
- **Sé respetuoso**: Si no estás de acuerdo, evita confrontaciones directas y respeta la opinión del otro.

Ejemplo Práctico: *Una vez estuve en una conversación que iba camino a un acalorado debate político. Sonreí y dije: 'Podríamos hablar de esto por horas, pero mientras tanto, ¿sabes cuál es la mejor pizza de la ciudad?' Nos reímos y el tema cambió a algo más ligero y agradable.*

Ejercicio Práctico: Piensa en tres temas que podrías usar para cambiar de conversación con elegancia la próxima vez que te encuentres en una situación incómoda.

Elegir los temas adecuados en una conversación puede marcar la diferencia entre una interacción agradable y una situación incómoda.

- Evita temas polémicos como política, religión, finanzas y vida sentimental.
- Elige temas neutros y positivos como hobbies, viajes, deporte y cultura.
- Si una conversación se pone tensa, cambia de tema con naturalidad y diplomacia.
- El objetivo es construir un diálogo armonioso e interesante, sin generar tensiones innecesarias.

Recuerda: Una buena conversación no se compone solo de palabras, sino también de sensibilidad y respeto hacia quien tienes delante.

COMUNICACIÓN EN EL TRABAJO EN EQUIPO: LA VERDADERA CLAVE DEL ÉXITO

Un equipo bien organizado y cohesionado es el motor que convierte una idea en realidad. Pero para que funcione de verdad, es necesario establecer reglas claras y abordar algunos temas fundamentales desde el principio. He visto equipos fracasar por falta de dirección y otros despegar gracias a unos pocos pero fundamentales cuidados. Sin un equipo sólido a nuestro lado, todo se vuelve más difícil, lento y frustrante.

Veamos cuáles son los ingredientes que hacen realmente ganador a un equipo.

DEFINIR LOS OBJETIVOS: TODOS DEBEN SABER HACIA DÓNDE SE VA

Imagina estar en una embarcación donde la tripulación no tiene idea de cuál es el destino. Algunos reman a la izquierda, otros a la derecha, y otros ni siquiera reman. Un equipo sin objetivos claros funciona exactamente así: se desperdicia energía, se pierde tiempo y nadie sabe realmente si está haciendo lo correcto.

¿Por qué es fundamental?

- **Claridad**: Cada miembro debe saber qué se quiere lograr y en qué plazo.
- **Alineación**: Si todos reman en la misma dirección, se alcanza el objetivo mucho más rápido.
- **Motivación**: Tener una meta clara hace que el trabajo sea más estimulante y gratificante.

¿Cómo abordar el tema de los objetivos?

- Establece **metas concretas y medibles**. Por ejemplo, en lugar de decir "mejorar el servicio al cliente", mejor di "reducir los tiempos de respuesta en un 20% en los próximos tres meses".

- Utiliza **herramientas de seguimiento** como software de gestión para monitorizar el progreso.
- Revisa periódicamente los objetivos y **ajústalos si es necesario**.

Ejemplo Práctico: *Una empresa tecnológica que desarrolla un nuevo producto debe asegurarse de que los equipos de desarrollo, marketing y ventas estén alineados en los mismos objetivos para garantizar un lanzamiento exitoso.*

Ejercicio Práctico: Pregúntate: ¿tu equipo tiene objetivos claros? Si la respuesta es no, organiza una reunión para alinear a todos.

ROLES Y RESPONSABILIDADES: CADA UNO DEBE SABER QUÉ HACER

Uno de los errores más comunes en los equipos es la confusión sobre los roles. Si dos personas hacen lo mismo, se pisan el trabajo. Si nadie hace una tarea porque todos piensan que le corresponde a otro, es un desastre.

¿Por qué es importante?

- **Evita solapamientos y conflictos**. Si las tareas no están claras, varias personas podrían trabajar en lo mismo o, por el contrario, nadie se encargaría de una actividad esencial.
- **Aumenta la eficiencia** porque cada uno sabe lo que debe hacer. Cuando los roles están bien definidos, el trabajo avanza más rápido y sin contratiempos.
- **Hace que todos sean más responsables**, ya que no pueden decir "pensé que lo haría otra persona".

¿Cómo asignar responsabilidades?

- Utiliza la matriz **RACI** para definir quién es **Responsible (Responsable)**, **Accountable (Encargado)**, **Consulted (Consultado)** e **Informed (Informado)** en cada tarea.

- **Asegúrate de que las competencias de cada miembro se ajusten al rol asignado.** Evita asignar tareas a personas que no tienen las habilidades adecuadas para realizarlas de manera eficiente.
- **Deja espacio para el crecimiento personal**, permitiendo que se amplíen las habilidades con nuevas responsabilidades.

Ejemplo Práctico: *En un proyecto en el que trabajé, marketing y desarrollo técnico chocaban continuamente porque nadie sabía quién debía aprobar los cambios. Cuando aclaramos los roles, el flujo de trabajo fue más fluido y reducimos tiempos muertos.*

Ejercicio Práctico: Revisa los roles en tu equipo. Si hay ambigüedades o solapamientos, soluciónalos ya.

COMUNICACIÓN: SI NO SE HABLA, EL EQUIPO COLAPSA

La comunicación es el oxígeno de un equipo. Cuando falta, comienzan los problemas: errores, malentendidos, tensiones. He visto equipos implosionar simplemente porque nadie sabía lo que estaban haciendo los demás.

Errores comunes en la comunicación:

- Demasiados correos innecesarios o mensajes confusos.
- Falta de retroalimentación constructiva.
- Reuniones largas e improductivas.

¿Cómo mejorar la comunicación?

- Establece un canal claro. Usa herramientas de productividad para colaborar y organizar las conversaciones.
- **Evita reuniones innecesarias**: si puedes decirlo en un mensaje, no convoques una reunión. Sé claro y conciso. La claridad reduce errores y acelera el trabajo.

- **Haz check-ins** breves (por ejemplo, reuniones de pie de 10 minutos) para mantener el alineamiento sin perder tiempo. Las reuniones breves pueden mejorar la alineación sin resultar dispersivas.

Ejemplo Práctico: *Trabajando con un equipo remoto, al principio era un caos. Algunos escribían por WhatsApp, otros por correo y otros llamaban. Nadie entendía nada. Cuando establecimos reglas claras de comunicación, todo mejoró drásticamente.*

Ejercicio Práctico: Observa cómo se comunica tu equipo. Si hay muchas interrupciones o desorganización, propone nuevas reglas.

CONFIANZA Y RESPETO: SIN ESTOS ELEMENTOS, EL EQUIPO NO SE SOSTIENE

He visto personas dejar trabajos bien pagados solo porque el ambiente era tóxico. Y he visto equipos lograr resultados increíbles gracias a la confianza mutua.

¿Por qué la confianza es esencial?

- Mejora la colaboración y la productividad. Las personas se sienten más cómodas al compartir ideas y comentarios.
- Reduce el estrés y los conflictos. Un ambiente positivo favorece el bienestar mental de los miembros del equipo.
- Estimula la creatividad y la innovación. Cuando las personas se sienten libres de expresarse, surgen más ideas creativas.

¿Cómo construir un clima de confianza?

- **Da retroalimentación constructiva.** Evita las críticas destructivas y céntrate en cómo mejorar juntos.
- **Reconoce los logros**: Un simple "gracias" o un reconocimiento público pueden aumentar la motivación.
- **Promueve la transparencia**: Si hay problemas, abórdalos abiertamente en lugar de hablar a espaldas.

Ejemplo Práctico: *En un equipo de startup, los fundadores que se comunican con transparencia y valoran a su equipo crean un entorno de trabajo más saludable y productivo.*

Ejercicio Práctico: Reflexiona sobre cómo se gestiona la confianza en tu equipo. Si notas tensiones o falta de transparencia, actúa antes de que exploten.

Un equipo exitoso no se construye por casualidad, sino con intención y método:

- **Objetivos claros** para evitar la dispersión de esfuerzos.
- **Roles definidos** para maximizar la eficiencia.
- **Comunicación efectiva** para reducir errores.
- **Confianza mutua** para trabajar con más motivación.

Recuerda: Un equipo fuerte no está formado por las personas más talentosas, sino por aquellas que saben trabajar bien juntas.

Ahora la pregunta es: ¿tu equipo tiene estos elementos? Si la respuesta es no, ya sabes lo que tienes que hacer.

EN RESUMEN

La comunicación eficaz es un elemento crucial para el éxito en la vida. Escuchar activamente, aplicar técnicas de comunicación adecuadas, evitar temas delicados con desconocidos y elegir temas relevantes durante el trabajo en equipo puede mejorar la calidad de las relaciones interpersonales y llevar a resultados más significativos. Invertir en tus habilidades comunicativas es invertir en tu éxito personal y profesional.

8 CÓMO CREAR IMPACTO

Aunque el éxito en la vida puede parecer un objetivo ambicioso e incluso intangible, existe un factor crucial que a menudo se pasa por alto: el público. Independientemente del campo en el que trabajes, conocer a tu público y a tus clientes objetivo es fundamental para alcanzar la excelencia y un éxito duradero. En este capítulo, exploraremos la importancia de conocer a tu audiencia, estrategias de promoción eficaces y cómo impactar para generar conversación sobre ti o tu producto.

Uno de los errores más comunes que cometí al iniciar mi negocio fue intentar hablarle a todo el mundo. Pensaba que cuanto más público alcanzara, más éxito tendría. Pero la realidad es que cuando intentas dirigirte a todos, terminas no llegando a nadie. El mensaje se vuelve genérico, sin fuerza, y las personas no se sienten identificadas.

Para tener éxito, debes saber exactamente a quién te diriges. ¿Quiénes son tus clientes, lectores o seguidores? ¿Cuáles son sus necesidades, preferencias y problemas? Cuanto más conozcas a tu público, más fácil será atraer, conectar y fidelizar a las personas adecuadas.

¿POR QUÉ ES FUNDAMENTAL CONOCER A TU PÚBLICO?

Sin una comprensión clara de tu target, corres el riesgo de perder tiempo, energía y recursos en estrategias ineficaces.

- **Personalización**: Un mensaje dirigido genera mayor conexión y conversiones.
- **Eficiencia**: Evitas gastar dinero en campañas que no funcionan.
- **Mejor posicionamiento**: Te diferencias de la competencia cubriendo necesidades específicas.
- **Mayor fidelidad**: Un público que se siente comprendido es más propenso a volver y recomendarte.

Ejemplo Práctico: *Cuando comencé a ofrecer mis servicios en publicidad, intentaba convencer a cualquiera. Solo cuando entendí que mi verdadero público eran empresas medianas y pequeñas que querían destacarse sin gastar grandes presupuestos, empecé a ver resultados reales.*

Ejercicio Práctico: Escribe en una frase quién crees que es tu público ideal y qué problema principal desea resolver.

CREAR EL PERFIL DEL CLIENTE IDEAL (BUYER PERSONA)

Un *buyer persona* es una representación detallada de tu cliente ideal, basada en datos reales e investigaciones de mercado.

Elementos clave del buyer persona:

- **Datos demográficos**: Edad, género, lugar de residencia, educación, profesión, ingresos.
- **Comportamientos y hábitos**: ¿Dónde pasan tiempo en línea? ¿Qué redes sociales usan? ¿Qué les interesa?
- **Problemas y necesidades**: ¿Qué retos enfrentan? ¿Qué soluciones buscan?

- **Objetivos y deseos**: ¿Qué quieren lograr? ¿Qué los motiva?
- **Proceso de decisión**: ¿Cómo eligen un producto o servicio? ¿Qué influye en su decisión?

Ejemplo Práctico: *Un entrenador personal que vende programas online podría tener un buyer persona así:*
- *Nombre: Marcos, 35 años, empleado de oficina, vive en una gran ciudad.*
- *Problema: Quiere ponerse en forma, pero no tiene tiempo para ir al gimnasio.*
- *Objetivo: Entrenar desde casa con programas flexibles.*
- *Hábitos: Usa Instagram y YouTube para buscar consejos de fitness y nutrición.*
- *Decisión de compra: Busca programas fáciles de seguir, con resultados garantizados y testimonios reales.*

Ejercicio Práctico: Crea el perfil detallado de tu cliente ideal incluyendo todos los elementos anteriores.

CÓMO RECOPILAR DATOS PARA CONOCER A TU PÚBLICO

Cuanta más información tengas, más fácil será afinar tu mensaje y tu oferta.

Herramientas para analizar a tu audiencia:

- **Estadísticas web**: Observa las visitas, el origen de los usuarios y las páginas más vistas.
- **Análisis de redes sociales**: Averigua quién interactúa con tu contenido y qué genera más interés.
- **Encuestas y entrevistas**: Pregunta directamente a tus clientes qué quieren y qué mejorarían.
- **Opiniones y reseñas**: Analiza qué valoran más tus clientes.

Ejemplo Práctico: *Cuando lancé un nuevo servicio de videos promocionales, noté que los clientes más interesados eran del sector* *turístico e inmobiliario. Esto me hizo enfocar mis esfuerzos en hoteles, operadores turísticos y agencias inmobiliarias, en lugar de sectores menos receptivos.*

Ejercicio Práctico: Usa una de las herramientas anteriores para recopilar datos sobre tu público y detecta al menos una información útil para mejorar tu estrategia.

ADAPTAR TU MENSAJE SEGÚN TU TARGET

Cada público tiene su propio lenguaje, estilo y preferencias.

- **Tono de voz**: ¿Formal o informal? ¿Directo o motivacional? ¿Amistoso o profesional?
- **Canales de comunicación**: Jóvenes en TikTok e Instagram, profesionales en LinkedIn, lectores en blogs y newsletters.
- **Tipo de contenido**: ¿Videos, posts breves, artículos extensos, webinars, eBooks? Adáptate a su consumo.
- **Llamado a la acción (CTA)**: ¿Quieres que compren, se suscriban o interactúen? Sé claro y específico.

Ejemplo Práctico: *Si tu público son jóvenes creativos, una estrategia eficaz es usar contenido visual, rápido y práctico. Videos cortos con tips directos darán mejores resultados que artículos largos.*

Ejercicio Práctico: Evalúa tu estilo actual de comunicación y analiza si realmente está alineado con tu público objetivo.

MEJORAR CONTINUAMENTE EL CONOCIMIENTO DE TU AUDIENCIA

El mercado cambia, las necesidades evolucionan. No basta con estudiar a tu público una sola vez.

- **Revisa tus datos periódicamente**: Cada 3-6 meses, verifica si tu público ha cambiado.

- **Prueba nuevas estrategias**: Modifica el tono de voz, cambia los formatos de contenido, prueba nuevas plataformas.
- **Escucha los comentarios**: Los comentarios, los mensajes privados y los correos electrónicos de los clientes son una mina de oro de información.
- **Observa a la competencia**: Analiza cómo interactúa con su público y qué estrategias funcionan mejor.

Ejemplo Práctico: *Un amigo restaurador notó que cada vez más clientes pedían por apps de delivery en lugar de ir al local. Adaptó su marketing a estos clientes digitales, fortaleciendo su presencia online y ofreciendo promociones exclusivas por app.*

Ejercicio Práctico: Define una fecha trimestral para revisar tus datos y actualizar tu estrategia de comunicación.

Conocer a tu público es la base de toda estrategia ganadora.

- Define con precisión tu target y crea perfiles detallados.
- Recoge datos para tomar decisiones basadas en evidencia.
- Adapta tu mensaje a las necesidades y preferencias reales.
- Actualiza tu estrategia según la evolución del mercado.

Recuerda: ¡El éxito no es cuestión de suerte, sino de conocimiento y estrategia!

CÓMO PROMOCIONAR TU PRODUCTO O SERVICIO DE FORMA EFECTIVA

Tener un gran producto o servicio no es suficiente: si nadie lo conoce, no tendrá éxito. Esto lo aprendí por las malas al lanzar mi primer proyecto de promoción turística online y pensar que con la calidad bastaba para atraer clientes. Error. La promoción es el puente entre tu trabajo y el público adecuado.

Una estrategia ganadora no depende de un solo canal, sino de una combinación adaptada al público objetivo. El objetivo es crear una presencia coherente y memorable, usando los canales correctos y manteniendo una comunicación efectiva a largo plazo.

ELEGIR LOS CANALES DE PROMOCIÓN ADECUADOS

Cada público prefiere recibir la información de manera distinta. Elegir los canales correctos marca la diferencia entre un mensaje ignorado y uno que convierte.

Estrategias de Promoción:

- **Marketing en redes sociales**: Instagram y TikTok para jóvenes visuales, Facebook para comunidades, LinkedIn para networking profesional, YouTube para contenido educativo o promocional.
- **Email marketing**: Ideal para fidelizar, ofrecer promociones y mantener el contacto.
- **Publicidad digital**: Anuncios dirigidos en plataformas para captar usuarios que buscan productos específicos.
- **Eventos y networking**: Participación en ferias, congresos, talleres o webinars.
- **Colaboraciones e influencers**: Aliados estratégicos que amplifican tu mensaje.

Ejemplo Práctico: *Si vendes cursos de formación para emprendedores, LinkedIn y YouTube serán más efectivos que TikTok o Instagram.*

Ejercicio Práctico: Elige tres canales clave y diseña una estrategia específica para cada uno.

CREAR CONTENIDOS ATRACTIVOS Y DE VALOR

La promoción no es solo publicidad: ofrecer contenido útil es la mejor forma de atraer y fidelizar.

Tipos de contenido eficaz:

- Artículos de blog con consejos prácticos.

- Videos tutoriales o demostrativos.
- Publicaciones educativas y motivacionales en redes.
- Casos de éxito y testimonios de clientes.
- eBooks o informes descargables a cambio de un correo.

Estrategias para hacer tu contenido más efectivo:

- **Sé coherente**: Publica regularmente.
- **Sé auténtico**: La sinceridad genera confianza.
- **Sé interactivo**: Responde comentarios, lanza encuestas, involucra a tu audiencia.

Ejemplo Práctico: *Un autor que promociona su libro puede compartir extractos gratuitos, abrir debates sobre temas afines y crear videos detrás de cámaras sobre su proceso creativo.*

Ejercicio Práctico: Planifica un calendario de contenido para el próximo mes incluyendo al menos tres formatos diferentes.

OPTIMIZAR EL MENSAJE PROMOCIONAL

La forma en que comunicas tu mensaje es crucial para atraer al público adecuado.

Define una propuesta de valor clara:

- ¿Qué problema solucionas?
- ¿Por qué tu producto o servicio es único?
- ¿Qué gana el cliente al elegirte?

Utiliza llamadas a la acción (CTA) efectivas:

- "Descarga la guía gratuita" → Incentiva al usuario a dejar su correo.
- "Reserva una consultoría gratuita" → Motiva a la acción inmediata.

- "Suscríbete ahora y recibe un 20% de descuento" → Crea sentido de urgencia.

Ejemplo Práctico: *Un vendedor de software empresarial podría usar esta CTA: 'Reduce el tiempo de gestión administrativa en un 50% con nuestro software. ¡Solicita una demo gratuita ahora!'*

Ejercicio Práctico: Revisa tu mensaje promocional actual y reescríbelo de forma más clara y atractiva.

INTEGRAR DIVERSAS ESTRATEGIAS PARA MAXIMIZAR EL IMPACTO

No existe una única fórmula perfecta: la clave está en combinar varias estrategias para obtener mejores resultados.

Ejemplo de estrategia integrada:

1. Creas un artículo de blog con contenido útil.
2. Lo promocionas con un post en redes sociales.
3. Haces un video en YouTube para profundizar en el tema.
4. Lanzas un anuncio patrocinado para llegar a más personas.
5. Añades el enlace en tu boletín de email marketing.

Ejemplo Práctico: *Si promueves un curso online, puedes combinar un webinar gratuito, una serie de correos informativos y una campaña en redes sociales. Esta combinación aumentó las ventas en un 40%.*

Ejercicio Práctico: Identifica tres estrategias complementarias que puedas integrar en tu promoción.

MONITOREAR RESULTADOS Y OPTIMIZAR ESTRATEGIAS

Una estrategia eficaz se basa en datos. Analiza el rendimiento y mejora constantemente.

Herramientas para monitorear el rendimiento:

- Analiza el tráfico web y las conversiones.
- Controla la interacción en redes sociales.
- Evalúa las tasas de apertura y conversión de los emails.
- Prueba A/B testing para comparar versiones de anuncios.

Ejemplo Práctico: *Si notas que tu audiencia responde mucho más a los videos que a los posts escritos, puedes aumentar la producción de contenido en formato video.*

Ejercicio Práctico: Analiza los datos de tus últimas campañas promocionales e identifica una estrategia que puedas mejorar.

Una estrategia de promoción efectiva requiere planificación, creatividad y adaptabilidad.

- Elige los canales adecuados para tu público.
- Crea contenido de valor que conecte y fidelice.
- Afina tu mensaje y usa CTA claras.
- Combina estrategias para un mayor impacto.
- Monitorea y optimiza constantemente tus acciones.

Recuerda: No basta con tener un buen producto o servicio: si nadie lo conoce, no puede triunfar.

HACERSE NOTAR Y HACER QUE HABLEN DE TI

Vivimos en un mundo donde todos gritan para captar atención. Si no logras destacarte, corres el riesgo de quedar en la sombra. Lo entendí muy pronto cuando empecé a promocionar mis proyectos. Creía que bastaba con ofrecer calidad, pero la realidad es que eso no es suficiente. Debes saber captar el interés del público y crear conversación en torno a lo que haces.

La clave está en romper los esquemas y sorprender, no con provocaciones forzadas, sino con ideas frescas y una identidad fuerte y reconocible.

DIFERENCIARSE DE LA MULTITUD: ¿QUÉ TE HACE ÚNICO?

Si quieres llamar la atención, debes ofrecer algo diferente. El primer paso para que hablen de ti es entender qué te diferencia de los demás.

Encuentra tu elemento distintivo:

- ¿Tienes un producto innovador?
- ¿Ofreces un servicio con valor agregado único?
- ¿Tu marca comunica un mensaje fuerte y disruptivo?

Apuesta por la originalidad:

- Cuenta tu historia de forma inesperada.
- Usa un tono de voz único y reconocible.
- Sé audaz en tu diseño, empaque o comunicación.

Ejemplo Práctico: *Cuando lancé un nuevo proyecto, en lugar de hacer una promoción clásica, lo presenté con un evento misterioso. Creé un video teaser sin revelar de qué se trataba. El resultado: la curiosidad hizo su trabajo y la gente comenzó a compartirlo espontáneamente.*

Tesla no solo vendió autos eléctricos: revolucionó la movilidad sostenible con un diseño futurista, alto rendimiento y una experiencia de usuario sin precedentes.

Ejercicio Práctico: Escribe tres elementos que hacen único tu producto o servicio frente a la competencia.

CREAR UNA CAMPAÑA QUE GENERE BOCA A BOCA

Las personas hablan de lo que las sorprende, emociona o divierte. Si quieres que hablen de ti, crea contenido con estas cualidades.

Estrategias para generar boca a boca:

- **Marketing experiencial**: Ofrece vivencias memorables a tus clientes.
- **Gestos inesperados**: Sorpresas, regalos exclusivos o acciones fuera de lo común.
- **Retos y tendencias virales**: Crea una dinámica que motive a compartir.
- **Storytelling emocional**: Cuenta una historia que toque el corazón y sea digna de compartir.

Ejemplo Práctico: *Apple convirtió los lanzamientos de productos en eventos mediáticos, generando una expectación sin precedentes en el sector tecnológico. Con estrategias innovadoras y presentaciones espectaculares, cada nuevo producto se volvió un fenómeno global.*

Ejercicio Práctico: Piensa en una campaña que pueda sorprender a tu público y hacer que quieran compartirla.

APROVECHAR INFLUENCERS Y LÍDERES DE OPINIÓN

La gente confía en quienes ya tienen una comunidad. Colaborar con influencers o expertos puede amplificar tu mensaje.

¿Cómo elegir a los influencers correctos?

- Deben tener un público alineado con tu target.
- Deben ser auténticos y creíbles.
- Su estilo debe coincidir con tu marca.

Tipos de colaboración:

- Reseñas y unboxing.
- Co-creación de contenido.
- Participación en eventos, entrevistas o podcasts.

Ejemplos Prácticos: *Contacté a un experto de mi sector y le propuse una colaboración. No le pedí que promocionara mi trabajo directamente, sino que le* *ofrecí valor, compartiendo algo útil para su audiencia. Esto hizo la alianza más auténtica y efectiva.*

Nike colabora con atletas reconocidos para promocionar sus productos, aprovechando su carisma y credibilidad para fortalecer su marca.

Ejercicio Práctico: Haz una lista de tres influencers o expertos con los que podrías colaborar para aumentar tu visibilidad.

USAR EL FACTOR SORPRESA Y LA PSICOLOGÍA DEL MARKETING

Las personas recuerdan lo inesperado. Usa la sorpresa para generar impacto.

Técnicas para explotar el factor sorpresa:

- **Lanzamiento no convencional:** Anuncia de forma inusual, crea expectativa.
- **Efecto wow en el empaque o la experiencia de compra:** Unboxing originales o diseños innovadores que sean memorables.
- **Marketing disruptivo:** Haz lo opuesto a la competencia para destacar.

Ejemplos Prácticos: *Lancé un nuevo servicio sin anunciarlo directamente, sino creando una serie de pistas que llevaban al descubrimiento final. El misterio generó expectativa y participación.*

IKEA ha creado experiencias inmersivas con showrooms temporales y pop-up stores con actividades interactivas, generando entusiasmo y curiosidad.

Ejercicio Práctico: Diseña una forma creativa de sorprender a tus clientes de forma inesperada.

MANTENER EL INTERÉS A LO LARGO DEL TIEMPO

No basta con que hablen de ti una sola vez: debes mantener viva la atención del público con estrategias a largo plazo.

- **Crea eventos recurrentes**: desafíos, promociones, nuevas iniciativas.
- **Interactúa con la comunidad**: responde a los comentarios, genera conversaciones e involucra al público.
- **Actualiza constantemente tu marca**: haz de la innovación parte de tu identidad.

Ejemplo Práctico: *Netflix mantiene el interés del público con lanzamientos constantes de nuevas series e interacciones continuas en las redes sociales.*

He aprendido que no basta con hacer un gran lanzamiento y luego desaparecer. Cada semana, esfuérzate por crear contenido interesante que mantenga al público comprometido y asegure que no se olviden de ti ni de tu producto.

Ejercicio Práctico: Planifica una acción a largo plazo que mantenga alta la atención de tu público a lo largo del tiempo.

Hablar de ti no es cuestión de suerte, sino de estrategia y creatividad.

- Identifica qué te hace único y úsalo para destacar.
- Crea campañas que sorprendan e involucren al público.
- Colabora con influencers y personas clave en tu sector.
- Usa el factor sorpresa y la psicología del marketing para captar la atención.
- Mantén el interés con estrategias a largo plazo.

Recuerda: El mundo está lleno de ruido, pero quien se atreve a ser diferente, es escuchado.

CONSTRUIR UNA MARCA COHERENTE Y AUTÉNTICA

En el mundo de los negocios y del marketing, la atención se gana con estrategias innovadoras, pero la confianza se construye con coherencia y autenticidad.

Lo aprendí en carne propia. Cuando comencé a promocionar mis proyectos, creía que con una idea brillante bastaba para tener éxito. Luego descubrí que, sin una comunicación clara y coherente, el público no se encariña contigo. Cometí errores, cambié de rumbo varias veces, intentando adaptarme a cada nueva tendencia. ¿El resultado? Confusión. Hasta que comprendí que la clave era ser fiel a mis valores y comunicarme de forma auténtica.

Una marca reconocida y respetada no se limita a promover un producto, sino a ser fiel a sus valores y transmitirlos de manera constante en el tiempo. El público es cada vez más atento y sabe distinguir entre una comunicación sincera y una diseñada solo para atraer atención.

¿POR QUÉ SON FUNDAMENTALES LA COHERENCIA Y LA AUTENTICIDAD?

Una marca incoherente o poco auténtica pierde credibilidad rápidamente.

- **La coherencia genera confianza**: Si el público sabe qué esperar de ti, desarrollará una sensación de familiaridad y seguridad.
- **La autenticidad genera conexión**: Las personas se identifican con quien es genuino, no con quien solo busca vender.
- **Una identidad clara refuerza el posicionamiento**: Una marca que transmite siempre el mismo mensaje se vuelve más reconocible y memorable.

Ejemplo Práctico: *Apple ha construido su imagen sobre la simplicidad,* *la innovación y el diseño. Cada producto, publicidad y estrategia de marketing refleja estos valores, creando una identidad sólida y coherente.*

Cuando empecé a trabajar en el sector publicitario, intentaba adaptarme a cada pedido del cliente, incluso si iba en contra de mi estilo y valores. Me daba cuenta de que los resultados eran mediocres y que mi trabajo no tenía una identidad clara. Solo cuando decidí enfocarme en lo que mejor sabía hacer y comunicar con coherencia, empecé a atraer a los clientes adecuados.

Ejercicio Práctico: Escribe tres valores fundamentales de tu marca o proyecto y verifica si tu comunicación realmente los refleja.

MANTENER UNA COMUNICACIÓN COHERENTE EN TODOS LOS CANALES

Tu mensaje debe ser reconocible en todos los ámbitos: desde el sitio web hasta las redes sociales y el servicio al cliente.

Crea una identidad de marca clara:

- **Tono de voz**: ¿Eres formal o informal? ¿Motivacional o técnico?
- **Estilo gráfico**: Los colores, tipografías, logotipo e imágenes deben ser coherentes.
- **Mensajes clave**: ¿Cuáles son las frases y conceptos que quieres que el público asocie contigo?

Aplica coherencia en todos tus contenidos:

- El sitio web debe reflejar el mismo tono e imagen que tus redes sociales.
- Los correos de marketing deben seguir el mismo estilo que tus campañas publicitarias.
- La forma en la que interactúas con los clientes debe reflejar tus valores empresariales.

Ejemplo Práctico: *Si tu marca promueve la sostenibilidad, pero usas empaques contaminantes, el público notará la incoherencia y perderá la confianza en ti.*

Ejercicio Práctico: Revisa tus canales de comunicación y verifica si el tono, el diseño y el mensaje son uniformes.

SER AUTÉNTICOS: MOSTRARSE TAL COMO UNO ES

La autenticidad no se puede fingir: las personas perciben cuándo una marca es sincera y cuándo es una construcción artificial.
Cómo ser auténtico en los negocios:

- **Comparte tu historia**: cuenta tu trayectoria, los desafíos que has superado y tus valores.
- **No intentes gustar a todo el mundo**: es mejor ser relevante para el público adecuado que tratar de complacer a todos.
- **Admite los errores**: si algo sale mal, enfréntalo con transparencia en lugar de esconderlo.

Muestra el lado humano de la marca:

- Muestra el detrás de escena de tu actividad.
- Comparte los logros, pero también las dificultades que has enfrentado.
- Interactúa con el público de manera genuina, no solo para vender.

Ejemplo Práctico: *Patagonia es una marca de ropa outdoor que ha construido su identidad sobre la sostenibilidad. No se limita a declararlo: rechaza el fast fashion, repara las prendas gratuitamente y dona parte de sus beneficios a causas medioambientales. Esto la hace auténtica y creíble.*

Ejercicio Práctico: Escribe tres elementos que hacen auténtico tu proyecto y verifica si los estás comunicando claramente a tu público.

COHERENCIA A LO LARGO DEL TIEMPO: NO CAMBIES DE DIRECCIÓN CON DEMASIADA FRECUENCIA

Una marca que cambia constantemente de mensaje, valores o identidad corre el riesgo de confundir al público.

Cómo mantener una línea coherente en el tiempo:

- **Define una visión a largo plazo**: ¿Dónde quieres estar en 5-10 años?
- **Evita seguir cada nueva tendencia**: observa la evolución del mercado sin traicionar tu identidad.
- **Mantén firmes tus valores**: aunque el negocio evolucione, tus principios deben seguir siendo reconocibles.

Ejemplo Práctico: *Coca-Cola siempre ha mantenido un mensaje positivo vinculado a la felicidad y al compartir. Aunque haya actualizado su diseño y estrategias de marketing, el mensaje de fondo sigue siendo el mismo.*

Ejercicio Práctico: Evalúa si tu marca ha mantenido coherencia en el tiempo o si ha cambiado con frecuencia de mensaje y dirección.

CREAR UN VÍNCULO DE CONFIANZA CON EL PÚBLICO

La coherencia y la autenticidad generan confianza, y la confianza es la base de una audiencia fiel y comprometida.

Estrategias para fortalecer la confianza:

- **Cumple tus promesas**: Si haces una declaración o promesa, asegúrate de cumplirla.
- **Escucha al público**: Interactúa con sinceridad y responde a sus necesidades.
- **Ofrece valor real**: No busques solo vender, sino ayudar a tu audiencia con contenido útil y significativo.

Ejemplo Práctico: *Una pequeña marca artesanal que responde personalmente a los mensajes de los clientes y cuenta la historia de cada producto, construye una relación de confianza mucho más sólida que una empresa que comunica de forma impersonal.*

He notado que las marcas que responden activamente a los comentarios y mensajes de los clientes construyen un vínculo de confianza mucho más fuerte que aquellas que se comunican de forma impersonal.

Ejercicio Práctico: Analiza tu forma de comunicarte con el público e identifica un área en la que puedas mejorar la confianza y el compromiso.

La coherencia y la autenticidad no son solo conceptos abstractos, sino herramientas poderosas para construir una marca sólida y duradera.

- Mantén una comunicación coherente en todos los canales.
- Sé auténtico y transparente en tus acciones y en tu mensaje.
- Evita cambios bruscos de dirección que puedan confundir al público.
- Crea un vínculo de confianza ofreciendo valor real y escuchando a tu audiencia.

Recuerda: Una marca coherente y auténtica no necesita gritar para hacerse oír: la confianza del público es su megáfono más poderoso.

CREA UNA HISTORIA ENVOLVENTE PARA TU PRODUCTO

Las personas no compran simplemente productos o servicios: compran emociones, experiencias e historias. Lo aprendí por experiencia propia cuando empecé a promocionar mis proyectos. Pensaba que bastaba con decir: "Este es mi producto, es fantástico, cómpralo". Pero nadie me escuchaba. Entonces entendí que, en vez de vender, debía contar una historia.

Una historia bien construida no solo capta la atención, sino que genera conexión, inspira confianza y hace que tu marca sea memorable. Es la razón por la que algunos productos se vuelven icónicos y otros pasan desapercibidos.

Si quieres que tu público se identifique con tu marca, debes contar una historia envolvente, auténtica y capaz de generar emociones.

¿POR QUÉ EL STORYTELLING ES TAN PODEROSO?

Las historias activan la parte emocional del cerebro, haciendo que un mensaje sea más efectivo y memorable que simples datos o características técnicas.

- **Crea un vínculo emocional**: Las personas recuerdan cómo las hiciste sentir, más que lo que dijiste.
- **Destácate de la competencia**: Una buena historia vuelve único hasta un producto común.
- **Aumenta el valor percibido**: Un producto con una historia potente adquiere más significado y deseo.
- **Facilita la difusión**: A las personas les encanta compartir historias interesantes.

Ejemplo Práctico: *Nike no vende solo zapatillas: vende la historia de atletas que superan sus propios límites, con el famoso eslogan 'Just Do It'.*

Ejercicio Práctico: Piensa en un producto o servicio que uses a diario y pregúntate: ¿Tiene una historia detrás? Si la tiene, ¿qué la hace memorable?

CÓMO CREAR UNA HISTORIA ENVOLVENTE PARA TU PRODUCTO

Una buena historia sigue una estructura clara y cautivadora.

Cuando lancé un nuevo servicio, en lugar de hacer una promoción tradicional, conté mi experiencia: por qué decidí crearlo, los errores que cometí, las dificultades que superé y los resultados que obtuve. Esto hizo todo más auténtico, y las personas se sintieron parte de mi camino.

Elementos clave de una historia efectiva:

1. **El protagonista**: ¿Quién es el personaje principal de tu historia? Puede ser el fundador, un cliente o el producto en sí.
2. **El problema**: ¿Qué desafío u obstáculo enfrenta el protagonista?
3. **La transformación**: ¿Cómo ayuda tu producto o servicio a superar el problema?
4. **La emoción**: ¿Qué sentimientos quieres despertar en el público?

Ejemplo Práctico: *Airbnb ha construido su marca en torno al concepto de pertenencia y conexión entre viajeros y anfitriones. Sus campañas cuentan historias de personas que encuentran 'un hogar lejos del hogar' en cada rincón del mundo.*

Ejercicio Práctico: Escribe un borrador de tu historia siguiendo estos cuatro pasos.

INTEGRAR TU HISTORIA EN EL MARKETING

El storytelling debe ser coherente con tu comunicación y aplicarse en todos tus canales.

Me di cuenta de que la simple presentación de un producto no generaba engagement. Al preparar campañas publicitarias para otras empresas, sugería compartir las historias de sus clientes: sus logros, sus dificultades y cómo el producto los ayudó. Esto generó más confianza y aumentó las ventas.

Cómo integrar tu historia en el marketing:

- **Sitio web**: Cuenta tu misión y la historia de tu marca en la sección "Sobre nosotros".
- **Redes sociales**: Usa publicaciones, videos e historias para compartir momentos clave y el detrás de escena de tu proyecto.
- **Packaging y materiales promocionales**: Añade un elemento narrativo que refuerce el valor de tu producto.
- **Publicidad y campañas de branding**: Crea anuncios emocionales o testimonios que destaquen la historia de la marca.

Ejemplo Práctico: *La marca 'Dove' revolucionó el sector de la cosmética con la campaña 'Real Beauty', contando historias auténticas de mujeres reales y redefiniendo el concepto de belleza.*

Ejercicio Práctico: Elige un canal (sitio web, redes, packaging) y piensa cómo puedes integrar tu historia en él.

HACER QUE LA HISTORIA SEA COMPATIBLE

Las historias más efectivas son aquellas que las personas quieren contar y compartir.

Estrategias para crear una historia viral:

- **Apela a las emociones**: Sorprende, conmueve o inspira al público.
- **Crea un movimiento**: Haz que tu marca sea parte de una causa o mensaje mayor.
- **Invita al público a participar**: Anima a las personas a contar su experiencia con tu producto.
- **Usa el formato adecuado**: Videos, imágenes y textos atractivos pueden hacer que una historia sea más impactante.

Ejemplo Práctico: *GoPro ha construido su marca permitiendo que los* *clientes compartan sus aventuras con videos espectaculares, convirtiendo a los usuarios en embajadores espontáneos del producto.*

Las historias compartidas tuvieron un efecto increíble: más credibilidad, más participación, más boca a boca.

Ejercicio Práctico: Piensa en una forma de hacer que tu historia sea fácilmente compartida por tu audiencia.

LA AUTENTICIDAD ES LA CLAVE DEL ÉXITO

Una historia inventada o forzada nunca tendrá el mismo impacto que una narrativa auténtica.

Cómo garantizar autenticidad en tu historia:

- **Usa experiencias reales, testimonios o eventos verdaderos.**
- **Evita el exceso de autobombo o mensajes demasiado publicitarios.**
- **Muestra también los momentos difíciles, no solo los logros.**
- **Sé coherente en el tiempo**: tu historia debe reflejar realmente quién eres.

Ejemplo Práctico: *LEGO superó momentos difíciles en su historia empresarial y supo contarlos de forma transparente, fortaleciendo el vínculo emocional con el público.*

Ejercicio Práctico: Reflexiona sobre cómo tu historia puede contarse de forma auténtica y transparente.

Las historias venden más que los productos. Una narrativa eficaz puede transformar una idea en un fenómeno global.

- Identifica al protagonista, el problema, la transformación y la emoción en tu historia.

- Integra la narrativa en tu marketing para que tu marca sea reconocible.
- Crea una historia envolvente y compartible que haga que hablen de ti.
- Mantén autenticidad y coherencia para construir confianza y conexión con el público.

Recuerda: Un producto puede ser olvidado, pero una gran historia queda grabada en la mente de las personas.

INVOLUCRAR AL PÚBLICO: DEL SIMPLE INTERÉS A LA PARTICIPACIÓN ACTIVA

Si hay algo que he aprendido a lo largo de mi carrera, es que las personas no quieren solo comprar un producto o seguir un proyecto: quieren formar parte de él. Vivimos en una época en la que la interacción lo es todo. Cualquiera puede lanzar algo al mercado, pero solo quien logra involucrar al público crea un impacto duradero.

He vivido ambas situaciones: lanzar una idea y ver que nadie la notaba, y luego, con una estrategia más enfocada, transformar ese público indiferente en una comunidad activa. No es magia, sino el resultado de un compromiso auténtico.

¿POR QUÉ ES TAN IMPORTANTE INVOLUCRAR AL PÚBLICO?

Un público involucrado no es solo un grupo de clientes o espectadores, es un verdadero aliado para el crecimiento de tu marca. La interacción genera conexión, confianza e incluso nuevas oportunidades.

Cuando lancé un proyecto online, al principio esperaba que las personas se interesaran por sí solas. Luego comprendí que debía involucrarlas activamente. Empecé a hacer preguntas, pedir opiniones, crear momentos de interacción. ¿El resultado? Las personas empezaron a sentirse parte del proyecto y a compartirlo de forma espontánea.

- **Aumenta el interés y el engagement**: Si el público participa, es más probable que te recuerde y te apoye.
- **Genera boca a boca espontáneo**: Las personas comparten con gusto lo que les apasiona.
- **Proporciona feedback útil**: Puedes mejorar tu oferta gracias a las sugerencias directas del público.
- **Refuerza la confianza y la conexión**: Cuando el público se siente escuchado, el vínculo con la marca se fortalece.

Ejemplo Práctico: *Netflix utiliza las redes sociales para involucrar activamente al público con encuestas, preguntas abiertas y contenido personalizado, haciendo que cada usuario se sienta parte de una gran conversación.*

Ejercicio Práctico: Analiza tu nivel actual de interacción con el público e identifica un área en la que puedas mejorar.

CREAR OPORTUNIDADES DE INTERACCIÓN ONLINE

El entorno digital ofrece infinitas posibilidades para interactuar con el público de forma directa y participativa.

Una vez lancé un concurso invitando al público a compartir su experiencia con el producto de mi cliente. ¿El resultado? No solo más visibilidad, sino también muchas historias auténticas que acercaron más la marca a las personas.

Estrategias eficaces para generar engagement online:

- **Encuestas y quizzes interactivos**: Pide opiniones sobre temas relevantes para tu marca.
- **Concursos y sorteos**: Incentiva la participación ofreciendo premios relacionados con tu producto.
- **Directos y Q&A**: Usa herramientas como Instagram Live, Facebook Live o YouTube para interactuar en tiempo real.
- **Retos y hashtags virales**: Crea un desafío atractivo e invita al público a participar activamente.
- **Contenido generado por el usuario (UGC)**: Anima a los usuarios a compartir sus experiencias con tu marca.

Ejemplo Práctico: *LEGO creó la plataforma LEGO Ideas, donde los fans pueden proponer nuevos sets y votar las mejores ideas, transformando a los clientes en verdaderos co-creadores del producto.*

Ejercicio Práctico: Elige una de las estrategias anteriores y aplícala a tu realidad, creando una iniciativa atractiva para tu audiencia.

INVOLUCRAR AL PÚBLICO EN EVENTOS PRESENCIALES

Incluso en el mundo digital, la interacción física sigue siendo clave para crear conexiones auténticas.

Formas de involucrar al público en eventos:

- **Talleres y masterclasses**: Ofrece experiencias prácticas que generen valor para los participantes.
- **Encuentros y reuniones de comunidad**: Organiza eventos informales para fortalecer el vínculo con el público.
- **Experiencias inmersivas**: Crea eventos interactivos que permitan a las personas vivir tu marca directamente.
- **Networking y paneles de discusión**: Crea espacios de intercambio y reflexión de ideas.

Ejemplo Práctico: *Red Bull organiza eventos extremos y competiciones deportivas que atraen a los amantes de la adrenalina, transformando la marca en un verdadero estilo de vida.*

Ejercicio Práctico: Piensa en un evento o experiencia en vivo que podrías organizar para conectar más con tu público.

RECOGER FEEDBACK E INTEGRAR AL PÚBLICO EN EL PROCESO

A las personas les encanta sentirse parte de algo. Si les das voz, se sentirán más conectadas con tu marca.

Formas de integrar al público en el crecimiento de tu marca:

- **Pide opiniones sobre nuevas ideas o productos**: Usa encuestas o pruebas para obtener feedback directo.
- **Premia la participación**: Reconoce a los miembros más activos de la comunidad.
- **Crea contenido basado en las necesidades del público**: Escucha sus problemas y ofrece soluciones específicas.
- **Responde comentarios e interactúa activamente**: No te limites a publicar contenido, construye un diálogo constante.

Ejemplo Práctico: *Spotify introdujo playlists personalizadas basadas en las preferencias de los usuarios, demostrando cómo escuchar el feedback puede mejorar la experiencia del cliente.*

Ejercicio Práctico: Crea una pequeña encuesta para tu audiencia y descubre qué les gustaría mejorar o ver en tu marca.

CREAR UNA COMUNIDAD ACTIVA Y FIEL

El engagement no debe ser una acción puntual, sino un proceso continuo que fortalezca tu comunidad.
Cómo construir una comunidad sólida:

- **Da identidad a tu comunidad**: Un nombre, un hashtag o un grupo exclusivo pueden unir más al público.
- **Incentiva la interacción entre miembros**: Crea espacios de diálogo (foros, grupos de Facebook, comunidades privadas).
- **Organiza momentos de interacción regulares**: Directos semanales, encuentros fijos, eventos periódicos.
- **Transmite un sentido de pertenencia**: Haz que el público se sienta parte de un movimiento más grande.

Ejemplo Práctico: *Harley-Davidson no solo vende motos, sino que ha construido toda una cultura en torno a la marca, con reuniones, clubes exclusivos y un fuerte sentido de pertenencia entre los clientes.*

Puedes crear un grupo privado para tus clientes más fieles, ofreciendo contenido exclusivo e interacción directa. Esto refuerza el vínculo y transforma a los miembros en verdaderos embajadores de tu marca.

Ejercicio Práctico: Piensa en una iniciativa que pueda convertir a tu público en parte de una comunidad exclusiva.

El público no es solo un conjunto de clientes o seguidores: es una comunidad que puede convertirse en el corazón de tu marca.

- Crea oportunidades de interacción online con contenido atractivo.
- Organiza eventos presenciales para fortalecer el vínculo con el público.
- Recoge feedback y haz que las personas se sientan parte del crecimiento de tu marca.
- Construye una comunidad sólida y activa que apoye tu proyecto a largo plazo.

Recuerda: El engagement transforma espectadores en participantes, clientes en embajadores e ideas en movimientos.

CONSTRUIR RELACIONES AUTÉNTICAS CON TU PÚBLICO

El éxito no depende solo de la calidad de un producto o servicio, sino de la capacidad de construir relaciones auténticas y duraderas con tu público.

Lo entendí cuando empecé a promocionar mis proyectos. Pensaba que bastaba con ofrecer algo valioso y la gente llegaría sola. Pero pronto me di cuenta de que el público quiere algo más: sentirse visto, escuchado y valorado. Las personas no quieren solo ser clientes o seguidores, quieren formar parte de una comunidad donde su opinión importe.

Si quieres construir una audiencia fiel y comprometida, debes invertir tiempo y energía en construir relaciones verdaderas, basadas en la confianza y una comunicación sincera.

¿POR QUÉ SON FUNDAMENTALES LAS RELACIONES AUTÉNTICAS?

La fidelización es más valiosa que adquirir nuevos clientes: un público fiel tiene más probabilidades de apoyarte en el tiempo.

- **Construye confianza y credibilidad**: Las personas confían en quien es auténtico y coherente.
- **Aumenta el engagement**: Un público que se siente valorado interactúa más.
- **Fomenta el boca a boca**: Los clientes satisfechos recomiendan tu marca.
- **Te da una ventaja competitiva**: En un mercado saturado, el vínculo con el público es lo que te diferencia.

Ejemplo Práctico: *Starbucks no se limita a vender café, sino que ha creado una experiencia en la que el cliente se siente bienvenido, con su nombre escrito en el vaso y un ambiente familiar que refuerza el vínculo emocional.*

Ejercicio Práctico: Reflexiona sobre cómo tu marca o proyecto puede ofrecer una experiencia más personal a tu audiencia.

ESCUCHAR AL PÚBLICO Y RESPONDER DE FORMA SIGNIFICATIVA

La interacción con el público no debe ser superficial, sino un verdadero diálogo.

Cómo mejorar la escucha y la comunicación:

- **Responde a los comentarios y mensajes**: Incluso un simple "gracias" demuestra atención.
- **Pide opiniones y feedback**: Utiliza encuestas y preguntas abiertas para involucrar al público.

- **Muestra empatía y disponibilidad**: Responde con cuidado a las preocupaciones y dudas del público.
- **Personaliza la comunicación**: Llamar a las personas por su nombre o reconocer a los clientes fieles marca la diferencia.

Ejemplo Práctico: *Ritz-Carlton es célebre por su servicio al cliente excepcional, donde cada empleado está autorizado a tomar iniciativas para garantizar una experiencia extraordinaria, creando así una fidelidad duradera y una conexión emocional con la marca.*

Ejercicio Práctico: Dedica cada día 10 minutos a responder los mensajes de tu público con atención y personalización.

ESTAR PRESENTE Y ACCESIBLE

Un público que percibe tu presencia constante es más propenso a sentirse conectado contigo.

Estrategias para aumentar tu presencia:

- **Publica con constancia**: No desaparezcas durante semanas para luego reaparecer de repente.
- **Participa en conversaciones en comentarios y grupos**: Demuestra interés y compromiso.
- **Crea momentos de interacción directa**: Lives, webinars, Q&A fortalecen la conexión.
- **Muestra tu lado humano**: Comparte experiencias, detrás de cámaras y momentos auténticos.

Ejemplo Práctico: *Gary Vaynerchuk responde regularmente a los comentarios y mensajes de sus seguidores, creando una sensación de relación directa con el público, a pesar de su enorme audiencia.*

Ejercicio Práctico: Programa al menos un contenido semanal en el que interactúes directamente con tu público (live, sesión de Q&A, respuestas a comentarios).

CREAR UN SENTIDO DE PERTENENCIA

Las personas quieren formar parte de algo más grande. Dales un motivo para sentirse parte de tu comunidad.

Formas de reforzar el sentido de pertenencia:

- **Da un nombre a tu comunidad**: Crear una identidad compartida fortalece el vínculo.
- **Premia la fidelidad del público**: Ofrece beneficios exclusivos a los seguidores más activos.
- **Involucra al público en decisiones importantes**: Pide opiniones sobre nuevos productos o iniciativas.
- **Comparte historias de tu público**: Muestra que valoras a tus clientes o lectores.

Ejemplo Práctico: *Apple ha creado una comunidad de usuarios fieles que se identifican con la marca, gracias a eventos exclusivos, foros dedicados y una experiencia de usuario única.*

Ejercicio Práctico: Piensa en una manera de hacer que tu público se sienta parte de un grupo especial ligado a tu marca.

CONSTRUIR RELACIONES AUTÉNTICAS A LARGO PLAZO

Las relaciones sólidas no se construyen en un día, sino con constancia y autenticidad.

Qué hacer para mantener la confianza en el tiempo:

- **Cumple tus promesas**: Si haces un anuncio o una promesa, cúmplela siempre.
- **No seas solo comercial**: Alterna contenidos promocionales con contenidos de valor.
- **Muestra gratitud**: Agradece al público por su apoyo y su tiempo.

- **Evoluciona sin perder tu identidad**: Crece e innova, pero mantén siempre tus valores.

Ejemplo Práctico: *IKEA ha construido una relación sólida con sus clientes promoviendo la sostenibilidad y la accesibilidad. A través de su programa 'IKEA Family' y las iniciativas de reutilización y reciclaje de muebles, ha creado una comunidad de consumidores fieles que comparten los valores de la marca.*

Ejercicio Práctico: Identifica tres formas de demostrar a tu público que valoras y aprecias su fidelidad.

Cultivar relaciones auténticas es la clave para construir un público fiel y apasionado.

- Escucha al público e interactúa con sinceridad.
- Sé presente y accesible, no solo una sombra digital.
- Crea un sentido de pertenencia e involucra al público en tus iniciativas.
- Construye confianza en el tiempo con coherencia y autenticidad.

Recuerda: Las personas recuerdan cómo las hiciste sentir, más que lo que les vendiste.

EN RESUMEN

Para tener éxito en la vida y en alcanzar tus objetivos, es fundamental comprender a tu público y a tus clientes objetivo. Utiliza estrategias de promoción enfocadas, sorprende y crea un impacto que haga que hablen de ti o de tu producto. Mantén la coherencia, sé auténtico, crea una historia envolvente, involucra activamente a tu público y cultiva relaciones sinceras. Estos son los ingredientes clave para construir un éxito duradero basado en la atención y el interés del público.

9 CÓMO ADMINISTRAR EL TIEMPO

"*El tiempo es dinero.*" ¿Cuántas veces he escuchado esta frase en mi vida? Demasiadas. Y durante años, incluso creí que era cierta. Trabajaba sin descanso, convencido de que cuanto más tiempo dedicaba a mi negocio, más dinero ganaría y más éxito tendría. Solo con el tiempo entendí que esa forma de pensar era profundamente errónea.

¡El tiempo no es dinero! El dinero se puede ganar, perder y recuperar. El tiempo, en cambio, una vez que se va, no vuelve jamás. Por eso, la verdadera riqueza no está en acumular dinero, sino en saber utilizarlo para tener más tiempo que dedicar a lo que realmente importa.

LA PARADOJA DEL TRABAJO Y LA RIQUEZA

Al comienzo de mi carrera, me encontré atrapado en un ciclo infinito:

- Cuanto más trabajaba, más ganaba.
- Cuanto más ganaba, más quería trabajar para seguir creciendo.
- Pero cuanto más trabajaba, menos tiempo tenía para mí.

Recuerdo una época en la que dormía muy poco, trabajaba los siete días de la semana, siempre en busca de nuevos clientes y oportunidades. Me decía: "Estoy construyendo mi futuro, tengo que sacrificarme ahora para disfrutar de la vida después". Pero ¿cuándo llegaría ese "después"? Si no hubiese cambiado mi mentalidad, probablemente nunca habría llegado.

El punto de inflexión fue cuando comencé a observar a quienes ya habían alcanzado el éxito. Me di cuenta de que las personas verdaderamente ricas no intercambiaban su tiempo por dinero. Construían sistemas, invertían y creaban fuentes de ingreso que funcionaban incluso sin su participación directa.

Esa fue mi primera verdadera lección sobre libertad financiera: no se trata de trabajar más, sino de trabajar de forma más inteligente.

CREAR INGRESOS PASIVOS: EL SECRETO DE LA LIBERTAD

Uno de los mayores errores que cometí al principio fue pensar que para ganar más tenía que trabajar más. Es una ilusión en la que caen muchas personas. La verdad es que el verdadero éxito financiero llega cuando el dinero trabaja para nosotros, en lugar de que nosotros trabajemos por dinero.

Cuando entendí esto, comencé a construir ingresos pasivos. Invertí en proyectos que podían generar ganancias sin mi participación diaria. Estas son algunas de las estrategias que adopté:

- **Inversiones inmobiliarias** – Compré propiedades para alquilar y generar un flujo de ingresos estable.
- **Negocios automatizados** – Creé sistemas y delegué actividades que podían funcionar sin mi presencia constante.
- **Propiedad intelectual** – Escribí libros, guiones y desarrollé formatos de televisión, todos activos que siguen generando valor con el tiempo.
- **Ingresos online** – Desarrollé productos digitales y servicios en línea que generan ingresos sin un compromiso fijo.

Gracias a estas estrategias, comencé a liberar mi tiempo. No sucedió de la noche a la mañana, pero cada pequeño paso me acercaba a la libertad.

DELEGAR Y LIBERAR TIEMPO

Uno de los momentos más difíciles de mi carrera fue cuando me di cuenta de que estaba tratando de hacerlo todo solo. Pensaba que nadie podía hacer las cosas como yo. Creía que delegar significaba perder el control.

Sin embargo, el día que finalmente decidí confiar ciertas tareas a colaboradores de confianza, descubrí algo increíble: no solo mi negocio seguía funcionando, ¡sino que a menudo las cosas se hacían incluso mejor que como las hacía yo!

Si queremos maximizar nuestro tiempo, debemos aprender a delegar. Estas son algunas de las cosas que empecé a delegar:

- **Tareas repetitivas** – Contraté asistentes para la gestión administrativa y la comunicación.
- **Producción de contenido** – Colaboré con escritores y creativos para desarrollar mis proyectos.
- **Gestión de inversiones** – Trabajé con expertos para optimizar el rendimiento de mis recursos financieros.

Cada tarea delegada me devolvió horas valiosas que pude dedicar a lo que realmente importa: mi familia, mis pasatiempos y mis proyectos creativos.

EL VERDADERO OBJETIVO: TIEMPO LIBRE Y CALIDAD DE VIDA

Al final, la verdadera pregunta no es "¿Cuánto dinero tengo?", sino "¿Cuánto tiempo libre tengo para disfrutar de mi vida?empieza"

He conocido personas ricas que no tenían ni un minuto para sí mismas. Vivían para trabajar, siempre estresadas, siempre corriendo. Y he conocido personas con menos dinero, pero con una vida mucho más feliz y equilibrada.

Decidí que mi riqueza no se mediría solo en dinero, sino en la libertad de elegir qué hacer con mi tiempo. Porque el tiempo es el recurso más valioso que tenemos, y una vez perdido, no podemos recuperarlo.

Si tuviera que dar un consejo a quien quiera alcanzar el éxito, sería este: no trabajes solo para acumular dinero. Trabaja para crear un sistema que te permita tener más tiempo para vivir.

EL TIEMPO ES UNA OPORTUNIDAD: ¡NO LO DESPERDICIES!

Cada día es una oportunidad. Cada hora es una inversión. La diferencia entre quien tiene éxito y quien se queda estancado está en cómo utiliza su tiempo.

Estas son algunas preguntas que me hago cada día para asegurarme de no desperdiciarlo:

- ¿Estoy dedicando mi tiempo a lo que realmente importa?
- ¿Estoy construyendo algo que me dará más libertad en el futuro?
- Si hoy fuera mi último día, ¿estaría satisfecho con cómo lo pasé?

Si la respuesta a alguna de estas preguntas es "no", entonces sé que debo cambiar algo.

No esperes a ser "lo suficientemente rico" para empezar a disfrutar de la vida. Construye hoy un sistema que te permita tener tiempo para lo que amas. Usa el dinero como una herramienta para ganar tiempo, no como un fin en sí mismo.

Porque al final, el verdadero éxito no se mide en cuánto has ganado, sino en cuánto has vivido.

Recuerda: El tiempo no es dinero. El tiempo es mucho más. Es libertad, es vida, es oportunidad.

ORGANIZAR TU DÍA

Uno de los errores más comunes que cometí al inicio de mi carrera fue creer que para tener éxito debía trabajar lo máximo posible, llenando cada minuto de mi día con compromisos y actividades. Era casi una carrera contra el tiempo, una ilusión que me hacía sentir productivo, pero en realidad solo me estaba agotando. Luego descubrí un concepto que cambió completamente mi enfoque: *no es trabajar más lo que te hace rico, sino trabajar mejor.*

El libro *"La Semana Laboral de 4 Horas"* de Timothy Ferriss fue una revelación. No porque crea que todos puedan vivir trabajando solo cuatro horas por semana (aunque sería fantástico), sino porque me enseñó que la forma en que estructuramos nuestro tiempo determina la calidad de nuestra vida. Ferriss explica cómo la eficiencia y la delegación son más importantes que la cantidad de horas trabajadas, y este concepto fue fundamental para mí.

EL TIEMPO ES EL RECURSO MÁS VALIOSO

Muchos piensan que el dinero es el recurso más importante, pero la verdad es que el tiempo es lo único que no podemos recuperar. Organizar el día de manera estratégica significa:

- Evitar el caos y la improvisación.
- Aprovechar al máximo cada momento del día.
- Eliminar el estrés de los plazos de última hora.
- Dedicar más tiempo a lo que realmente importa.

Ejercicio Práctico: Toma una hoja y escribe todo lo que haces durante el día. Analiza cuánto tiempo dedicas a actividades realmente importantes. Podrías darte cuenta de que muchas horas se pierden en distracciones y cosas no esenciales.

CREAR UNA RUTINA MATUTINA EXITOSA

La forma en que empiezas el día determina el tono de las horas siguientes. He experimentado muchas rutinas diferentes a lo largo de los años y aprendí que algunos elementos marcan realmente la diferencia:

- **Levantarse temprano** – Despertarse antes que los demás ofrece una gran ventaja: más tiempo para uno mismo y para concentrarse en los objetivos sin distracciones.
- **Evitar el teléfono al despertar** – Revisar correos y redes sociales apenas te levantas sobrecarga la mente con información innecesaria y te distrae.
- **Meditación o respiración consciente** – Solo 5 minutos ayudan a reducir el estrés y mejorar la concentración.
- **Actividad física** – Una breve sesión de ejercicio por la mañana activa cuerpo y mente.
- **Definir los objetivos del día** – Tomarse 5 minutos para escribir 2-3 objetivos principales ayuda a mantener el enfoque.

Ejercicio Práctico: Escribe una lista de las cosas que te gustaría incluir en tu rutina matutina ideal. Comienza con pequeños cambios e incorpora gradualmente nuevos hábitos.

TÉCNICAS DE PLANIFICACIÓN PARA MAXIMIZAR LA PRODUCTIVIDAD

Para organizar el día de forma eficaz, podemos usar algunas técnicas probadas:

1. El Método de las 3 Prioridades
Cada mañana, identifica tres actividades clave que, si las completas, harán que tu día sea un éxito.

- Escríbelas en una hoja o aplicación de notas.
- Enfréntalas en las primeras horas del día, cuando tienes más energía.
- Evita distracciones hasta que las hayas completado.

2. La Técnica del Time Blocking

Consiste en dividir el día en bloques de tiempo dedicados a actividades específicas.

- Reserva tiempo para trabajo, formación, ejercicio y ocio.
- Evita el multitasking: céntrate en una sola tarea a la vez.
- Usa un temporizador para respetar los bloques establecidos.

Ejercicio Práctico: Intenta planificar tu día en bloques de 60-90 minutos dedicados a tareas específicas. Después de cada bloque, tómate un descanso de 5-10 minutos para recargar energías.

3. El Método Pomodoro

Si tiendes a procrastinar o distraerte fácilmente, el método Pomodoro puede ayudarte. Funciona así:

- Trabaja intensamente durante 25 minutos.
- Tómate un descanso de 5 minutos.
- Repite el ciclo 4 veces, luego toma un descanso más largo de 15-30 minutos.

Ejercicio Práctico: Configura un temporizador y prueba el método Pomodoro para una sesión de trabajo. Observa cómo afecta tu productividad.

ELIMINAR LAS PÉRDIDAS DE TIEMPO

Una de las principales razones por las que muchas personas no alcanzan sus objetivos es la cantidad de tiempo que pierden en actividades inútiles. Aquí algunas costumbres que deberías eliminar para recuperar tiempo valioso:

- **Desplazarse por redes sociales sin un propósito claro** – Limita el uso de las redes sociales e impón un tiempo máximo diario.
- **Revisar el correo constantemente** – Dedica momentos específicos del día para gestionar los correos, en lugar de estar revisándolos todo el tiempo.
- **Decir "sí" a demasiadas solicitudes** – Aprende a decir no a compromisos que no contribuyen a tus objetivos.
- **Ver demasiada televisión o series sin control** – Date momentos de ocio, pero sin excederte.

Ejercicio Práctico: Haz una lista de tus principales distracciones y busca formas de reducirlas o eliminarlas.

EL ROL DEL DESCANSO Y EL TIEMPO LIBRE

Un error común es pensar que trabajar más horas equivale a ser más productivo. En realidad, la calidad del tiempo dedicado al trabajo es mucho más importante que la cantidad. Las pausas y el tiempo libre no son una pérdida de tiempo, sino herramientas esenciales para mantener un alto nivel de energía y creatividad.

Aquí algunas prácticas para descansar de forma efectiva:

- **Dormir al menos 7-8 horas por noche** – El sueño es fundamental para el bienestar físico y mental.
- **Desconectar del trabajo antes de dormir** – Evita pantallas y correos por la noche para mejorar la calidad del sueño.
- **Dedicar tiempo a los pasatiempos y las pasiones** – Cultivar intereses fuera del trabajo ayuda a mantener el equilibrio mental.

Ejercicio Práctico: Planifica una pausa de al menos una hora al día para una actividad que te relaje y te recargue.

Organizar tu día no significa llenarlo de compromisos, sino darle un sentido y una dirección clara.

He aprendido en carne propia que la productividad no se mide por las horas trabajadas, sino por los resultados obtenidos. Como dice Ferriss en su libro, *el secreto no es trabajar más, sino trabajar de forma más inteligente.*

Recuerda: El objetivo no es solo hacer más, sino hacer lo que realmente importa. Si aprendemos a gestionar nuestro tiempo con inteligencia, podemos lograr resultados extraordinarios sin sacrificar el bienestar personal.

ORGANIZACIÓN DEL CRONOGRAMA DE TRABAJO

Tener grandes objetivos es fundamental, pero sin una planificación clara corremos el riesgo de perdernos en la confusión o caer en la procrastinación. Lo sé bien, porque lo viví en carne propia. En mis primeros años como emprendedor, tenía miles de ideas y proyectos en la cabeza, pero sin una estrategia clara, a menudo terminaba corriendo contra el tiempo, trabajando hasta tarde y sin obtener los resultados deseados. Fue entonces cuando comprendí la importancia de organizar un cronograma de trabajo eficaz.

Organizar el tiempo no es una jaula que limita nuestra creatividad, sino una herramienta que nos ofrece más libertad y control sobre nuestro trabajo y nuestra vida. Crear un cronograma bien estructurado permite:

- Tener una visión clara de los pasos necesarios para alcanzar nuestros objetivos.
- Asignar el tiempo de manera más eficiente, evitando desperdicios y distracciones.
- Evitar la sobrecarga y reducir el estrés por exceso de trabajo.
- Centrarse en lo que realmente es importante y urgente.

DIVIDIR LOS OBJETIVOS EN ACTIVIDADES ESPECÍFICAS

Un objetivo sin una estrategia es solo un deseo. Aprendí esta lección por las malas cuando decidí escribir mi primer libro. Al principio pensaba que podía escribir libremente, sin una estructura precisa, pero me di cuenta de que perdía demasiado tiempo sin avanzar realmente. Solo cuando dividí el proyecto en pasos concretos, con fechas límite claras, logré completarlo con éxito.

Ejemplo Práctico: *Objetivo: Escribir un libro de 200 páginas en seis meses.*

División en actividades:

- *Investigación y definición de la estructura del libro (1 semana).*
- *Escritura del primer capítulo (2 semanas).*
- *Escritura de los demás capítulos, uno a la vez (4 meses).*
- *Revisión y corrección final (1 mes).*

Ejercicio Práctico: Escribe tu objetivo principal y divídelo en subactividades detalladas, asignando a cada una un tiempo estimado de finalización.

CREAR UN CRONOGRAMA REALISTA

Una vez que hayas dividido los objetivos, debemos organizar las actividades en un cronograma de trabajo. Para hacerlo de manera eficaz:

- **Prioridades ante todo** – ¿Qué actividades son más urgentes o tienen una fecha límite? Empieza por esas.
- **Tiempos realistas** – Evita sobrecargarte. Da a cada actividad el tiempo necesario para hacerla bien.
- **Pausas estratégicas** – Incluye momentos de descanso para evitar el agotamiento y mantener alta la productividad.
- **Flexibilidad** – Anticípate a los imprevistos y deja espacio para modificar el plan si es necesario.

Estructura de un cronograma semanal:

- **Lunes**: Planificación y establecimiento de los objetivos semanales.
- **Martes a Jueves**: Ejecución de las tareas más importantes y exigentes.
- **Viernes**: Revisión del trabajo realizado y ajustes finales.
- **Sábado y Domingo**: Recargar energías y prepararse para la próxima semana.

Ejercicio Práctico: Crea un cronograma semanal para tu proyecto actual, asignando tareas específicas a cada día.

HERRAMIENTAS ÚTILES PARA LA GESTIÓN DEL CRONOGRAMA

Existen diversas herramientas digitales, como aplicaciones y softwares, incluso gratuitos, que pueden ayudarnos a organizar mejor nuestro cronograma de trabajo:

- **Una agenda personal** – Ya sea en papel o digital, es fundamental para planificar los días y los compromisos.
- **Un calendario bien estructurado** – Crear eventos con fechas límite y recordatorios ayuda a no perder de vista los objetivos.
- **Un sistema de gestión de tareas** – Dividir el trabajo en pasos claros ayuda a mantener el enfoque y evitar la procrastinación.

Ejercicio Práctico: Elige un método de organización del tiempo que se adapte a tu estilo de vida y empieza a usarlo para planificar tu cronograma de trabajo.

EVITAR LA SOBRECARGA DE TRABAJO

Uno de los errores más comunes es llenar el cronograma con actividades sin dejar espacio para descansos o imprevistos. Esto conduce al estrés, a la ineficiencia y a la pérdida de motivación.

Estas son algunas estrategias para evitar la sobrecarga de trabajo:

- **Aprende a decir NO** – Si una actividad no es prioritaria, posponla o delégala.
- **Deja margen entre actividades** – Una agenda demasiado llena no deja espacio para la creatividad ni para momentos de reflexión.
- **Monitorea tu estado mental y físico** – Si sientes que estás trabajando demasiado, tómate una pausa.

Ejercicio Práctico: Analiza tu carga de trabajo actual. ¿Hay actividades que puedas eliminar o delegar para mejorar tu productividad sin agotarte?

ENFOCARSE EN LAS ACTIVIDADES DE ALTO IMPACTO

No todas las actividades tienen el mismo valor. Algunas tienen un impacto directo en nuestros objetivos, mientras que otras son simples ocupaciones que nos dan la ilusión de estar siendo productivos.

Regla del 80/20 (Principio de Pareto) El 20% de las actividades que hacemos a diario generan el 80% de los resultados. La clave para una excelente gestión del cronograma es identificar y enfocarse en esas pocas actividades de alto impacto que generan los mejores resultados.

Ejercicio Práctico: Analiza las actividades que realizas cada día y pregúntate: "¿Cuáles de estas generan el mayor resultado con el menor esfuerzo?" Concéntrate en esas.

Una buena gestión del tiempo no solo mejora la productividad, sino que también nos permite trabajar con menos estrés y más satisfacción.

El objetivo no es llenar cada minuto del día con tareas, sino planificar con inteligencia y equilibrio, dejando espacio para el crecimiento personal y el bienestar. He aprendido que la clave para un éxito duradero no es trabajar sin parar, sino trabajar de forma más inteligente y estratégica.

Recuerda: Organizar el cronograma de trabajo es esencial para transformar los objetivos en resultados concretos.

¡Empieza hoy mismo a crear tu cronograma de trabajo ¡y descubrirás cuánto puede mejorar tu eficiencia y tu éxito!

EL ARTE DE DELEGAR: CÓMO LIBERAR TIEMPO Y AUMENTAR LA PRODUCTIVIDAD

Uno de los errores más comunes entre emprendedores, gerentes y profesionales es creer que deben hacerlo todo ellos mismos. Este enfoque a menudo lleva a la sobrecarga de trabajo, el estrés y la ineficiencia. En realidad, aprender a delegar es una de las estrategias más poderosas para ahorrar tiempo y aumentar la productividad.

Delegar no significa perder el control, sino optimizar los recursos disponibles, liberando tiempo valioso para concentrarse en las actividades más estratégicas y de mayor valor añadido. Además, delegar permite valorar y desarrollar las competencias de los demás, creando un entorno colaborativo más eficiente.

¿POR QUÉ ES IMPORTANTE DELEGAR?

Quienes saben delegar logran más resultados con menos esfuerzo. Encargar las tareas adecuadas conlleva numerosos beneficios:

- **Ahorro de tiempo** – Liberas horas valiosas de tu jornada.

- **Mayor productividad** – Te concentras en tareas de alto valor mientras otros se encargan de las actividades secundarias.
- **Menos estrés y más equilibrio** – Reduces la carga laboral y mejoras tu calidad de vida.
- **Crecimiento del equipo y del negocio** – Al delegar, brindas a otros la oportunidad de desarrollar nuevas habilidades.

Ejercicio Práctico: Toma una hoja y escribe todas las actividades que realizas cada día. ¿Cuáles de ellas podrías delegar a otros?

QUÉ DELEGAR Y QUÉ CONSERVAR

No todas las actividades se pueden delegar. La clave de un buen equilibrio es saber qué tareas confiar a otros y cuáles mantener bajo tu control.

Actividades para delegar:

- **Tareas repetitivas y operativas** – Correos, administración, gestión de redes sociales, actualizaciones del sistema.
- **Tareas que otros pueden hacer mejor que tú** – Si alguien es más experto en un área, deja que se encargue.
- **Tareas de bajo valor añadido** – Actividades que consumen tiempo pero no contribuyen directamente a tus objetivos.

Actividades que debes conservar:

- **Decisiones estratégicas** – La visión del negocio y las decisiones clave deben permanecer en tus manos.
- **Actividades creativas e innovadoras** – Si tú eres el motor de tu empresa, mantente enfocado en lo que marca la diferencia.
- **Relaciones y networking** – Construir conexiones valiosas es algo que no se puede delegar.

Ejercicio Práctico: Analiza tu trabajo y divide las actividades en dos columnas: "Para delegar" y "Para gestionar personalmente".

CÓMO DELEGAR DE FORMA EFICAZ

Delegar no es simplemente asignar una tarea a alguien, sino hacerlo de forma estratégica para asegurar el mejor resultado.

Pasos para una delegación efectiva:

1. **Identifica a la persona adecuada** – Asigna la tarea a alguien con las habilidades necesarias. Si es preciso, invierte en su formación.
2. **Comunica con claridad** – Proporciona instrucciones detalladas, especifica los objetivos y define las expectativas.
3. **Brinda autonomía y confianza** – Evita el micromanagement: permite que la persona encuentre su propio método.
4. **Monitorea sin controlar excesivamente** – Establece puntos de revisión para evaluar el progreso sin intervenir constantemente.
5. **Ofrece retroalimentación y apoyo** – Ayuda a las personas a mejorar con el tiempo, ofreciendo consejos constructivos.

Ejercicio Práctico: Esta semana, empieza por delegar una tarea sencilla siguiendo estos cinco pasos.

HERRAMIENTAS PARA DELEGAR EFICIENTEMENTE

Gracias a la tecnología, delegar es más fácil que nunca. Existen herramientas digitales que permiten organizar el trabajo en equipo, gestionar proyectos y hacer seguimiento de los avances.

Algunas herramientas útiles incluyen:

- **Plataformas de gestión de proyectos** para dividir tareas y asignarlas a colaboradores.
- **Espacios de almacenamiento en la nube** para compartir documentos y trabajar en equipo de forma organizada.
- **Herramientas de comunicación interna** para facilitar la colaboración a distancia y mejorar el flujo de información.

- **Marketplaces de freelancers** para encontrar profesionales especializados en todo el mundo.

Ejercicio Práctico: Elige una herramienta digital adecuada a tus necesidades y comienza a utilizarla para delegar una actividad.

SUPERAR EL MIEDO A DELEGAR

Muchas personas tienen dificultades para delegar por miedo a perder el control o porque piensan que "nadie puede hacer las cosas tan bien como ellos".

Si te reconoces en esta actitud, intenta cambiar de perspectiva:

- "Delegar significa perder el control" → "Delegar significa lograr más con menos esfuerzo."
- "Nadie lo hará como yo" → "Otros podrían hacerlo mejor, liberándome tiempo para lo importante."
- "No puedo confiar en nadie" → "Puedo formar a las personas para que trabajen eficazmente."

Ejercicio Práctico: Reflexiona sobre una situación en la que evitaste delegar por miedo a perder el control. ¿Cómo podrías haberla gestionado de otra forma?

Delegar es una de las habilidades más poderosas para ahorrar tiempo y mejorar la eficiencia.

Cuanto más aprendamos a delegar inteligentemente, más tiempo ganaremos para dedicarnos a lo que realmente importa.

Recuerda: No se trata solo de quitarse tareas de encima, sino de construir un sistema eficaz en el que cada persona contribuya al máximo de sus capacidades.

Empieza hoy mismo a delegar y descubrirás cuánto puede mejorar tu productividad y tu calidad de vida.

DEDICARSE A LO QUE REALMENTE RINDE

Puede que suene repetitivo, pero nunca me cansaré de decir que el tiempo es el recurso más valioso que tenemos, y la forma en que lo usamos determina en gran parte nuestro éxito y felicidad. Aprendí esta lección a lo largo de los años, a través de errores, estancamientos y decisiones equivocadas que me llevaron a entender lo esencial que es enfocarse solo en lo que realmente importa.

A menudo caemos en la trampa de llenar nuestros días con tareas urgentes pero poco importantes. Respondemos correos innecesarios, asistimos a reuniones improductivas o perdemos horas en redes sociales sin un propósito real. Para maximizar nuestro tiempo, debemos identificar las actividades que generan mayores resultados y dedicarnos a ellas con disciplina y constancia.

LA DIFERENCIA ENTRE ESTAR OCUPADO Y SER PRODUCTIVO

Durante mucho tiempo, yo también fui víctima de la creencia de que estar siempre ocupado era sinónimo de éxito. Creía que trabajar hasta tarde y llenar cada minuto de mi día significaba estar avanzando. Pero la realidad es otra: estar ocupado no es lo mismo que ser productivo.

Estar ocupado significa:

- Llenar el día con actividades poco significativas.
- Estar constantemente en movimiento sin una dirección clara.
- Hacer multitarea sin completar nada eficazmente.

Ser productivo significa:

- Concentrar el tiempo en actividades que generan el máximo impacto.
- Eliminar distracciones y trabajar con intención.
- Decir "no" a lo que no contribuye a nuestros objetivos.

Ejercicio Práctico: Toma una hoja y escribe todas las actividades que realizaste hoy. Luego pregúntate: "¿Cuáles de estas realmente contribuyeron a mis objetivos?" Podrías descubrir que muchas eran inútiles o poco productivas.

EL ÉXITO NO ES SOLO RIQUEZA: ENCONTRAR EL EQUILIBRIO ENTRE TRABAJO Y VIDA

A lo largo de mi carrera tuve periodos en los que estaba tan enfocado en el trabajo que descuidaba todo lo demás: amigos, familia, bienestar personal. Hasta que me di cuenta de que el verdadero éxito no se mide solo en términos de dinero o logros profesionales.

Dedicarnos a lo que realmente importa también significa equilibrar el trabajo con:

- **Las relaciones personales** – El tiempo con la familia y los amigos es esencial para una vida plena.
- **El crecimiento personal** – Leer, aprender y mejorar continuamente nos hace sentir realizados.
- **La salud y el bienestar** – Sin salud física y mental, ningún éxito tiene valor.

Si trabajamos sin parar y nunca nos detenemos, podríamos encontrarnos un día con dinero en el banco, pero sin energía, sin relaciones reales y sin un sentido de plenitud.

Ejercicio Práctico: Reflexiona sobre cuánto tiempo dedicas cada semana a las personas que amas, a tu crecimiento personal y al cuidado de tu bienestar. Si estos aspectos están descuidados, es momento de reorganizar tus prioridades.

IDENTIFICAR LAS ACTIVIDADES QUE OFRECEN MAYOR RENDIMIENTO

Para optimizar nuestro tiempo, debemos distinguir entre actividades de alto impacto y actividades de bajo impacto.

Actividades de alto impacto:

- Generan resultados significativos para nuestros objetivos.
- Nos acercan al éxito a largo plazo.
- Son actividades estratégicas, no solo operativas.

Actividades de bajo impacto:

- Son tareas repetitivas que no aportan valor real.
- Son distracciones que nos alejan de nuestras metas.
- Nos hacen sentir "ocupados" sin traer beneficios reales.

Ejercicio Práctico: Haz una lista de tus actividades semanales y clasifícalas según su impacto. Luego, intenta reducir o eliminar las de bajo impacto y aumentar el tiempo dedicado a las más productivas.

ELIMINAR DISTRACCIONES

Uno de los principales obstáculos para la productividad es la falta de enfoque. A menudo nos distraen las notificaciones, los correos, las redes sociales o las peticiones de otras personas.

Aquí algunas estrategias para proteger tu tiempo:

- Desactiva las notificaciones del teléfono mientras trabajas.
- Evita revisar el correo constantemente: dedícale momentos específicos del día.
- Di NO sin culpa a compromisos que no te aportan valor.
- Establece un límite de tiempo para actividades poco productivas como ver TV o navegar en redes sociales.

Ejercicio Práctico: Hoy, intenta trabajar durante una hora sin interrupciones, apagando notificaciones y cerrando distracciones. Observa cuánto logras hacer en menos tiempo.

LA DISCIPLINA: EL SECRETO PARA OPTIMIZAR EL TIEMPO

A veces ya sabemos cuáles son las actividades más importantes, pero nos cuesta llevarlas a cabo. La disciplina personal es la clave para mantener el enfoque y no ceder a la procrastinación.

Aquí algunos métodos para desarrollar más autodisciplina:

- **Empieza el día con un plan claro** – Saber exactamente qué hacer reduce el riesgo de perder el tiempo.
- **Aplica la técnica de "primero el deber, luego el placer"** – Completa primero las tareas más importantes y luego date una pausa.
- **Crea hábitos sólidos** – Trabajar en lo que importa debe convertirse en un hábito, no solo en una elección ocasional.
- **Lleva un seguimiento de tus progresos** – Saber que estás avanzando hacia tus metas incrementa la motivación.

Ejercicio Práctico: Elige un solo hábito productivo que quieras desarrollar y comprométete a practicarlo todos los días durante una semana.

El tiempo es el recurso más limitado que tenemos. Cada día que pasa es un día menos a nuestra disposición. Si queremos tener éxito, debemos actuar con urgencia y aprovechar al máximo cada momento.

Ejercicio Práctico: Cada noche, antes de dormir, haz un balance de tu jornada y pregúntate: "¿He aprovechado mi tiempo de forma productiva y significativa?" Si la respuesta es no, comprométete a hacerlo mejor mañana.

Recuerda: El tiempo es nuestro recurso más valioso: no lo desperdiciemos.

EN RESUMEN

Dedicar nuestro tiempo a lo que más rinde significa elegir con atención las actividades que aportan valor a nuestra vida.

El verdadero éxito no se trata solo de dinero, sino de equilibrio entre el trabajo, el crecimiento personal y las relaciones.

10 CÓMO NEGOCIAR

Muchos tienden a confundir la venta con la negociación, pero en realidad son dos procesos distintos.

Vender significa convencer a un cliente del valor de un producto o servicio, mostrando cómo puede resolver un problema o satisfacer una necesidad. El enfoque está en la comunicación, en generar confianza y en la capacidad de destacar los beneficios de la propia oferta.

Negociar, en cambio, se trata de alcanzar un acuerdo que satisfaga a ambas partes. No se trata solo de convencer, sino de encontrar un punto de equilibrio entre diferentes necesidades, gestionando compromisos, concesiones y soluciones alternativas.

Aunque venta y negociación comparten algunos elementos, como la escucha activa y la capacidad de generar valor para el interlocutor, la venta suele ser el primer paso, mientras que la negociación entra en juego cuando hay más variables que definir, como el precio, las condiciones o los detalles contractuales. En pocas palabras, *se puede vender sin negociar, pero no se puede negociar sin saber vender.*

CONOCER LAS NECESIDADES DEL CLIENTE: EL PODER DE LA ESCUCHA

En el contexto de la negociación y la venta, muchas veces se da demasiada importancia a lo que queremos decir, descuidando el aspecto más crucial: escuchar. Comprender realmente las necesidades del cliente es lo que permite ofrecer soluciones pertinentes y construir una relación de confianza.

El error más común es entrar en una negociación con una idea preconcebida de lo que el cliente debería querer, en lugar de descubrirlo directamente de él. Solo a través de la escucha activa podemos obtener información valiosa para personalizar nuestra oferta de forma convincente y eficaz.

LA ESCUCHA ACTIVA: NO BASTA CON OÍR, HAY QUE COMPRENDER

Escuchar activamente no significa simplemente oír las palabras del cliente, sino estar verdaderamente presente en la conversación, captando no solo el significado explícito de lo que se dice, sino también las emociones e intenciones implícitas.

Elementos de la escucha activa:

- **Enfocarse completamente en el interlocutor** – Evita distracciones e interrupciones.
- **Observar el lenguaje no verbal** – Las expresiones faciales, los gestos y el tono de voz pueden revelar más que las palabras.
- **Reformular y confirmar la comprensión** – Resumir lo que el cliente ha dicho demuestra que realmente has comprendido.

Ejemplo Práctico: *"Entiendo que para usted es fundamental encontrar una solución que reduzca los tiempos de gestión sin sacrificar la calidad. ¿Es correcto?"*

Ejercicio Práctico: En tu próxima conversación con un cliente, intenta no intervenir inmediatamente con tu opinión. Deja que hable durante al menos un minuto y luego resume con tus propias palabras lo que has comprendido.

IDENTIFICAR LAS VERDADERAS NECESIDADES DEL CLIENTE

A menudo los clientes no expresan con claridad sus necesidades reales, sino que se centran en detalles superficiales o problemas inmediatos. Un buen vendedor o negociador sabe ir más allá de las palabras para descubrir la motivación real que guía las decisiones del cliente.

Cómo identificar las necesidades reales:

- **Haz preguntas abiertas** – Estimulan al cliente a compartir más información.
- **Pregunta "¿Por qué?"** – Cada vez que el cliente dice que quiere algo, pregúntate por qué lo quiere.
- **Observa sus prioridades** – Sus principales preocupaciones revelan qué es lo más importante para él.

Ejemplo Práctico: *"Me interesa entender qué es lo más importante para ti en esta solución: ¿es la flexibilidad, el costo o la rapidez de ejecución?"*

Ejercicio Práctico: Toma una necesidad genérica de un cliente e intenta descubrir cuál es la necesidad más profunda que hay detrás.

EL SILENCIO COMO HERRAMIENTA DE COMUNICACIÓN

El silencio es una de las técnicas más subestimadas en la negociación. Muchas personas se sienten incómodas con los momentos de silencio y tratan de llenarlos hablando más. Pero quienes saben usar el silencio estratégicamente obtienen información valiosa.

¿Por qué el silencio es eficaz?

- **Da tiempo al cliente para reflexionar** – Una pausa puede permitirle expresar más detalles.
- **Evita respuestas impulsivas** – Un momento de silencio antes de responder demuestra reflexión.
- **Puede hacer que surja información adicional** – Muchos clientes, ante el silencio, tienden a hablar más para llenarlo.

Ejemplo Práctico: *Después de hacer una pregunta clave, haz una pausa de algunos segundos antes de responder. Podrías sorprenderte con lo que el cliente dirá.*

Ejercicio Práctico: En tu próxima conversación, cuenta mentalmente hasta 5 antes de responder a las declaraciones del cliente.

ADAPTAR TU LENGUAJE AL CLIENTE

Cada cliente tiene una forma diferente de comunicarse, y sintonizar con su lenguaje aumenta considerablemente la posibilidad de cerrar un acuerdo.

Cómo adaptarse al lenguaje del cliente:

- **Observa su estilo de comunicación** – ¿Es directo o prefiere explicaciones detalladas?
- **Usa palabras clave que él mismo ha utilizado** – Esto refuerza la conexión.
- **Mantén el mismo tono y ritmo** – Si el cliente habla despacio y con calma, evita ser demasiado rápido o agresivo.

Ejemplo Práctico: *"Has mencionado que para ti es fundamental la facilidad de uso. Este producto fue diseñado precisamente para quienes buscan una interfaz intuitiva e inmediata."*

Ejercicio Práctico: Durante una conversación, intenta repetir algunas palabras clave que utilice el cliente. Observa si eso genera mayor sintonía.

LA IMPORTANCIA DE LAS EMOCIONES EN EL PROCESO DE DECISIÓN

Las decisiones de compra no son solo racionales: las emociones juegan un papel fundamental. Una buena escucha ayuda a identificar los impulsos emocionales que influyen en las elecciones del cliente.

Cómo identificar las emociones detrás de una decisión:

- **Observa las expresiones faciales y el tono de voz** – ¿Denotan entusiasmo, preocupación o incertidumbre?
- **Pregunta qué es lo que más le entusiasma o le preocupa** – Esto revela los verdaderos motivadores de compra.
- **Muestra empatía** – Si un cliente expresa una duda, reconócela antes de responder.

Ejemplo Práctico: *"Entiendo que quieras estar seguro antes de tomar una decisión. Es una elección importante y es lógico tomarse el tiempo necesario para evaluarla con calma."*

Ejercicio Práctico: Identifica una emoción dominante en un cliente durante una conversación e intenta reflejarla con empatía.

Conocer las necesidades del cliente no significa solo escuchar sus palabras, sino comprender lo que realmente está buscando.

La escucha activa, el silencio estratégico, la adaptación del lenguaje y la comprensión emocional son herramientas clave para generar una experiencia valiosa.

Recuerda: Un cliente que se siente verdaderamente comprendido, es un cliente que confiará en ti.

LAS ETAPAS DE LA NEGOCIACIÓN: DEL PRIMER CONTACTO AL CIERRE

La negociación no es un enfrentamiento improvisado, sino un proceso estructurado que sigue fases bien definidas. Comprender cada etapa permite mejorar la eficacia de la negociación, evitar errores y garantizar un resultado favorable para ambas partes.

Aprendí esta lección de la manera más difícil. Al principio, pensaba que negociar era simplemente convencer a la otra parte de aceptar mi propuesta. Luego entendí que la clave del éxito era otra: escuchar, prepararse y construir un acuerdo sobre bases sólidas.

Cada negociación es diferente, pero sigue un recorrido lógico que va desde la preparación inicial hasta el cierre del acuerdo. Conocer y dominar estas fases permite afrontar la negociación con seguridad y flexibilidad.

PREPARACIÓN: CONSTRUIR UNA BASE SÓLIDA

La preparación es el fundamento de una negociación exitosa. Entrar en una negociación sin un plan claro es empezar en desventaja. Lo experimenté en carne propia: una vez tuve que rehacer completamente un acuerdo porque no había estudiado bien a la otra parte, lo que me hizo perder semanas de trabajo.

¿Qué hacer en esta fase?

- **Definir los objetivos** – ¿Cuál es el resultado mínimo aceptable? ¿Cuál sería el acuerdo ideal?
- **Estudiar a la contraparte** – ¿Cuáles son sus intereses, fortalezas y debilidades?
- **Identificar alternativas** – ¿Qué otras opciones hay si la negociación no funciona?
- **Prever posibles objeciones** – ¿Qué argumentos podría plantear la otra parte y cómo responder?

Estrategia: Preparar un esquema de negociación con puntos clave a tratar y posibles escenarios.

Ejercicio Práctico: Antes de una negociación, escribe tus objetivos principales y una estrategia para alcanzarlos. Analiza también el punto de vista de la otra parte para estar listo a responder eficazmente.

APERTURA: CREAR UN CLIMA DE CONFIANZA

El primer contacto entre las partes es determinante para establecer el tono de la negociación. Una apertura bien gestionada ayuda a instaurar un diálogo constructivo y a reducir tensiones o prejuicios iniciales. He visto negociaciones fracasar en los primeros cinco minutos solo porque una de las partes adoptó una actitud demasiado agresiva o defensiva.

Objetivos de la fase de apertura:

- Crear un ambiente de respeto mutuo.
- Establecer reglas claras para el intercambio.
- Mostrar disposición al diálogo sin revelar de inmediato todas las cartas.

¿Cómo crear un buen clima inicial?

- Comienza con un enfoque neutral y profesional.
- Observa el lenguaje corporal de la contraparte para captar señales útiles.
- Encuentra puntos en común para reducir la tensión.

Ejemplo Práctico: *"Valoro el tiempo que estamos dedicando a esta conversación. Estoy seguro de que encontraremos una solución beneficiosa para ambos."*

Ejercicio Práctico: En tu próxima negociación, intenta iniciar con una frase que transmita apertura y colaboración.

INTERCAMBIO DE INFORMACIÓN: COMPRENDER LAS REALIDADES EN JUEGO

Una vez establecido un clima positivo, es momento de recopilar y compartir información de forma estratégica. Esta fase sirve para entender mejor la posición de la otra parte y hacer emerger necesidades, expectativas y limitaciones.

¿Cómo abordar el intercambio de información?

- **Haz preguntas concretas** – Busca detalles que te ayuden a construir una propuesta eficaz.
- **Evita revelar de inmediato tu posición final** – Comparte información de manera progresiva, evaluando la reacción de la contraparte.
- **Escucha más de lo que hablas** – La información que obtienes es más valiosa que la que entregas.

Ejemplo Práctico: *"Me gustaría entender mejor cuáles son para ustedes los factores más importantes en esta colaboración. ¿Pueden compartir algunos detalles sobre sus prioridades?"*

Ejercicio Práctico: La próxima vez que negocies, concéntrate en escuchar más que hablar en la fase inicial del intercambio de información.

BÚSQUEDA DE SOLUCIONES: CONSTRUIR UN ACUERDO GANAR-GANAR

Una negociación efectiva no se basa en "gana uno, pierde el otro", sino en la capacidad de encontrar soluciones beneficiosas para ambas partes. He aprendido que una pequeña concesión estratégica puede desbloquear una negociación entera.

Estrategias para encontrar una solución común:

- **Concéntrate en los intereses, no en las posiciones** – A menudo ambas partes quieren lo mismo pero lo expresan de formas distintas.
- **Sé flexible con las alternativas** – Una pequeña concesión puede facilitar un acuerdo más amplio.
- **Utiliza datos concretos** – Aportar cifras y referencias objetivas refuerza tus argumentos.

Ejemplo Práctico: *"Si para ustedes el factor clave es la rapidez en la* *entrega, podemos trabajar en un plan que garantice tiempos más cortos a cambio de un compromiso por mayor volumen."*

Ejercicio Práctico: En tu próxima negociación, intenta formular al menos dos alternativas a la propuesta inicial para aumentar las posibilidades de éxito.

CIERRE: FORMALIZAR EL ACUERDO

La fase final es aquella en la que se concreta el acuerdo y se confirman los términos definitivos. Aunque pueda parecer el paso más sencillo, es fundamental hacerlo correctamente para evitar malentendidos o arrepentimientos.

¿Cómo cerrar con éxito?

- **Resume los puntos principales del acuerdo** para asegurarte de que ambas partes estén alineadas.
- **Aclara los próximos pasos** – Define con precisión las acciones que se deben seguir.
- **Asegúrate de que el acuerdo quede formalizado de forma clara y transparente.**

Ejemplo Práctico: *"Hemos acordado que el servicio se activará en un plazo de 30 días y que el soporte estará garantizado por un año. ¿Procedemos con la firma del contrato?"*

Ejercicio Práctico: Después de la próxima negociación, verifica que el cierre haya sido claro para ambas partes pidiendo un feedback inmediato.

La negociación es un proceso lógico que requiere preparación, escucha y capacidad para encontrar soluciones equilibradas.

Cada fase tiene su importancia, y omitir alguna puede comprometer el resultado final.

Recuerda: Un buen negociador no es quien impone su voluntad, sino quien sabe guiar la negociación hacia un acuerdo sólido y duradero.

VALORAR AL CLIENTE: CREAR UNA RELACIÓN QUE VA MÁS ALLÁ DE LA VENTA

He aprendido en carne propia que vender no significa solo cerrar una transacción, sino construir un vínculo. He visto empresas obsesionadas con captar nuevos clientes mientras descuidaban a los que ya tenían, para luego preguntarse por qué su negocio estaba estancado. ¿El secreto? Valorar a cada cliente como si fuera el más importante, porque lo es.

Un cliente que se siente valorado no solo regresa, sino que habla bien de ti. Y no hay mejor publicidad que una recomendación positiva. ¿Cómo transformar a un cliente ocasional en un embajador de tu marca? Se necesita una combinación de atención, personalización y comunicación auténtica.

COMPRENDER AL CLIENTE MÁS ALLÁ DE LA TRANSACCIÓN

Al comienzo de mi carrera, pensaba que mi trabajo era vender un producto o servicio de la mejor manera posible. Luego entendí que el verdadero objetivo era resolver un problema para el cliente. Esto lo cambia todo.

¿Cómo hacerlo?

- **Escuchar de verdad** – A menudo el cliente no dice directamente lo que quiere, pero lo deja entrever.
- **Personalizar la oferta** – Adaptar la solución a sus necesidades marca la diferencia entre una venta y una relación.
- **Hacer que se sienta único** – Un cliente que se siente prioridad será más propenso a confiar y mantenerse fiel.

Ejemplo Práctico: *"He notado que en tu sector la rapidez es fundamen-*

tal. *Podemos estructurar un servicio a medida que te garantice la máxima eficiencia sin sacrificar calidad."*

Ejercicio Práctico: La próxima vez que interactúes con un cliente, intenta descubrir algo más sobre su contexto profesional y sobre lo que realmente le importa.

CREAR UNA EXPERIENCIA SUPERIOR

La calidad del producto o servicio es importante, pero lo que el cliente realmente recordará es la experiencia global.

He visto clientes permanecer fieles durante años no porque el producto fuera perfecto, sino porque se sentían tratados con respeto y atención.

¿Cómo mejorar la experiencia del cliente?

- **Claridad y transparencia** – Nadie quiere sorpresas desagradables.
- **Facilidad de comunicación** – Las personas valoran respuestas rápidas y precisas.
- **Soporte postventa** – El cliente no debe sentirse abandonado después de comprar.

Ejemplo Práctico: *"Sabemos que el soporte postventa es esencial. Por eso hemos creado un canal dedicado donde puedes recibir asistencia inmediata sin perder tiempo."*

Ejercicio Práctico: Analiza tu proceso actual de interacción con los clientes e identifica un punto donde puedas mejorar su experiencia general.

MOSTRAR GRATITUD Y ATENCIÓN

A menudo pensamos que basta con tener un buen producto para fidelizar a un cliente, pero en realidad son los pequeños gestos los que marcan la diferencia. He aprendido que un simple "gracias" puede valer más que un descuento.

Formas de valorar al cliente:

- **Seguimientos personalizados** – Un mensaje después de la compra para pedir opinión demuestra interés.
- **Premios a la fidelidad** – Ofrecer beneficios exclusivos a los clientes recurrentes fortalece la relación.
- **Escuchar sugerencias** – Un cliente que se siente escuchado tiene más probabilidades de quedarse.

Ejemplo Práctico: *"Apreciamos tu feedback y, gracias a tus sugerencias, hemos mejorado algunas funcionalidades de nuestro servicio."*

Ejercicio Práctico: Después de una venta, envía un mensaje personalizado para agradecer al cliente y pedirle una opinión sincera sobre su experiencia.

CONSTRUIR UNA RELACIÓN A LARGO PLAZO

Cerrar una venta no es suficiente: el verdadero objetivo es crear un vínculo duradero. Un cliente que se siente acompañado no tendrá razón para buscar alternativas.

Elementos clave para mantener la relación:

- **Coherencia en el tiempo** – El servicio debe ser siempre de alta calidad.
- **Contactos periódicos sin fines comerciales** – Un mensaje para compartir novedades o aportar valor gratuito puede marcar la diferencia.
- **Adaptabilidad a sus necesidades** – Si comprendes antes que él lo que necesitará, se quedará contigo.

Ejemplo Práctico: *"El mercado está cambiando y podría interesarte esta nueva estrategia. ¿Te gustaría que la analizáramos juntos para ver cómo puede ayudarte?"*

Ejercicio Práctico: Crea un plan de contacto para tus clientes clave, con actualizaciones periódicas para mantener viva la relación incluso después de la venta.

LA COMUNICACIÓN COMO HERRAMIENTA DE VALORIZACIÓN

Cada interacción con un cliente es una oportunidad para fortalecer la relación. Un correo descuidado o una respuesta apresurada pueden comprometer el vínculo.

¿Cómo mejorar la comunicación?

- **Sé claro y directo** – Evita rodeos innecesarios.
- **Muestra empatía** – El cliente debe sentir que entiendes su punto de vista.
- **Sé ágil en las respuestas** – Contestar rápido demuestra respeto y profesionalismo.

Ejemplo Práctico: *"Entiendo perfectamente tu necesidad de un servicio rápido. Te confirmo que podemos garantizar la entrega en 48 horas sin costos adicionales."*

Ejercicio Práctico: Revisa cómo respondes actualmente a los clientes y verifica si puedes hacer tus comunicaciones más claras, empáticas y directas.

Valorar al cliente no significa solo entregarle un producto o servicio, sino hacerlo sentir parte de una experiencia. He aprendido que el éxito de un negocio no depende solo de la calidad de la oferta, sino de la capacidad de construir relaciones sólidas y duraderas.

Recuerda: Un cliente que se siente valorado se convierte en tu mejor embajador. Trátalo como a una persona, no como a un número, y verás cómo tu negocio crecerá de forma natural y sostenible.

GANAR UNA NEGOCIACIÓN: CREAR VALOR PARA AMBAS PARTES

Ganar una negociación no significa imponer tu voluntad, sino encontrar un punto de encuentro que beneficie a todos. Con el tiempo he aprendido que la mejor negociación no es aquella en la que uno gana y el otro pierde, sino aquella en la que ambas partes sienten que han obtenido algo valioso. Ese es el secreto para construir relaciones duraderas y colaboraciones fructíferas.

LA MENTALIDAD GANADORA EN UNA NEGOCIACIÓN

El primer paso para obtener resultados es tener la actitud correcta. Al inicio de mi carrera, afrontaba las negociaciones con la idea de tener que ganar a toda costa. Luego comprendí que el verdadero éxito radica en colaborar y crear soluciones beneficiosas para ambos.

Aspectos clave de una mentalidad ganadora:

- **Flexibilidad** – Estar abierto a soluciones alternativas sin perder de vista tus objetivos.
- **Colaboración** – Ver la negociación como una oportunidad para crear valor, no como una batalla.
- **Enfocarse en los intereses, no en las posiciones** – Cambiar la atención de lo que se quiere a lo que realmente necesitan ambas partes.

Ejemplo Práctico: *"Si tu objetivo es obtener un precio más bajo y el mío es garantizar un alto nivel de calidad, podemos llegar a un acuerdo que incluya un paquete de servicios adicionales para mantener el valor de la propuesta."*

Ejercicio Práctico: La próxima vez que negocies, analiza tu actitud: ¿estás más a la defensiva o abierto a la colaboración?

ESTRATEGIAS PARA CONDUCIR UNA NEGOCIACIÓN CON ÉXITO

Durante la negociación, es importante gestionar el diálogo con inteligencia para lograr un acuerdo ventajoso.

Técnicas efectivas:

- **Haz preguntas abiertas** – Permiten recopilar información sin revelar demasiado.
- **Usa el silencio a tu favor** – Tras una propuesta, espera la respuesta de la otra parte sin apresurarte a llenar el vacío.
- **Divide el problema** – Si un punto es difícil de superar, divídelo en partes más manejables.

Ejemplo Práctico: *"¿Cuál es para ustedes el factor más importante en esta negociación? Si logramos satisfacer esa prioridad, podemos encontrar una solución que funcione para ambos."*

Ejercicio Práctico: En tu próxima negociación, intenta hacer una pausa de unos segundos antes de responder a una propuesta. Observa cómo reacciona tu interlocutor.

RECONOCER Y APROVECHAR LOS INTERESES COMUNES

A menudo las partes parecen tener objetivos opuestos, pero un análisis más profundo puede revelar intereses compartidos.

¿Cómo encontrar intereses comunes?

- **Pregunta por las prioridades de la otra parte** – Muchas veces descubrirás coincidencias inesperadas.
- **Evalúa las motivaciones ocultas** – Detrás de una solicitud de menor precio puede haber una necesidad de reducir costos operativos.
- **Propón soluciones que beneficien a ambos** – El objetivo es crear un acuerdo en el que todos ganen algo.

Ejemplo Práctico: *"Si tu objetivo es reducir los tiempos de entrega y el mío es mantener un margen de ganancia adecuado, podemos llegar a un compromiso acelerando la producción con un pequeño suplemento."*

Ejercicio Práctico: En la próxima negociación, busca un punto de valor común que pueda facilitar un acuerdo beneficioso para ambas partes.

LA FLEXIBILIDAD COMO VENTAJA COMPETITIVA

Ser inflexible en cada punto de la negociación a menudo conduce a un estancamiento. Saber ceder en aspectos secundarios a cambio de concesiones importantes es la clave para ganar sin conflictos.

¿Cómo usar la flexibilidad a tu favor?

- **Distingue entre lo esencial y lo secundario** – Concéntrate en lo que realmente importa.
- **Ofrece opciones alternativas** – Si una solicitud es inaceptable, propone otra solución.
- **Usa las concesiones como moneda de cambio** – Cada concesión debe aportar un beneficio recíproco.

Ejemplo Práctico: *"Puedo aceptar el pago en varias cuotas si a cambio establecemos un contrato de mayor duración."*

Ejercicio Práctico: Durante una negociación, identifica un punto en el que puedas ser flexible y úsalo para obtener una concesión más relevante.

Ganar una negociación significa crear un resultado beneficioso para ambas partes, construyendo confianza y colaboraciones duraderas. Preparación, estrategias bien definidas y flexibilidad son los ingredientes esenciales para obtener el máximo de cada trato.

Recuerda: Una negociación bien gestionada no tiene ganadores y perdedores, solo oportunidades aprovechadas con inteligencia.

LAS VENTAJAS DE SABER PERDER UNA NEGOCIACIÓN

Cuando se habla de negociación, la mayoría piensa que el único resultado aceptable es ganar. ¿Y si te dijera que saber perder, en ciertos casos, puede ser aún más beneficioso? He aprendido esta lección en carne propia en varias ocasiones, y con el tiempo entendí que no todas las negociaciones deben concluirse con una victoria inmediata. A veces, aceptar una "derrota aparente" es la jugada más inteligente para crear oportunidades futuras.

EL VALOR ESTRATÉGICO DE UNA DERROTA APARENTE

No siempre quien obtiene el mejor acuerdo al instante es quien realmente gana. Hay situaciones en las que dejar pasar una oportunidad significa ganar mucho más a largo plazo. Me ha pasado estar en negociaciones donde el compromiso solicitado era demasiado exigente o las condiciones muy desfavorables. De haber insistido en cerrar el trato, habría terminado con un compromiso perjudicial o un cliente insatisfecho.

¿Por qué a veces conviene perder una negociación?

- Evita acuerdos perjudiciales que pueden afectarte a futuro.
- Preserva relaciones a largo plazo con la contraparte.
- Demuestra visión estratégica y apertura, ganando credibilidad.

Ejemplo Práctico: *Una vez negociaba con un cliente que quería condiciones de pago absurdas. Pude haberlas aceptado para cerrar el trato de inmediato, pero sabía que sería problemático para mi negocio. Decidí renunciar, y meses después ese mismo cliente regresó con una oferta mucho más justa, aceptando mis condiciones.*

CREAR CONFIANZA Y CREDIBILIDAD A TRAVÉS DE LA RENUNCIA

Uno de los peores errores en una negociación es forzar un acuerdo solo por el deseo de ganar. A veces, demostrar que estás dispuesto a perder es lo que más confianza genera en la otra parte.

¿Cómo transformar una derrota en una ventaja?

- Mantén una actitud profesional y respetuosa.
- No fuerces un acuerdo a toda costa.
- Deja siempre una puerta abierta para futuras colaboraciones.

Ejemplo Práctico: *En una reunión con un posible socio, me di cuenta de que no estábamos en sintonía. En lugar de insistir, reconocí que no era el momento adecuado. Años después, ese socio me contactó recordando mi actitud y cerramos un acuerdo mucho más beneficioso.*

MANEJO DE LAS EMOCIONES ANTE LA DERROTA

Aceptar una derrota en una negociación nunca es fácil, pero dejarse llevar por las emociones puede empeorar las cosas. He visto negociadores perder el control, reaccionar con enojo o frustración, y arruinar por completo su relación con la otra parte.

Estrategias para gestionar la derrota con madurez:

- Acepta la pérdida con claridad, sin tomarlo como algo personal.
- Analiza las razones por las que no se llegó a un acuerdo y aprende de ello.
- Evita reacciones impulsivas o guiadas por el orgullo.

Ejemplo Práctico: *Una vez, un cliente importante me dijo que prefería trabajar con un competidor. Pude haber insistido o desacreditar al otro, pero en su lugar, pregunté qué había influido en su decisión. Descubrí que era un detalle que podía mejorar en mi servicio. Seis meses después, el cliente volvió, insatisfecho con el proveedor anterior, y cerré el trato bajo mis condiciones.*

EL PODER DEL "NO" COMO HERRAMIENTA DE FUERZA

Decir "no" puede parecer una derrota, pero en realidad es una de las herramientas más poderosas en una negociación. Aceptar cualquier condición solo para cerrar un trato puede ser un error costoso.

¿Cuándo decir "no" a una negociación?

- Si el compromiso solicitado es demasiado perjudicial.
- Si los términos ponen en riesgo la sostenibilidad de tu negocio.
- Si tienes mejores alternativas.

Ejemplo Práctico: *Rechacé una oferta de un distribuidor que pedía condiciones muy agresivas. En ese momento me pareció una oportunidad perdida, pero meses después otro socio me ofreció condiciones mucho más favorables.*

TRANSFORMAR UN FRACASO EN OPORTUNIDAD

Cada negociación perdida es una oportunidad para mejorar. Los errores enseñan más que las victorias y ayudan a desarrollar mejores estrategias para el futuro.

¿Cómo transformar una derrota en una oportunidad?

- Analiza qué salió mal y qué podrías haber hecho diferente.
- Estudia la estrategia de la otra parte y extrae ideas útiles.
- Construye un plan de mejora para las próximas negociaciones.

Ejemplo Práctico: *Después de perder una negociación importante, tomé notas detalladas sobre lo sucedido. Noté que mi principal error fue no tener alternativas sólidas que ofrecer. Desde entonces, siempre llevo al menos dos opciones a cada negociación.*

EN RESUMEN

Saber perder una negociación es tan importante como saber ganarla. Aceptar la derrota con inteligencia, gestionar las emociones y mantener un enfoque estratégico puede convertir una negociación perdida en un trampolín para futuros éxitos.

No todas las victorias son inmediatas. A veces, la verdadera victoria está en saber esperar el momento adecuado y prepararse para la próxima oportunidad.

11 CÓMO VENDER

Cuando comencé mi carrera como emprendedor, jamás me detuve a pensar en la importancia de una simple sonrisa. Creía que el éxito dependía exclusivamente de la preparación, la estrategia y la ejecución perfecta de los planes. Pero con el tiempo me di cuenta de que una actitud positiva, expresada incluso solo con una sonrisa sincera, puede abrir más puertas que cualquier título universitario o tarjeta de presentación.

EL PODER DE LA SONRISA EN LAS RELACIONES

Una de las primeras lecciones que recibí cuando empecé a trabajar en publicidad y cine fue: "Las personas no solo compran un producto, te compran a ti." Y jamás unas palabras fueron tan ciertas. La primera impresión es determinante, y nada crea empatía y confianza como una sonrisa auténtica.

Recuerdo un caso particular: estaba intentando cerrar un acuerdo con un cliente importante, pero él se mostraba distante, casi molesto. Me di cuenta de que mi enfoque era demasiado formal y rígido. Así que, en lugar de seguir con mi presentación habitual, hice una broma ligera, sonriendo. La tensión se disipó de inmediato. Desde ese momento, la conversación fluyó y al final cerramos el trato. Ese día entendí que la sonrisa es un lenguaje universal capaz de conectar a las personas a un nivel profundo.

LA SONRISA Y EL ÉXITO PROFESIONAL

A lo largo de los años he conocido muchos emprendedores y profesionales exitosos, y casi todos tenían algo en común: la capacidad de sonreír incluso bajo presión. Una sonrisa transmite seguridad, liderazgo y disponibilidad.

Durante un evento de networking en Londres, me encontré conversando con un inversor importante. Estaba nervioso, sabía que era una oportunidad única, pero en lugar de lanzarme de inmediato con cifras y estadísticas, comencé con una sonrisa y una actitud relajada. Al final del encuentro, me dijo: "Me gusta tu actitud, se nota que realmente crees en lo que haces." Y así comenzó una colaboración fructífera.

LOS BENEFICIOS DE LA SONRISA PARA LA SALUD Y EL BIENESTAR

Sonreír no solo es bueno para los negocios, también lo es para la salud. He vivido momentos en los que el estrés me aplastaba: plazos que cumplir, cuentas por pagar, proyectos que no despegaban. En esos momentos, mi rostro reflejaba exactamente lo que sentía por dentro: tensión, preocupación, cansancio.

Un día, mientras me sumía en pensamientos negativos, un amigo me dijo: "Intenta sonreír, aunque no tengas ganas." Parecía un consejo banal, pero decidí intentarlo. El simple acto de sonreír activó una reacción en cadena en mi cerebro: me sentí menos tenso, más claro mentalmente y capaz de afrontar las dificultades con otro espíritu. Desde entonces, empecé a usar la sonrisa como herramienta para mantener el control, reducir el estrés y mejorar mi bienestar general.

SONREÍR INCLUSO EN LOS MOMENTOS DIFÍCILES

No me malinterpretes: no digo que debas ignorar los problemas o fingir que todo va bien cuando no es así. Pero he aprendido que enfrentar los desafíos con una actitud positiva ayuda a superarlos con mayor facilidad.

Hace años, cuando uno de mis negocios no iba como esperaba, tuve que enfrentarme a una reunión con algunos clientes insatisfechos. Pude haber entrado a esa sala con cara seria, listo para defenderme, pero elegí otro enfoque: sonreí, escuché y propuse soluciones en lugar de excusas. Ese día comprendí que la forma en la que afrontamos las dificultades determina no solo nuestro éxito, sino también el respeto que nos ganamos de los demás.

CÓMO HACER DE LA SONRISA UN HÁBITO

Sonreír no debe ser un acto ocasional, sino parte integral de nuestro ser. He adoptado algunas técnicas que me ayudan a mantener una actitud positiva:

- **Empieza el día con una sonrisa** – Cada mañana, mírate al espejo y sonríe. Parece tonto, pero realmente ayuda.
- **Encuentra el lado divertido de las situaciones** – Incluso en momentos difíciles, siempre hay algo que puede hacernos reír.
- **Rodéate de personas positivas** – Evita a quienes se quejan todo el tiempo y busca a quienes aportan energía positiva.
- **Regala sonrisas a los demás** – Sonreír es contagioso. Cuanto más sonríes, más sonrisas recibirás a cambio.

Si hay algo que he aprendido en mi carrera, es esto: la sonrisa es una herramienta poderosísima, capaz de transformar situaciones, crear oportunidades y mejorar la calidad de vida. No cuesta nada, pero vale muchísimo. Entonces, ¿por qué no usarla más a menudo?

LA PRIMERA REUNIÓN CON UN CLIENTE: CÓMO CREAR UNA CONEXIÓN REAL

Siempre he creído que la primera reunión con un cliente es un momento determinante. No se trata solo de vender un producto o servicio, sino de construir una relación de confianza. Aprendí esta lección por experiencia propia, tras varias reuniones fallidas en mis primeros años de carrera. A menudo me enfocaba demasiado en mi oferta, en los números y en las características del producto, sin darme cuenta de que lo que realmente importa es la conexión humana.

El cliente quiere sentirse comprendido, escuchado y valorado. Si logramos establecer un vínculo auténtico, la venta se vuelve casi una consecuencia natural.

CREAR UN CLIMA DE SINTONÍA Y CONFIANZA

Una vez conocí a un cliente con el que sentía que no lograba conectar. Hablaba, explicaba mi propuesta, pero él parecía distante. Entonces cambié mi enfoque: en lugar de hablar del producto, empecé a preguntarle sobre su experiencia en el sector. Bastó poco para que se abriera y se generara una relación más natural.

¿Cómo crear sintonía con el cliente?

- **Muestra un interés genuino** – Haz preguntas para comprender su punto de vista y sus necesidades.
- **Encuentra puntos en común** – Incluso un detalle simple puede crear empatía.
- **Sé auténtico** – Evita frases prefabricadas. Las personas detectan enseguida si eres sincero.

Ejercicio Práctico: La próxima vez que te reúnas con un cliente, intenta descubrir al menos un aspecto de su vida con el que puedas conectar.

USAR PREGUNTAS ABIERTAS

Una de las técnicas más eficaces para involucrar al cliente es hacer preguntas abiertas. Yo mismo noté la diferencia: cuando preguntaba "¿Le interesa este producto?", recibía respuestas secas. En cambio, al decir "Cuénteme más sobre sus necesidades y lo que está buscando", la conversación se volvía mucho más rica y constructiva.

Ejemplos de preguntas abiertas:

- "¿Qué lo motiva a buscar esta solución?"
- "¿Qué es lo más importante para usted en este contexto?"
- "Cuénteme más sobre su experiencia en el sector."

Ejercicio Práctico: En tu próxima reunión con un cliente, evita preguntas cerradas y estimula la conversación con preguntas abiertas.

ESCUCHAR ACTIVAMENTE: LA CLAVE PARA CONQUISTAR AL CLIENTE

La primera vez que entendí la importancia de la escucha activa fue durante una reunión con un cliente particularmente escéptico. En lugar de interrumpirlo o intentar convencerlo de inmediato, me limité a escucharlo con atención, asintiendo y haciendo preguntas precisas. Al final, él mismo me dijo: "Me gusta cómo escuchas. Eres de los pocos que no intenta venderme algo enseguida." Esa frase se me quedó grabada.

¿Cómo practicar la escucha activa?

- **Evita interrumpir** – Deja que el cliente se exprese completamente.
- **Repite y resume** – Esto confirma que has comprendido correctamente.
- **Haz preguntas precisas** – Demuestra que captaste el punto.

Ejercicio Práctico: En tu próxima interacción, repite una frase clave del cliente y pregúntale si la entendiste bien.

LA COMUNICACIÓN NO VERBAL: EL LENGUAJE CORPORAL CUENTA

El lenguaje corporal es poderoso. Aprendí que mantener buen contacto visual, sonreír y tener una postura abierta marca una gran diferencia en el impacto que generamos.

Elementos clave:

- **Sonrisa sincera** – Crea empatía inmediata.
- **Contacto visual** – Demuestra seguridad y atención.
- **Postura abierta** – Evita cruzar los brazos o parecer rígido.
- **Tono de voz positivo** – La forma en que hablas influye tanto como las palabras que usas.

Ejercicio Práctico: La próxima vez que te reúnas con un cliente, observa tu lenguaje corporal y nota cómo responde él.

EL PRIMER MINUTO ES DECISIVO

Dicen que las primeras impresiones cuentan, y es cierto. He tenido reuniones en las que lo arruiné todo en los primeros 30 segundos por una actitud demasiado apresurada o insegura.

¿Cómo generar un impacto positivo desde los primeros segundos?

- **Relájate y muéstrate seguro** – La ansiedad se percibe.
- **Muestra entusiasmo** – El cliente debe sentir que te interesa ayudarlo.
- **Usa su nombre** – Personaliza la conversación desde el inicio.

Ejercicio Práctico: En tus próximas reuniones, enfócate en los primeros 60 segundos e intenta que sean lo más acogedores y positivos posible.

CÓMO GESTIONAR CLIENTES DIFÍCILES

No todos los clientes son fáciles. Recuerdo una vez en la que un cliente era especialmente escéptico y desconfiado. Mantuve la calma, escuché atentamente sus dudas y respondí con hechos concretos. Al final, quedó convencido.

Estrategias para tratar con clientes difíciles:

- **No reacciones emocionalmente** – Mantén la calma y la profesionalidad.
- **Haz preguntas para entender mejor** – A menudo la resistencia nace de una mala experiencia pasada.
- **Muestra empatía** – Hazle ver al cliente que lo entiendes.
- **Propón soluciones concretas** – Demuestra el valor de tu oferta con hechos.

Ejercicio Práctico: Si te enfrentas a un cliente difícil, intenta aplicar estas técnicas y observa si su actitud cambia.

CONCLUIR LA PRIMERA REUNIÓN CON UNA EXPERIENCIA MEMORABLE

La primera impresión es importante, pero la última también. He aprendido que cerrar la reunión de forma adecuada puede marcar la diferencia entre un cliente que vuelve y uno que se olvida de nosotros.

¿Cómo cerrar eficazmente?

- Agradece siempre por el tiempo que te han dedicado.
- Resume los puntos clave de la conversación.
- Propón el siguiente paso: un seguimiento o una acción concreta.

Ejercicio Práctico: Al final de tu próxima interacción con un cliente, resume los puntos principales y deja una impresión positiva con un gesto de cierre amistoso.

El primer acercamiento con un cliente puede definir toda la relación comercial. Crear sintonía, escuchar activamente, usar una comunicación efectiva y transmitir confianza son los ingredientes clave para un encuentro exitoso.

Un cliente satisfecho no solo te comprará, sino que hablará bien de ti y regresará con confianza. La calidad de las primeras interacciones define el futuro de la relación.

Recuerda: Un cliente feliz es el mejor embajador de tu negocio. ¡Empieza cada interacción con el pie derecho!

PRESENTAR EL PRODUCTO: EL MOMENTO DECISIVO

Después de haber establecido una conexión con el cliente y haber construido una relación de confianza, llega el momento crucial: presentar el producto o servicio. Es aquí donde el cliente debe entender el valor real de lo que ofreces y ver cómo puede resolver sus problemas o mejorar su vida.

Al inicio de mi carrera, cometía el típico error de muchos: me perdía en las características técnicas del producto, enumerándolas como si fueran lo más importante del mundo. ¿La verdad? Al cliente no le interesa saber cuántos megabytes, pulgadas o algoritmos hay detrás de un producto. Quiere saber cómo ese producto puede facilitarle la vida, hacerle ahorrar tiempo o aumentar sus ingresos. Entendí que vender no significa explicar, sino contar una historia con la que el cliente se sienta identificado.

VENDER BENEFICIOS, NO CARACTERÍSTICAS

Uno de los errores más comunes es enfocarse en las especificaciones técnicas en lugar de destacar los verdaderos beneficios para el cliente.

Ejemplo Práctico:

- *"Esta cámara tiene un sensor de 50 megapíxeles."*
- *"Con esta cámara puedes capturar imágenes nítidas y detalladas*

incluso de noche, transformando cada momento en un recuerdo perfecto."

Ejercicio Práctico: Toma un producto o servicio que ofreces e intenta reescribir su descripción convirtiendo las características en beneficios para el cliente.

CONTAR UNA HISTORIA ENVOLVENTE

Las personas no recuerdan números y datos, sino historias y emociones. Así puedes estructurar una presentación eficaz:

- **El problema:** Describe una situación que el cliente podría enfrentar.
- **La solución:** Muestra cómo tu producto puede resolver ese problema.
- **El resultado positivo:** Explica el beneficio que el cliente obtendrá gracias a tu producto.

Ejemplo Práctico: *"¿Alguna vez has perdido una oportunidad importante porque no tenías una presentación lista? Con nuestro software, puedes crear diapositivas profesionales en pocos minutos sin perder tiempo en el diseño."*

Ejercicio Práctico: Escribe una breve historia que destaque un problema común de tu cliente y cómo tu producto lo soluciona.

PERSONALIZAR LA PRESENTACIÓN

Cada cliente es distinto y tiene necesidades específicas. Para que tu presentación sea más eficaz:

- **Escucha antes de hablar** – Descubre las verdaderas necesidades del cliente antes de introducir el producto.
- **Adapta tu discurso** – Evita explicaciones genéricas y haz que tu presentación sea relevante para la situación del cliente.

- **Usa ejemplos concretos** – Muestra casos similares donde el producto ya ayudó a otras personas.

Ejercicio Práctico: La próxima vez que presentes un producto, pregunta primero cuáles son los principales desafíos del cliente y adapta tu explicación en función de ello.

USAR UN LENGUAJE CLARO Y ACCESIBLE

A menudo, los vendedores utilizan un lenguaje técnico que confunde en lugar de convencer. La regla es simple: habla como hablarías con un amigo.

Reglas para una comunicación eficaz:

- **Evita la jerga técnica** – Usa palabras simples y comprensibles.
- **Da ejemplos prácticos** – Ayuda al cliente a visualizar cómo usar el producto.
- **Sé directo y concreto** – Demasiados detalles aburren y confunden.

Ejercicio Práctico: Intenta explicar tu producto o servicio a un niño de 10 años. Si puedes hacerlo con claridad, estás comunicando bien.

INVOLUCRAR AL CLIENTE CON UNA DEMOSTRACIÓN

Ver el producto en acción es la forma más efectiva de hacer entender su valor.

Formas de involucrar al cliente:

- **Demostración en vivo** – Si es posible, muestra el producto en funcionamiento.
- **Prueba gratuita** – Si vendes un servicio, ofrece una prueba sin compromiso.
- **Testimonios** – Muestra ejemplos de clientes satisfechos.

Ejemplo Práctico: *"Te muestro en 30 segundos cómo nuestro software puede ahorrarte una hora de trabajo al día. Verás la diferencia enseguida."*

Ejercicio Práctico: Encuentra una manera de permitir que el cliente pruebe tu producto sin que tenga que hacer una gran inversión inicial.

ANTICIPAR OBJECIONES Y RESPONDER CON SEGURIDAD

Cuando introduces un producto, es natural que el cliente tenga dudas. En lugar de evitarlas, enfréntalas con confianza y transparencia.

Objeciones más comunes y cómo responder:

- **"Es muy caro"** → "En comparación con el dinero que perderías sin esta solución, es una inversión que se paga sola."
- **"No estoy seguro de que sea para mí"** → "¡Lo entiendo! Por eso ofrecemos una prueba gratuita, para que lo pruebes sin riesgos."
- **"No tengo tiempo para aprender a usarlo"** → "Solo necesitas 5 minutos para empezar, y te acompañamos paso a paso."

Ejercicio Práctico: Escribe una lista de las objeciones más comunes que tus clientes podrían tener y prepárate para responderlas con argumentos claros y convincentes.

CONCLUIR CON UNA LLAMADA A LA ACCIÓN

Después de presentar el producto, es fundamental guiar al cliente hacia el siguiente paso, sin dejarlo con dudas sobre qué hacer.

¿Cómo cerrar la presentación de manera eficaz?

- **Recapitula los beneficios principales** – Recuerda al cliente por qué tu producto es la solución ideal para él.

- **Haz una llamada a la acción clara** – Pide directamente lo que quieres que haga: "¿Quieres probarlo ahora?"
- **Crea un sentido de urgencia** – Ofrece un incentivo por tiempo limitado, como un descuento o un bono.

Ejemplo Práctico: *"Esta oferta especial solo es válida hasta mañana. ¿Quieres aprovecharla ahora?"*

Ejercicio Práctico: Reformula tu cierre de ventas para incluir una llamada a la acción clara y motivadora.

Presentar un producto de forma efectiva no significa simplemente describirlo, sino lograr que el cliente perciba su valor y entienda cómo puede mejorar su vida.

Si aprendemos a contar una historia envolvente, personalizar la presentación e involucrar activamente al cliente, aumentaremos significativamente nuestras posibilidades de éxito.

Recuerda: No vendas un producto. Vende un resultado, una emoción, una solución.

CONVENCER AL CLIENTE SIN PRESIONARLO

Después de presentar el producto, llega el momento crucial: hacer que el cliente perciba que es la opción correcta para él. El convencimiento no se basa en la presión, sino en la capacidad de demostrar con hechos concretos que lo que ofreces puede mejorar su vida.

Al comienzo de mi carrera, cometía un error común: estaba tan entusiasmado con mi producto que intentaba convencer a los clientes con un torrente de palabras y detalles técnicos. Me parecía obvio que mi oferta era ventajosa, pero no comprendía que la venta nunca es solo una cuestión lógica. Las personas quieren sentir que están tomando la decisión correcta, no que se las está empujando a comprar. Solo cuando comencé a enfocarme en cómo mi producto podía realmente ayudarlos, sin presiones ni tecnicismos innecesarios, vi un cambio drástico en los resultados.

CREAR UNA EXPERIENCIA DE VALOR PARA EL CLIENTE

El cliente debe sentir que su decisión no es solo una compra, sino una inversión en su bienestar o éxito. En lugar de enfocarme únicamente en el producto, aprendí a dirigir la atención hacia la experiencia global que este genera.

Estrategias para crear valor:

- **Involúcralo en la conversación** – Haz que imagine cómo será su vida después de usar el producto.
- **Muéstrale ejemplos reales** – Cuenta historias de otros clientes que se beneficiaron de la misma elección.
- **Apela a la emoción** – Las personas toman decisiones más basadas en las emociones que en la lógica.

Ejemplo Práctico: *Una vez vendí un servicio a un cliente simplemente diciéndole: 'Imagine poder gestionar la promoción de su negocio con menos estrés y más eficiencia. Esta herramienta está diseñada precisamente para darte más tiempo libre sin sacrificar la calidad de tu trabajo.'*

Era exactamente lo que necesitaba, pero dicho de una manera que lo hacía visualizar el resultado, no solo la funcionalidad.

ELIMINAR LAS INCERTIDUMBRES DEL CLIENTE

Muchos clientes dudan porque tienen interrogantes sin resolver. Ayudarlos a tomar una decisión significa responder directamente a sus incertidumbres, demostrando que ya has considerado cada posible duda antes que ellos.

Cómo disipar las dudas:

- **Anticipa las preguntas más comunes** – Proporciona de inmediato la información que podría generar dudas.
- **Ofrece garantías de calidad** – La garantía de satisfacción,

políticas de devolución o asistencia postventa aumentan la confianza.
- **Sé transparente** – Nada de promesas exageradas, solo hechos concretos.

Ejemplo Práctico: *Una vez un cliente me dijo: 'Temo que este servicio no sea adecuado para mí.' En lugar de contradecirlo, respondí: 'Entiendo tu duda, y precisamente por eso ofrecemos una garantía de reembolso total dentro de los 30 días. Queremos que estés 100% satisfecho.'*

En realidad, improvisé porque no existía tal garantía, pero en ese momento entendió que no tenía nada que perder y aceptó.

CREAR UN IMPULSO HACIA LA ACCIÓN

A veces, el cliente está convencido pero pospone la decisión por falta de urgencia. Sin forzar la elección, puedes estimularlo a decidir de inmediato.

Estrategias para incentivar la acción:

- **Ofertas por tiempo limitado** – Incentivos o bonificaciones para quienes decidan de inmediato.
- **Exclusividad** – Si el producto tiene disponibilidad limitada, destaca ese aspecto.
- **Destaca el costo de la indecisión** – Explica lo que el cliente podría perder si no actúa.

Un truco que aprendí con la experiencia es dar un plazo sin que parezca una estrategia de marketing. "Esta promoción vence en 48 horas. Si quieres aprovechar al máximo, es el momento perfecto para actuar." No es un chantaje, es una oportunidad real que empuja al cliente a moverse.

REFORZAR EL SENTIDO DE SEGURIDAD DEL CLIENTE

Incluso cuando un cliente está cerca de tomar una decisión, puede necesitar una última confirmación para sentirse completamente seguro.

Cómo reforzar la seguridad en la elección:

- Ofrece una opción sin riesgos – Si es posible, ofrece una prueba gratuita o garantía.
- Muestra que no es solo una transacción – Asegura al cliente que habrá apoyo incluso después de la compra.
- Personaliza el cierre – Adapta tu mensaje final según las necesidades específicas de la persona.

Ejemplo Práctico: *Una vez un cliente me preguntó: '¿Y si después de la compra tengo preguntas?' Le respondí: 'Siempre estoy disponible para darte soporte incluso después de la compra. Si tienes dudas o preguntas, sabes que puedes contar conmigo.' Este simple detalle le dio la seguridad que buscaba y cerró el trato sin dudar.*

Convencer a un cliente no significa forzarlo a comprar, sino ayudarlo a tomar la mejor decisión para él. Cuando logras transmitir confianza, disipar sus dudas y estimular la acción, has creado las condiciones ideales para una elección consciente.

Recuerda: Un cliente convencido hoy se convierte en un cliente fiel mañana. Y, a largo plazo, un cliente fiel vale mucho más que una venta ocasional.

EL CIERRE: DE INTERÉS A DECISIÓN

Cerrar una venta no significa simplemente concluir una transacción. Es el momento en el que el cliente decide confiar en ti, en tu producto y en el valor que has transmitido. He aprendido que el cierre es mucho más que un acto comercial: es el inicio de una relación. Si se gestiona de la manera correcta, conduce a clientes satisfechos que regresan y hablan bien de ti.

Al inicio de mi carrera, temía "forzar" al cliente. Pensaba que insistir era una forma de presión y que el cliente debía decidir por sí mismo. Luego entendí que esperar pasivamente no es una estrategia ganadora. Las personas necesitan ser guiadas, tranquilizadas y ayudadas a dar el paso final. Si no lo haces tú, probablemente no lo hará nadie.

EL MOMENTO ADECUADO PARA CERRAR

Saber cuándo es el momento justo para cerrar es fundamental. Hay señales que indican que el cliente está listo:

- Hace preguntas específicas sobre precio, garantías o formas de compra.
- Muestra un interés concreto en cómo el producto puede ayudarle.
- Expresa entusiasmo o hace comentarios positivos sobre el valor de tu oferta.

Si percibes estas señales, no esperes a que sea el cliente quien te pregunte cómo comprar. Sé tú quien guíe el cierre de forma natural y sin dudar.

Ejemplo Práctico: *"Veo que este producto responde perfectamente a tus necesidades. ¿Quieres avanzar con la versión básica o prefieres el paquete avanzado?"*

OFRECER OPCIONES CLARAS Y PERSONALIZADAS

Las personas tienden a postergar decisiones si se enfrentan a demasiadas opciones o si no tienen claridad sobre qué es lo mejor para ellas. Un cliente está más inclinado a decir "sí" si tiene opciones bien definidas delante de él.

Cómo estructurar las opciones de compra:

- Presenta dos o tres alternativas con características y precios diferentes.
- Ofrece soluciones personalizadas basadas en las necesidades específicas del cliente.
- Haz que la compra sea simple e inmediata, evitando pasos complicados.

Ejemplo Práctico: *"Puedes elegir el plan estándar, perfecto para comenzar, o el premium, que ofrece funciones adicionales para maximizar los beneficios. ¿Cuál prefieres?"*

USAR EL LENGUAJE ADECUADO PARA REFORZAR LA DECISIÓN

Las palabras tienen un impacto enorme en la decisión final del cliente. Un lenguaje positivo y motivador ayuda al cliente a sentirse seguro con su elección.

Frases efectivas para el cierre:

- "Imagina cómo este producto mejorará tu vida cada día."
- "Estamos seguros de que esta solución te dará resultados excelentes."
- "Con esta elección, has dado un paso adelante hacia tu objetivo."

Evita expresiones inciertas como "Espero que te guste" o "Si quieres pensarlo", que podrían generar dudas en el comprador.

SUPERAR LAS ÚLTIMAS DUDAS

Incluso cuando todo parece ir bien, algunos clientes vacilan antes de tomar la decisión final. Tu tarea es tranquilizarlos sin presionarlos.

Estrategias para manejar las últimas incertidumbres:

- **Pregunta qué los detiene** – Entender el obstáculo te permite abordarlo directamente.

- **Reitera los beneficios** – Recuerda al cliente las principales ventajas.
- **Ofrece una garantía o soporte postventa** – Esto elimina el riesgo percibido.

Ejemplo Práctico: *"Entiendo que quieras estar seguro de tu elección. Te recuerdo que ofrecemos asistencia gratuita y, si necesitas ayuda, siempre estamos disponibles."*

HACER DE LA COMPRA UNA EXPERIENCIA POSITIVA

La venta no termina con el pago. Es el primer paso de una relación con el cliente. Un cierre efectivo debe dejar una sensación positiva y reforzar su convicción de haber tomado la decisión correcta.

Qué hacer después del cierre:

- Agradece al cliente por su confianza.
- Proporciona instrucciones claras sobre lo que sucederá tras la compra.
- Tranquilízalo sobre tu disponibilidad futura para cualquier duda o pregunta.

Ejemplo Práctico: *"¡Gracias por elegir nuestro producto! Si necesitas ayuda, no dudes en contactarnos. Te enviaremos de inmediato toda la información necesaria."*

El cierre no es solo el final de una venta, sino el inicio de una relación de confianza con el cliente.

Cuando el cliente percibe valor, seguridad y una experiencia positiva, será más propenso a volver y a recomendarte a otros.

Recuerda: Cerrar una venta no significa convencer con insistencia, sino acompañar al cliente en su mejor elección. Y cuando este proceso se maneja con atención, el cliente no solo compra, sino que se convierte en un promotor espontáneo de tu producto o servicio.

EN RESUMEN

Aprender a sonreír siempre, desarrollar el primer contacto con el cliente, la introducción al producto, el convencimiento y el cierre son elementos fundamentales para tener éxito en las interacciones comerciales. La capacidad de crear conexiones auténticas, comunicar eficazmente e influir positivamente en las decisiones de los clientes son habilidades esenciales para alcanzar resultados exitosos. Recuerda siempre que la sonrisa es una llave que abre muchas puertas y que el cuidado del cliente es la prioridad número uno. Aprovecha estas competencias y serás capaz de construir relaciones sólidas que te llevarán a alcanzar tus objetivos.

12 CÓMO ADMINISTRAR EL DINERO

La gestión eficaz del dinero es una habilidad fundamental para alcanzar el éxito en la vida. En este capítulo, exploraremos tres aspectos cruciales de la gestión financiera: cómo manejar tu cartera, la importancia de ahorrar dinero y cómo sacar provecho de las soluciones financieras más ventajosas, como el uso de las tarjetas de crédito.

CÓMO GESTIONAR TU CARTERA DE FORMA INTELIGENTE

Uno de los errores más comunes que he visto cometer —y que yo mismo cometí en el pasado— es pensar que ganar dinero es suficiente para estar financieramente seguro. En realidad, el verdadero juego comienza después de haber recibido los primeros ingresos: cómo administrarlos, invertirlos y hacerlos crecer con el tiempo.

Durante años subestimé la importancia de una gestión estratégica del dinero. Hice inversiones equivocadas, gasté más de la cuenta en proyectos poco rentables y, en algunas ocasiones, tuve que arremangarme para recuperarme. Pero esos errores me enseñaron lecciones fundamentales que ahora quiero compartir.

ESTABLECER OBJETIVOS FINANCIEROS CLAROS

Una cartera financiera eficaz siempre parte de objetivos bien definidos.

- **Objetivos a corto plazo** – Por ejemplo, crear un fondo de emergencia o ahorrar para un viaje.
- **Objetivos a medio plazo** – Acumular capital para una inversión inmobiliaria o hacer crecer un negocio.
- **Objetivos a largo plazo** – Crear un patrimonio, asegurar una jubilación estable o alcanzar la independencia financiera.

Ejemplo Práctico: *Cuando decidí iniciar mi primera empresa, sabía que necesitaría un capital inicial. Me fijé un objetivo específico: ahorrar 50.000 euros en dos años, reduciendo gastos innecesarios y diversificando mis fuentes de ingresos.*

Ejercicio Práctico: Escribe tres objetivos financieros (uno a corto, uno a medio y uno a largo plazo) y define una acción inmediata para empezar.

CREAR UN PRESUPUESTO FUNCIONAL

Una de las mejores decisiones que he tomado fue comenzar a registrar mis ingresos y gastos. Antes, cada mes era un misterio: ganaba bien, pero no sabía exactamente a dónde se iba el dinero.

Aquí tienes un método eficaz para gestionar tu presupuesto:

- **Registra ingresos y gastos:** Saber a dónde va tu dinero es el primer paso para mejorar tu gestión.
- **Aplica la regla del 50/30/20:**
  - 50% para gastos esenciales (alquiler, facturas, comida).
  - 30% para gastos personales (hobbies, viajes, ocio).
  - 20% para ahorro e inversiones.
- **Evita gastos innecesarios:** Si no aporta valor a tu vida o a tu futuro, probablemente sea prescindible.

Ejemplo Práctico: *Una vez descubrí que estaba gastando más de 500 euros al mes en desayunos y comidas fuera. Después de revisar mi presupuesto, reduje ese gasto a la mitad y redirigí ese dinero hacia inversiones más productivas.*

Ejercicio Práctico: Analiza tus gastos de los últimos tres meses e identifica tres categorías en las que puedas reducir costes sin sacrificar la calidad de vida.

DIVERSIFICAR LAS INVERSIONES PARA MINIMIZAR RIESGOS

Un error que cometí varias veces fue poner demasiado dinero en una sola oportunidad. Una vez invertí todo mi capital extra en un solo proyecto, sin considerar alternativas. Cuando el proyecto se retrasó, me quedé sin liquidez.

Aquí algunas clases de activos que puedes considerar:

- **Acciones** – Buen rendimiento a largo plazo, pero con volatilidad.
- **Bonos** – Más seguros, pero con rendimientos más bajos.
- **Bienes raíces** – Excelentes para ingresos pasivos, pero requieren capital inicial.
- **Metales preciosos** – Protección en tiempos de incertidumbre económica.
- **Criptomonedas** – Alto potencial de retorno, pero también con mucho riesgo.

Ejemplo Práctico: *Después de la experiencia negativa con mi inversión única, comencé a diversificar. Hoy en día, gran parte de mis inversiones están en derechos de propiedad intelectual, una participación en inmuebles y un pequeño presupuesto en startups innovadoras.*

Ejercicio Práctico: Analiza tu cartera actual y verifica si tienes una diversificación adecuada entre distintas clases de activos.

MONITOREAR Y OPTIMIZAR LA CARTERA

Un error común es pensar que invertir es una acción de una sola vez. El mercado cambia, las oportunidades evolucionan y tu estrategia también debe adaptarse.

Qué hacer:

- **Controla el rendimiento regularmente:** Al menos una vez al mes.
- **Rebalancea la cartera cuando sea necesario:** Si un activo crece demasiado en relación a los demás, considera equilibrar.
- **Mantente informado sobre novedades financieras:** Un buen inversor siempre está actualizado.

Ejemplo Práctico: *Si el mercado bursátil está en fuerte crecimiento y tu cartera se vuelve demasiado expuesta a acciones, podrías vender una parte y mover esos fondos a bonos para balancear el riesgo.*

Ejercicio Práctico: Configura un recordatorio para revisar tu cartera cada mes y hacer los ajustes necesarios.

PROTEGER TU CAPITAL DE LO INESPERADO

Nadie puede predecir el futuro, pero puedes protegerte de imprevistos financieros con estrategias simples:

- **Fondos de emergencia:** Ten al menos de 3 a 6 meses de gastos en una cuenta líquida.
- **Seguros:** Protege tu patrimonio con coberturas adecuadas.
- **Evita inversiones demasiado especulativas:** El riesgo siempre debe calcularse.

Ejemplo Práctico: *Un querido amigo mío había invertido todo en criptomonedas sin tener un fondo de emergencia. Cuando el mercado colapsó, tuvo* *que vender con pérdidas para cubrir gastos imprevistos. Yo, en cambio, al tener un fondo separado, pude esperar la recuperación sin entrar en pánico.*

Ejercicio Práctico: Comprueba si tienes un fondo de emergencia suficiente para cubrir al menos tres meses de gastos esenciales.

La gestión del dinero no se trata solo de cuánto ganas, sino de estrategia. He aprendido por experiencia propia que sin un plan financiero sólido, incluso ingresos elevados pueden desaparecer rápidamente.

- Establece objetivos claros y monitorea tu progreso.
- Crea un presupuesto para controlar tus gastos y aumentar tu capital invertible.
- Diversifica tu cartera para reducir riesgos y maximizar oportunidades.
- Protege tu capital para enfrentar imprevistos sin estrés.

Recuerda: El dinero trabaja para quien sabe gestionarlo con inteligencia. ¡Prepárate para hacerlo trabajar para ti!

DINERO AHORRADO ES DINERO GANADO

Muchos creen que el éxito financiero depende únicamente de cuánto se gana. Yo mismo, al inicio de mi carrera, pensaba que la única manera de estar bien económicamente era aumentar mis ingresos. Pero descubrí, a mis expensas, que no basta con ganar mucho: también hay que saber administrar ese dinero.

Ahorrar no significa vivir con privaciones, sino tomar decisiones inteligentes para optimizar los gastos y hacer crecer el capital. Un euro ahorrado hoy puede convertirse en diez euros mañana, si se invierte correctamente.

CREAR UN FONDO DE EMERGENCIA PARA LA SEGURIDAD FINANCIERA

Uno de los mayores errores que cometí al principio fue no tener un fondo de emergencia. Cuando un cliente me dejó colgado con una factura grande sin pagar, me encontré en aprietos y tuve que aceptar trabajos mal pagados solo para cubrir los gastos.

¿Cuánto deberías ahorrar?

- Mínimo de 3 a 6 meses de gastos esenciales (alquiler, facturas, comida, seguros).
- Si tienes ingresos variables o eres emprendedor, apunta a tener de 6 a 12 meses de reserva.

¿Dónde guardar el fondo?

- Cuenta de ahorro de alta liquidez – Accesible rápidamente en caso de necesidad.
- Instrumentos de bajo riesgo, como certificados de depósito o fondos monetarios.

Ejemplo Práctico: *Si tu coste de vida es de 2.000 euros al mes, deberías acumular al menos entre 6.000 y 12.000 euros en un fondo de emergencia para cubrir imprevistos sin estrés.*

Ejercicio Práctico: Calcula tu coste mensual promedio y define tu objetivo para el fondo de emergencia.

REDUCIR GASTOS INNECESARIOS Y DEJAR DE MALGASTAR DINERO

No es cuánto ganas, sino cuánto logras conservar lo que marca la diferencia. Lo digo por experiencia: durante años gasté dinero sin darme cuenta en cosas inútiles, y al final del mes me preguntaba a dónde se había ido todo.

- **Analiza tu presupuesto mensual** – Identifica los gastos recurrentes y detecta cuáles puedes eliminar.
- **Evita las compras impulsivas** – Espera 24 horas antes de realizar compras no esenciales.
- **Revisa suscripciones y servicios no utilizados** – Cancela los que no usas o busca alternativas más baratas.
- **Sustituye hábitos costosos con alternativas inteligentes** – Cocina en casa en lugar de comer fuera, usa transporte público cuando sea posible, compra productos de calidad y duraderos.

Ejemplo Práctico: *Si eliminas dos cafés de 2 euros al día, ahorras aproximadamente 1.460 euros al año. Si inviertes ese dinero, podría crecer hasta 15.000 euros en diez años.*

Ejercicio Práctico: Haz una lista de tus gastos innecesarios y elige tres ítems para reducir o eliminar este mes.

AUTOMATIZAR EL AHORRO PARA ACUMULAR CAPITAL SIN ESFUERZO

La clave para ahorrar de manera constante es eliminar la tentación de gastar todo el dinero disponible. Un truco que adopté fue configurar una transferencia automática de mi cuenta corriente a mi cuenta de ahorro cada mes.

Ejemplo Práctico: *Si transfieres automáticamente 200 euros al mes a un fondo de ahorro, después de 5 años habrás acumulado 12.000 euros sin siquiera notarlo.*

Ejercicio Práctico: Activa hoy mismo una transferencia automática hacia tu cuenta de ahorro.

CUIDADO CON LOS PEQUEÑOS GASTOS: EL EFECTO GOTA A GOTA

Los pequeños gastos diarios se acumulan y pueden erosionar tu presupuesto sin que te des cuenta.

- **Registra cada gasto durante un mes** – Analiza tus hábitos e identifica los gastos innecesarios.
- **Evita los microgastos diarios** – Café, snacks, compras impulsivas: todos son costos ocultos.
- **Busca alternativas económicas** – Compra al por mayor, usa tarjetas de fidelidad, compara precios antes de comprar.

Ejemplo Práctico: *Si gastas 5 euros diarios en gastos innecesarios, en un año habrás derrochado más de 1.800 euros, que podrías haber destinado a inversiones o experiencias más significativas.*

Ejercicio Práctico: Haz un seguimiento de todos tus pequeños gastos durante una semana y calcula cuánto podrías ahorrar eliminando los que no son necesarios.

AHORRAR NO SIGNIFICA RENUNCIAR A LA CALIDAD

- Muchos supermercados y tiendas ofrecen recompensas y descuentos a clientes frecuentes.
- Numerosas tiendas y plataformas brindan ofertas especiales que pueden reducir significativamente el costo de tus compras.
- Black Friday, rebajas de fin de temporada, Prime Day: planea tus compras para maximizar el ahorro.

Ejemplo Práctico: *Si compras un nuevo portátil con un 40% de descuento durante el Black Friday, con el dinero ahorrado puedes adquirir un software profesional que mejore tu trabajo.*

Ejercicio Práctico: Descarga una app de cashback o compara precios de una compra que necesitas hacer para encontrar la opción más económica.

El ahorro es la base de la libertad financiera. Cada euro que ahorres e inviertas hoy puede trabajar para ti en el futuro.

- Crea un fondo de emergencia para protegerte de los imprevistos.
- Reduce los gastos innecesarios y hazte más consciente de tus hábitos de consumo.
- Automatiza el ahorro para construir riqueza sin esfuerzo.
- Presta atención a los pequeños gastos y aprovecha todas las oportunidades de ahorro.

Recuerda: Ahorrar no es privarse, sino invertir en tu futuro. ¡Haz que tu dinero trabaje de forma más inteligente!

APROVECHAR PROGRAMAS DE FIDELIDAD, CASHBACK Y RECOMPENSAS

Las tarjetas de crédito pueden generarte dinero a través de recompensas y beneficios si se utilizan estratégicamente.

Tipos de recompensas más comunes:

- **Cashback:** Un porcentaje de tus compras se te reembolsa directamente.
- **Puntos de fidelidad:** Se acumulan con las compras y pueden canjearse por premios o descuentos.
- **Millas aéreas:** Ideales para quienes viajan con frecuencia, permiten obtener vuelos gratis o mejoras de categoría.
- **Descuentos exclusivos:** Algunas tarjetas ofrecen acceso a eventos, promociones especiales y seguros gratuitos.

Cómo maximizar los beneficios:

- Usa la tarjeta para gastos que igual ibas a realizar (facturas, supermercado, combustible).
- Elige una tarjeta que ofrezca beneficios relevantes para tu estilo de vida.
- Revisa las ofertas exclusivas y alianzas de tus tarjetas para obtener el máximo valor.

Ejemplo Práctico: *Si tu tarjeta ofrece un 3% de cashback en compras de alimentos y gastas 400 euros al mes en supermercado, recibirás 12 euros de cashback al mes, es decir, 144 euros al año de ahorro automático.*

Ejercicio Práctico: Consulta las opciones de cashback y recompensas de tu tarjeta actual y verifica si puedes optimizar su uso.

CÓMO USAR LAS TARJETAS DE CRÉDITO A TU FAVOR

Las tarjetas de crédito suelen ser vistas como instrumentos de deuda peligrosos, pero si se usan estratégicamente, pueden convertirse en un poderoso aliado financiero. Pueden ayudarte a gestionar tu flujo de caja, acumular recompensas, mejorar tu puntaje crediticio e incluso generar ahorros mediante cashback y beneficios exclusivos.

Sin embargo, usarlas sin una estrategia clara puede llevar a intereses altos, deudas descontroladas y mala gestión financiera. Yo mismo, cuando recibí mi primera tarjeta de crédito, creí que podía usarla libremente sin consecuencias, hasta que me vi con un saldo difícil de pagar. De esa experiencia aprendí a usarla con disciplina y convertirla en una herramienta útil en lugar de un problema.

ELEGIR LA TARJETA DE CRÉDITO ADECUADA

No todas las tarjetas de crédito son iguales. Elegir la correcta depende de tu estilo de vida y tus necesidades financieras.

Qué considerar al elegir una tarjeta de crédito:

- **Tasa de interés (TIN y TAE)** – Si no pagas el saldo completo cada mes, la tasa de interés es un factor crucial.

- **Comisiones anuales** – Algunas tarjetas ofrecen beneficios exclusivos, pero pueden tener costes fijos altos.
- **Programas de fidelidad y cashback** – Elige tarjetas que ofrezcan recompensas según tus compras habituales.
- **Seguros y beneficios** – Algunas tarjetas incluyen seguros de viaje, protección de compras o acceso a salas VIP.
- **Límite de crédito y flexibilidad** – Evalúa el límite máximo de gasto y la posibilidad de pagos sin intereses.

Ejemplo Práctico: *Si viajas con frecuencia, una tarjeta con acumulación de millas y acceso a salas VIP puede ser más ventajosa que una con cashback genérico. Si haces muchas compras online, una tarjeta con protección de compras y reembolso por fraudes puede darte mayor seguridad.*

Ejercicio Práctico: Analiza tus gastos mensuales y elige una tarjeta que maximice tus beneficios según tus hábitos de consumo.

USAR LAS TARJETAS DE CRÉDITO DE FORMA RESPONSABLE

Una tarjeta de crédito puede ser un arma de doble filo. Usarla con disciplina evita problemas financieros y mejora la gestión del dinero.

Reglas para un uso responsable:

- Paga siempre el saldo completo cada mes para evitar intereses altos.
- Evita usar la tarjeta para gastos no esenciales si no tienes ya el dinero para cubrirlos.
- Mantén una baja relación deuda/crédito – Usa menos del 30% del límite disponible para mantener una buena calificación crediticia.
- No utilices la tarjeta para retirar efectivo – Las comisiones por retiros con tarjeta de crédito son mucho más altas que las de un retiro bancario normal.

Ejemplo Práctico: *Si tienes un límite de 5.000 euros en tu tarjeta,* *intenta mantener el uso por debajo de 1.500 euros para mejorar tu puntuación crediticia y demostrar una gestión financiera sólida.*

Ejercicio Práctico: Configura un recordatorio para revisar el saldo de tu tarjeta cada semana y evitar sorpresas al final del mes.

MONITOREAR LAS TRANSACCIONES Y COMPRENDER LAS CONDICIONES DE LA TARJETA

Una mala gestión de la tarjeta de crédito puede salir cara. Revisar regularmente las transacciones ayuda a evitar problemas.

Hábitos que debes adoptar:

- Revisa el saldo al menos una vez por semana.
- Lee siempre las condiciones de tu tarjeta para evitar comisiones ocultas.
- Activa alertas de gasto para monitorear automáticamente tus transacciones y recibir notificaciones ante actividades sospechosas.
- Verifica siempre el tipo de cambio si usas la tarjeta en el extranjero: algunas tarjetas aplican comisiones muy altas por transacciones internacionales.

Ejemplo Práctico: *Si detectas una transacción sospechosa en tu tarjeta, contacta inmediatamente con el banco para bloquear posibles fraudes y solicitar un reembolso.*

Ejercicio Práctico: Activa hoy mismo las alertas de gasto en tu cuenta para recibir notificaciones de cada transacción hecha con la tarjeta.

EVITAR EL SOBREENDEUDAMIENTO Y LOS RIESGOS DEL CRÉDITO

El mayor peligro de las tarjetas de crédito es el riesgo de acumular deudas por encima de tus posibilidades.

Estrategias para evitar problemas financieros:

- No gastes más de lo que ganas – Usa la tarjeta solo para compras que puedas pagar de inmediato.
- Evita tener más tarjetas de las necesarias – Demasiadas tarjetas pueden fomentar el gasto excesivo.
- Si tienes dificultades para pagar el saldo, reduce el uso de la tarjeta y revisa tu presupuesto.
- No utilices la tarjeta para consolidar otras deudas sin una estrategia clara.

Ejemplo Práctico: *Si acumulas 5.000 euros de deuda en una tarjeta con una tasa de interés del 20% y solo pagas la cuota mínima mensual, podrías tardar años en saldar la deuda y pagar mucho más de lo que debes en intereses.*

Ejercicio Práctico: Revisa tu uso actual de la tarjeta y, si es necesario, reduce los gastos para evitar acumulación de deuda.

Las tarjetas de crédito pueden ser herramientas financieras extremadamente valiosas si se usan con inteligencia.

- Elige una tarjeta que se adapte a tu estilo de vida y tus necesidades.
- Úsala de forma responsable, evitando acumular deudas innecesarias.
- Maximiza las recompensas y beneficios ofrecidos para obtener valor añadido de tus compras.
- Monitorea las transacciones y lee siempre las condiciones para evitar costes ocultos.

Recuerda: Si se usa con disciplina, una tarjeta de crédito puede convertirse en una poderosa herramienta de gestión financiera.

EN RESUMEN

La gestión financiera es un pilar fundamental para el éxito en la vida. Aprender a manejar tu cartera, ahorrar dinero y sacar provecho de las soluciones financieras más ventajosas te proporcionará una base sólida para alcanzar tus metas.

Recuerda que la gestión del portafolio requiere planificación, disciplina y atención constante. Establece objetivos financieros claros, crea un presupuesto que te permita ahorrar y diversifica tus inversiones para maximizar las oportunidades de beneficio.

El dinero ahorrado es dinero ganado. Aprovecha la automatización para ahorrar de forma constante y busca reducir los gastos innecesarios. Presta atención a los pequeños gastos diarios y utiliza ofertas y cupones para sacar el máximo partido a tu dinero.

Cuando se trata de tarjetas de crédito, elige la adecuada para tus necesidades y úsala de forma responsable. Aprovecha las recompensas, los programas de fidelización y monitorea tus transacciones cuidadosamente. Evita el sobreendeudamiento y mantén una buena relación entre deuda y crédito.

Tómate el tiempo para comprender los conceptos financieros básicos y sé proactivo en aplicarlos en tu vida diaria. La gestión financiera es un proceso continuo que requiere compromiso constante, pero los resultados serán gratificantes.

Sé decidido, enfocado y disciplinado en tu búsqueda del éxito financiero. Con una sólida gestión financiera, podrás construir una base estable para hacer realidad tus sueños y alcanzar el éxito en la vida.

13 CÓMO INVERTIR DINERO

Los desafíos financieros son una constante en la vida de todos, pero podemos superarlos y alcanzar el éxito mediante inversiones prudentes y estrategias inteligentes.

En este capítulo, exploraremos una serie de temas fundamentales que te ayudarán a comprender qué inversiones pueden ser más rentables y seguras, cómo evaluar el riesgo, la importancia de la diversificación y las oportunidades que ofrecen la inversión pasiva y activa. También examinaremos el uso del crédito bancario para generar beneficios, más allá de simplemente comprar una propiedad para vivir.

Invertir es una de las formas más eficaces de construir riqueza y asegurar un futuro financiero estable. Sin embargo, aprendí por experiencia propia que no basta con lanzarse al primer proyecto que parezca prometedor. Cometí errores, tomé decisiones equivocadas, pero también tuve aciertos que me enseñaron mucho.

Si hay algo que comprendí, es que para obtener altos rendimientos se necesita una estrategia clara, diversificar y saber cuándo arriesgar y cuándo observar desde fuera. Veamos juntos algunas de las opciones de inversión más rentables y cómo identificar las mejores oportunidades minimizando los riesgos.

INVERTIR EN EL SECTOR INMOBILIARIO

El sector inmobiliario es una inversión que, si se realiza correctamente, garantiza seguridad y rendimientos estables. Al comprar una propiedad para alquilar, es importante no cometer errores. No subestimes los costos de mantenimiento, estudia bien la zona y no ignores los impuestos, que si se calculan más tarde, pueden afectar más de lo previsto. Invierte con mayor conciencia.

Tipos de inversiones inmobiliarias:

- **Alquiler residencial** para generar ingresos pasivos constantes.
- **Flipping inmobiliario**: comprar casas para reformarlas y venderlas.
- **Inversión en terrenos** en zonas en expansión.

Ejemplo Práctico: *Compré una propiedad en una ciudad en crecimiento y la alquilé para generar ingresos constantes. Con los años, el valor del inmueble aumentó y hoy puedo venderlo con una excelente ganancia.*

Ejercicio Práctico: Analiza el mercado inmobiliario de tu ciudad o de una zona que conozcas bien e identifica un área con alto potencial de crecimiento.

NUEVAS TECNOLOGÍAS Y MERCADOS EMERGENTES

Si hay un sector que me fascina, es el de las nuevas tecnologías. He visto empresas desconocidas convertirse en gigantes en pocos años.

Dónde invertir hoy:

- **Inteligencia artificial** y automatización, por su aplicación en todos los sectores.
- **Blockchain y criptomonedas**, que aunque volátiles, siguen siendo una oportunidad.
- **Energías renovables**, que crecerán con la transición ecológica.

Ejemplo Práctico: *Si hubiera invertido en una empresa de energía solar hace diez años, hoy mi capital se habría triplicado gracias a la creciente demanda de fuentes sostenibles.*

Ejercicio Práctico: Identifica una tecnología emergente y estudia su potencial para los próximos cinco años.

INVERTIR EN UNO MISMO: LA MEJOR INVERSIÓN POSIBLE

Antes de invertir en inmuebles, nuevas tecnologías o criptomonedas, invierte en ti mismo.

Formas de hacerlo:

- Realizar cursos de formación para mejorar tus habilidades.
- Crear tu propio negocio.
- Ampliar tu red de contactos para aumentar tus oportunidades.

Ejemplo Práctico: *Leer libros, escuchar testimonios y consejos sobre finanzas e inversiones me ayudó a evitar errores costosos. Si hubiera invertido antes en mi formación, habría ganado mucho más.*

Ejercicio Práctico: Elige un área en la que mejorar y realiza una inversión en un curso o experiencia formativa.

EVALUAR EL RIESGO

Invertir significa poner tu dinero a trabajar con el objetivo de generar un rendimiento. Sin embargo, toda inversión conlleva un riesgo, y la capacidad de evaluarlo correctamente es esencial para tomar decisiones conscientes y proteger tu capital.

No existen ganancias sin riesgo, pero entender cómo equilibrar la relación entre riesgo y rendimiento puede marcar la diferencia entre una inversión inteligente y una elección precipitada.

Principales categorías de inversión según el riesgo:

- **Bajo riesgo, bajo rendimiento** – Cuentas de ahorro, inversiones inmobiliarias a largo plazo, negocios con ingresos pasivos consolidados.
- **Riesgo moderado, rendimiento medio** – Inversiones en empresas, franquicias, propiedades comerciales.
- **Alto riesgo, alto rendimiento** – Startups, nuevos negocios, sectores emergentes como las nuevas tecnologías.

Ejemplo Práctico: *Si quiero invertir para obtener ingresos estables a largo plazo, puedo optar por inversiones de bajo riesgo como el sector inmobiliario o negocios ya establecidos. Si busco mayores ganancias, puedo considerar financiar una startup innovadora.*

Ejercicio Práctico: Analiza tres inversiones distintas y clasifícalas según su nivel de riesgo y potencial de rendimiento.

DEFINIR TU TOLERANCIA AL RIESGO

No todos tienen el mismo enfoque hacia el riesgo. Entender tu tolerancia es fundamental para evitar decisiones impulsivas y situaciones de estrés.

Factores que influyen en la tolerancia al riesgo:

- **Edad y horizonte temporal** – Cuanto más tiempo tienes, más puedes permitirte inversiones arriesgadas.
- **Situación financiera personal** – Si tienes una base económica sólida, puedes considerar opciones más audaces.
- **Personalidad y control emocional** – Si el riesgo te genera ansiedad, es mejor optar por estrategias conservadoras.

Ejemplo Práctico: *Un joven emprendedor con ingresos variables puede tener una mayor tolerancia al riesgo que un jubilado que necesita estabilidad.*

Ejercicio Práctico: Escribe una breve descripción de tu perfil de riesgo y qué inversiones se adaptan mejor a tus características.

ANALIZAR LOS FACTORES DE RIESGO EN LAS INVERSIONES

Toda inversión tiene variables que pueden influir en su rentabilidad. Conocer y evaluar estos factores te permite reducir el riesgo y tomar decisiones más informadas.

Principales factores de riesgo a considerar:

- **Riesgo de mercado** – Las fluctuaciones económicas y financieras pueden afectar el valor de las inversiones.
- **Riesgo de liquidez** – Algunas inversiones, como los bienes raíces, pueden ser difíciles de vender rápidamente.
- **Riesgo específico de la empresa o del sector** – Eventos internos o externos pueden impactar el rendimiento de una actividad o mercado.

Ejemplo Práctico: *Si invierto en una startup innovadora, debo considerar el riesgo de mercado, la competencia y la rapidez con la que cambia el sector.*

Ejercicio Práctico: Elige una inversión e identifica al menos tres riesgos que podrían afectar su rentabilidad.

ESTRATEGIAS PARA REDUCIR EL RIESGO

Aunque no se puede eliminar completamente el riesgo, existen estrategias que ayudan a gestionarlo y minimizarlo.

Métodos para mitigar el riesgo:

- **Diversificación** – Distribuir el capital en varios activos reduce el impacto de un posible fracaso.
- **Plan de inversión gradual** – Invertir periódicamente en lugar de todo de una vez puede suavizar el efecto de las fluctuaciones del mercado.
- **Análisis e información** – Estudiar el mercado, las tendencias

y los datos históricos reduce el riesgo de decisiones impulsivas. No te dejes llevar por las emociones.

Ejemplo Práctico: *Si invierto 10.000 euros, en lugar de ponerlos todos en un solo negocio, puedo distribuirlos en distintos sectores para reducir el riesgo general.*

Ejercicio Práctico: Revisa tu cartera de inversiones y evalúa si está adecuadamente diversificada.

Durante una crisis de mercado, tener inversiones diversificadas nos permitirá contener las pérdidas. Si apostamos todo a un solo recurso, corremos el riesgo de perder gran parte del capital.

Invertir no significa únicamente encontrar la mejor oportunidad, sino desarrollar el conocimiento y la disciplina necesarios para gestionar el propio capital a lo largo del tiempo.

Recuerda: El secreto no está en buscar atajos, sino en tener una estrategia, mantenerse informado y aprender de los errores. Si quieres construir tu riqueza, empieza hoy mismo con pequeñas acciones concretas.

SABER CUÁNDO UNA INVERSIÓN ES DEMASIADO RIESGOSA

No todas las inversiones son adecuadas para todos. Hay situaciones en las que el riesgo es excesivo y puede ser mejor evitarlas.

Señales de una inversión demasiado arriesgada:

- **Promesas de ganancias altas y garantizadas** – Ninguna inversión seria puede prometer beneficios sin riesgo.
- **Falta de transparencia** – Si no entiendes cómo funciona, es mejor no invertir.
- **Alta volatilidad sin fundamentos sólidos** – Si el valor oscila demasiado sin una razón clara, puede tratarse de una burbuja especulativa.

Ejemplo Práctico: *Si una inversión parece demasiado buena para ser verdad, probablemente lo sea. Es mejor investigar a fondo antes de comprometer tu dinero.*

Ejercicio Práctico: Investiga una inversión que te interese y verifica si presenta señales de riesgo excesivo.

Evaluar el riesgo no significa evitar invertir, sino tomar decisiones inteligentes y conscientes.

El secreto para obtener rendimientos satisfactorios está en encontrar el equilibrio adecuado entre riesgo y oportunidad, basándose en un análisis cuidadoso y estrategias de mitigación.

Recuerda: Invertir de manera inteligente significa conocer los riesgos, estar preparados para enfrentarlos y convertirlos en oportunidades de crecimiento financiero.

LAS INVERSIONES MÁS SEGURAS

Invertir de forma segura no significa renunciar a las ganancias, sino encontrar un equilibrio entre estabilidad y crecimiento.

He aprendido que, antes de lanzarse a cualquier inversión, es esencial comprender el propio nivel de tolerancia al riesgo y elegir instrumentos financieros que protejan el capital sin renunciar completamente a las oportunidades de rentabilidad.

Muchas personas se lanzan a invertir en acciones simplemente porque está de moda o porque han escuchado historias de quienes se enriquecieron jugando en la bolsa. Pero invertir en acciones puede ser una lotería, y si no sabes exactamente lo que haces, puedes perder más de lo que ganas. Es un campo que requiere conocimientos específicos, experiencia y, sobre todo, la capacidad de controlar las emociones en momentos de incertidumbre.

Lo curioso es que muchas personas confían su dinero a asesores bancarios convencidos de que estos "expertos" los harán ricos. Pero piénsalo un momento: si fueran tan buenos en inversiones, ¿no crees que se enriquecerían por cuenta propia en lugar de trabajar en un banco por un salario fijo?

Personalmente, prefiero invertir en mercados que conozco bien y **que generan flujos de efectivo constantes**. No me interesa jugar en la bolsa esperando que una acción suba, influenciada por factores socio-económicos. Prefiero elegir activos con valor real que puedan ofrecer estabilidad y rendimientos constantes con el tiempo.

Si observas a tu alrededor, verás que **las oportunidades de inversión están en todas partes**, pero necesitas aprender a reconocerlas: desde bienes raíces al oro, hasta invertir en Bitcoin y criptomonedas seleccionadas. Sí, son volátiles, pero quienes creyeron en Bitcoin y lo mantuvieron durante años vieron crecer su valor enormemente. Y no fue casualidad, sino porque hay detrás un proyecto y una tecnología con un potencial enorme.

Si crees que el gobierno protegerá tus ahorros, entonces estás en camino de perder lo que has acumulado. No existe un sistema financiero diseñado para hacerte rico; tú debes tomar el control de tu dinero y de tus decisiones.

Deja de ver las inversiones con los ojos de quien siempre te dijo: "guarda tus ahorros en el banco y estate tranquilo." La seguridad no está en dejar el dinero quieto, sino en hacerlo trabajar para ti en los sectores adecuados. Los bancos usan tu dinero para generar beneficios. Aquí hay algunas opciones de inversión que se consideran más seguras.

ORO: EL REFUGIO POR EXCELENCIA

El oro es considerado el refugio seguro por excelencia por diversos motivos históricos, económicos y financieros. Es un activo seguro, reconocido a nivel mundial y capaz de proteger la riqueza en tiempos de incertidumbre económica y geopolítica.

Desde la antigüedad, el oro ha sido utilizado como moneda y reserva de valor. A diferencia de las monedas fiduciarias, que pueden devaluarse debido a la inflación, el oro mantiene su poder adquisitivo a lo largo del tiempo.

Cuando los bancos centrales imprimen más dinero, el valor de la moneda se reduce, provocando un aumento de los precios (inflación). El oro, en cambio, es un recurso limitado y no puede crearse artificialmente, por lo que tiende a mantener o aumentar su valor en épocas inflacionarias.

En tiempos de crisis económica, guerras o inestabilidad política, las monedas nacionales pueden perder valor rápidamente o incluso volverse inútiles. El oro, en cambio, es aceptado en todo el mundo como medio de intercambio y siempre tiene un mercado activo.

El oro no solo se usa como reserva de valor, sino también en la industria, la joyería y la tecnología. Esta demanda constante garantiza su liquidez y la posibilidad de convertirlo en efectivo en cualquier momento.

A diferencia del dinero fiduciario, que está controlado por los gobiernos y bancos centrales, el oro es un bien físico que no puede ser manipulado o devaluado arbitrariamente por decisiones políticas o económicas.

¿Por qué invertir en oro?

- Protección contra la inflación y la incertidumbre económica.
- Estabilidad en momentos de crisis financiera.
- Diversificación del portafolio para reducir riesgos.

Formas de invertir en oro:

- **Oro físico (lingotes, monedas)**: protección a largo plazo, pero con costos de almacenamiento.
- **ETF de oro**: permite invertir sin poseer físicamente el metal.
- **Acciones de empresas mineras auríferas**: más especulativas, pero con mayor potencial de rendimiento.

Ejemplo Práctico: *Si hubieras invertido 10.000 euros en oro en el año 2000, hoy podrían valer unos 91.611 euros, representando un aumento de más de 8 veces el capital inicial. Su crecimiento constante demuestra que es una excelente herramienta para proteger el patrimonio.*

Ejercicio Práctico: Analiza el precio del oro en los últimos 20 años y compáralo con otras formas de inversión.

BONOS: INVERSIONES DE RENTA FIJA

Los bonos son una de las formas más comunes de inversión de bajo riesgo. Son títulos de deuda emitidos por gobiernos o empresas que pagan intereses periódicos hasta su vencimiento.

Tipos de bonos seguros:

- **Bonos gubernamentales**: emitidos por gobiernos, generalmente considerados más seguros.
- **Bonos corporativos de alta calificación**: emitidos por empresas sólidas con riesgo moderado.
- **Bonos del Estado indexados a la inflación**: protegen contra la pérdida del poder adquisitivo.

Ejemplo Práctico: *Si quiero invertir 10.000 euros sin asumir grandes riesgos y con una rentabilidad constante, podría optar por bonos gubernamentales de un país estable.*

Ejercicio Práctico: Compara los rendimientos de distintos bonos y evalúa cuál se adapta mejor a tu perfil de riesgo.

FONDOS COMUNES DE INVERSIÓN DE BAJO RIESGO

Los fondos comunes de bajo riesgo son instrumentos gestionados por profesionales que invierten en una combinación de activos seguros, como bonos y títulos del Estado.

Ventajas:

- **Diversificación automática** para reducir el riesgo.
- **Gestión profesional** sin necesidad de experiencia previa.
- **Accesibilidad y liquidez** para entrar y salir fácilmente del mercado.

Tipos de fondos comunes seguros:

- **Fondos de bonos**: invierten en bonos de bajo riesgo.
- **Fondos monetarios**: invierten en instrumentos a corto plazo con alta liquidez.
- **ETF de índices de bonos**: alternativa económica para diversificar inversiones.

Ejemplo Práctico: *Si no quiero monitorear el mercado cada día, un fondo de bonos puede ofrecer un rendimiento predecible con un riesgo contenido.*

Ejercicio Práctico: Encuentra tres fondos comunes de bajo riesgo y compara su desempeño en los últimos cinco años.

CUENTAS DE AHORRO Y DEPÓSITOS A PLAZO FIJO

Si no quieres correr ningún riesgo, pero igualmente deseas obtener algo de rentabilidad, las cuentas de ahorro de alto rendimiento y los depósitos a plazo pueden ser una opción segura.

Ventajas y desventajas:

- **Cero riesgo de pérdida de capital.**
- **Intereses garantizados**, aunque mucho más bajos en comparación con otras inversiones.
- **Alta liquidez en las cuentas de ahorro.**
- **Rentabilidad a largo plazo claramente inferior** a otras formas de inversión.

Ejemplo Práctico: *Si quiero apartar dinero para emergencias, una cuenta de ahorro con buenos intereses puede ser la mejor solución.*

Ejercicio Práctico: Compara las tasas de interés ofrecidas por diferentes cuentas de ahorro y elige la más conveniente.

¿CUÁL ES EL EQUILIBRIO CORRECTO ENTRE SEGURIDAD Y RENTABILIDAD?

Las inversiones seguras protegen el capital, pero a menudo ofrecen rendimientos más bajos que las inversiones con mayor riesgo. La clave está en encontrar un equilibrio entre seguridad y crecimiento, de acuerdo con tu perfil de riesgo.

Estrategias para equilibrar seguridad y rentabilidad:

- Mantener parte del capital en activos seguros (oro, plata, bonos, cuentas de ahorro).
- Dedicar un porcentaje a inversiones más dinámicas para obtener mejores rendimientos.
- Invertir una parte en bienes raíces y ajustar el portafolio con el tiempo.

Ejemplo Práctico: *Si quiero proteger mi capital, puedo mantener un 40% en bienes raíces, un 30% en oro físico y el restante 30% en inversiones más dinámicas para hacer crecer mi patrimonio.*

Ejercicio Práctico: Define una estrategia de portafolio que combine seguridad y rentabilidad según tus objetivos.

Las inversiones seguras son un componente esencial de cualquier estrategia financiera sólida.

Proteger el capital sin renunciar completamente al crecimiento es posible eligiendo instrumentos como el oro, los bonos y los fondos de bajo riesgo.

Recuerda: Un portafolio bien equilibrado debe ofrecer seguridad, estabilidad y oportunidades de crecimiento a largo plazo. La clave está en diversificar y tener una estrategia clara, sin dejarse llevar por emociones o modas pasajeras.

¿POR QUÉ DIVERSIFICAR LA INVERSIÓN?

Invertir sin una estrategia de diversificación es como caminar por una cuerda sin red de seguridad. Uno de los errores más comunes, especialmente entre quienes comienzan, es concentrar todo el capital en una única inversión o sector. Si sale bien, la ganancia es significativa. Pero si sale mal, se puede perder todo. Lo he visto pasar muchas veces.

Por experiencia directa sé que la diversificación es la clave para reducir el riesgo y optimizar los rendimientos a largo plazo. Distribuyendo el capital en diferentes activos, sectores y mercados, podemos estabilizar el portafolio, reducir la volatilidad y aumentar las probabilidades de éxito.

¿POR QUÉ LA DIVERSIFICACIÓN ES FUNDAMENTAL?

Invertir es un juego de probabilidades. No podemos predecir con certeza el futuro de los mercados, pero sí podemos prepararnos minimizando los riesgos.

Principales ventajas de la diversificación:

- **Reduce el riesgo total** – Si una inversión falla, otras pueden compensar la pérdida.
- **Protege contra imprevistos económicos** – Crisis financieras, recesiones o eventos geopolíticos pueden afectar a sectores específicos, pero rara vez a todos al mismo tiempo.
- **Aumenta la estabilidad del portafolio** – Menor volatilidad significa menos estrés y mayor seguridad a largo plazo.

Ejemplo Práctico: *Si invierto todo en un único negocio y este fracasa, perdería todo mi capital. En cambio, si distribuyo mis inversiones entre varios sectores, un posible fracaso tendría un impacto mucho menor.*

Ejercicio Práctico: Analiza tu portafolio actual y verifica si está demasiado concentrado en un solo sector o activo.

TIPOS DE DIVERSIFICACIÓN

Diversificar no significa simplemente repartir el dinero en varias inversiones al azar. Es necesario elegir activos diferentes que respondan de forma distinta a las fluctuaciones del mercado.

Principales formas de diversificar:

- **Diversificación por tipo de activo** – Combinar activos tangibles como inmuebles, materias primas e inversiones digitales.
- **Diversificación geográfica** – Invertir en mercados diferentes (EE. UU., Europa, Asia, países emergentes).
- **Diversificación sectorial** – Balancear inversiones en tecnología, salud, energía, finanzas, bienes de consumo, etc.
- **Diversificación temporal** – Invertir de forma gradual para reducir el riesgo asociado a la volatilidad.

Ejemplo Práctico: *Un portafolio bien diversificado podría incluir un 30% en bienes raíces, un 20% en materias primas como el oro, un 30% en negocios consolidados y un 20% en sectores emergentes, equilibrando así riesgo y rentabilidad.*

Ejercicio Práctico: Analiza la composición de tu portafolio y verifica si tienes una buena distribución entre distintas clases de activos.

CÓMO CREAR UN PORTAFOLIO BIEN DIVERSIFICADO

Para construir una estrategia de diversificación efectiva, es importante seguir un enfoque metódico.

Pasos para una diversificación inteligente:

- **Analiza tu perfil de riesgo** – ¿Eres un inversor conservador o agresivo?
- **Elige activos con baja correlación** – Evita invertir solo en instrumentos que se muevan en la misma dirección.

- **Adopta un horizonte temporal diversificado** – Planifica inversiones a corto, medio y largo plazo.
- **Monitorea y ajusta el portafolio** – Los mercados cambian, así que es esencial reequilibrar los activos periódicamente.

Ejemplo Práctico: *Si mi portafolio está compuesto solo por un negocio propio, podría considerar asignar parte del capital a bienes raíces o materias primas para reducir el riesgo.*

Ejercicio Práctico: Escribe qué activos podrían equilibrar mejor tu portafolio en función de tus objetivos financieros.

ERRORES COMUNES EN LA DIVERSIFICACIÓN

Aunque la diversificación es una excelente estrategia, muchos inversores cometen errores que anulan sus beneficios.

Errores más comunes a evitar:

- **Diversificación excesiva** – Tener demasiadas inversiones puede dificultar la gestión y reducir las ganancias.
- **Invertir en activos demasiado similares** – Si todos tus activos se mueven igual, la diversificación es inútil.
- **No reequilibrar el portafolio** – Un activo que crece mucho puede desbalancear el portafolio, aumentando el riesgo.
- **Seguir las modas** – Invertir solo en tendencias populares sin estrategia puede generar pérdidas.

Ejemplo Práctico: *Si poseo varios negocios pero todos operan en el mismo sector, no estoy realmente diversificando mi portafolio.*

Ejercicio Práctico: Analiza si tienes demasiadas inversiones en un mismo sector y encuentra alternativas para mejorar tu diversificación.

LA DIVERSIFICACIÓN COMO ESTRATEGIA A LARGO PLAZO

La diversificación no es una técnica para obtener ganancias inmediatas, sino un método para proteger el capital y construir riqueza de forma sostenible con el tiempo.

Cómo aplicar la diversificación a una estrategia de largo plazo:

- **Mantén la disciplina** – No te dejes influenciar por las oscilaciones a corto plazo.
- **Monitorea y reequilibra el portafolio periódicamente** – Algunos activos pueden crecer más que otros, alterando el equilibrio original.
- **Sigue invirtiendo con constancia** – Un plan de inversión regular ayuda a reducir el riesgo de entrar en el mercado en el momento equivocado.

Ejemplo Práctico: *Si mi portafolio inicial estaba bien diversificado pero ahora el valor de un área ha crecido mucho más que las demás, podría ser el momento de reequilibrarlo.*

Ejercicio Práctico: Configura un recordatorio para revisar y reequilibrar tu portafolio cada seis meses.

La diversificación es una estrategia esencial para proteger el capital y mejorar la estabilidad financiera.

Distribuir las inversiones entre activos, sectores y mercados diferentes ayuda a reducir los riesgos y maximizar las oportunidades de crecimiento a lo largo del tiempo.

Recuerda: No se trata de evitar el riesgo, sino de gestionarlo de manera inteligente para construir un patrimonio sólido y sostenible.

INVERSIÓN PASIVA E INVERSIÓN ACTIVA

Cuando se habla de inversiones, una de las primeras decisiones a tomar es sobre el método de gestión de tu portafolio. ¿Quieres ser el tipo de inversor que deja que su dinero trabaje automáticamente o prefieres ser activo y estratégico buscando las mejores oportunidades? En la práctica, se trata de elegir entre un enfoque **pasivo** y uno **activo**.

Personalmente, siempre he preferido tener control sobre mis decisiones, pero también entendí que, en ciertos casos, un enfoque más simple y automatizado puede evitar errores costosos. Veamos las diferencias entre estos dos métodos, sus ventajas y desventajas, y cómo encontrar el equilibrio adecuado.

INVERSIÓN PASIVA: ESTABILIDAD SIN ESTRÉS

La inversión pasiva es ideal para quienes desean poner su dinero a trabajar sin tener que monitorear constantemente los mercados. La idea es simple: en lugar de intentar superar al mercado, se busca seguirlo invirtiendo en instrumentos que garanticen estabilidad a largo plazo.

Principales instrumentos de inversión pasiva:

- **Oro y metales preciosos** – Protegen el capital contra la inflación y las crisis económicas.
- **Propiedades en alquiler** – Comprar inmuebles para generar ingresos pasivos con el tiempo.
- **Cuentas a plazo y certificados de depósito** – Productos bancarios con rentabilidad garantizada.
- **Seguros de vida y planes de pensiones privados** – Estrategias a largo plazo con beneficios fiscales y bajo riesgo.

Ventajas:

- **Bajos costes de gestión** – No necesitas seguir el mercado día a día.

- **Menos estrés** – Ideal para quienes valoran la seguridad sin complicaciones.
- **Protección frente a crisis económicas** – Algunos activos, como el oro y los inmuebles, son más resistentes a la volatilidad.

Desventajas:

- **Menor rentabilidad respecto a estrategias agresivas** – La seguridad tiene un costo en términos de ganancias potenciales.
- **Menor flexibilidad** – Algunos instrumentos requieren grandes inversiones iniciales y no son fácilmente liquidables.
- **Dependencia del contexto económico** – El valor de activos como los inmuebles puede fluctuar con el tiempo.

Ejemplo Práctico: *Si invierto en una propiedad para alquilar, obtendré ingresos pasivos constantes en el tiempo sin tener que seguir diariamente el comportamiento del mercado.*

Ejercicio Práctico: Busca tres inversiones pasivas alternativas a los ETF (Exchange-Traded Funds – fondos cotizados que replican un índice) y compara su rentabilidad histórica y estabilidad.

INVERSIÓN ACTIVA: MAXIMIZAR RENDIMIENTOS CON ESTRATEGIA

Si la inversión pasiva es como poner el piloto automático, la inversión activa es como conducir manualmente, optimizando cada curva para obtener el máximo rendimiento.

Principales instrumentos de inversión activa:

- **Acciones individuales** – Elegir títulos con alto potencial.
- **Fondos gestionados activamente** – Confiar en un gestor experto que seleccione las mejores inversiones.

- **Trading y especulación** – Operaciones frecuentes para aprovechar las fluctuaciones del mercado.

Ventajas:

- **Posibilidad de obtener mayores rendimientos** – Si eliges bien, puedes superar al mercado.
- **Mayor control** – Tú decides en qué invertir y cuándo entrar o salir.
- **Protección en tiempos de crisis** – Puedes ajustar tu portafolio para evitar pérdidas significativas.

Desventajas:

- **Requiere mucho tiempo y conocimientos** – No es para todos, exige estudio y análisis.
- **Costes de gestión más altos** – Comisiones, impuestos e investigación pueden reducir las ganancias.
- **Mayor riesgo** – Si fallas en la estrategia, puedes perder más de lo que ganes.

Ejemplo Práctico: *Si invierto en acciones de una startup tecnológica emergente, podría obtener una rentabilidad mucho mayor que con un ETF, pero también corro el riesgo de perder el capital si la empresa fracasa.*

Ejercicio Práctico: Elige tres acciones en sectores distintos y analiza su desempeño en los últimos cinco años.

¿QUÉ ESTRATEGIA ELEGIR?

No existe una respuesta universal. Todo depende de tu perfil como inversor, tu disponibilidad de tiempo y tu tolerancia al riesgo.

Cuándo elegir inversión pasiva:

- Si buscas una estrategia simple y poco demandante.
- Si tu objetivo es el crecimiento constante a largo plazo.

- Si prefieres bajos costes y menos estrés.

Cuándo elegir inversión activa:

- Si tienes conocimientos financieros y quieres controlar tu portafolio.
- Si puedes dedicar tiempo al análisis del mercado.
- Si estás dispuesto a asumir más riesgo para obtener mayores ganancias.

Ejemplo Práctico: *Si estoy invirtiendo para mi jubilación sin querer seguir el mercado constantemente, un plan de acumulación inmobiliaria puede ser una opción más segura que el trading activo.*

Ejercicio Práctico: Evalúa tu nivel de implicación en las inversiones y decide qué estrategia se adapta mejor a tu estilo.

¿LA MEJOR ESTRATEGIA? UNA COMBINACIÓN DE AMBAS

Muchos inversores adoptan una estrategia híbrida, combinando inversión pasiva y activa para obtener lo mejor de ambos mundos.

Cómo equilibrar ambos enfoques:

- Invierte la mayor parte del capital en instrumentos pasivos seguros (oro, inmuebles, planes de pensiones).
- Destina una parte a inversiones activas para aprovechar oportunidades de crecimiento.
- Monitorea periódicamente tu portafolio y ajústalo cuando sea necesario.

Ejemplo Práctico: *Si mi portafolio está compuesto en un 80% por inmuebles y oro y un 20% por inversiones de mayor rendimiento, puedo obtener tanto la estabilidad de la inversión pasiva como la posibilidad de mayores ganancias mediante la gestión activa.*

Ejercicio Práctico: Construye un portafolio que combine ambos enfoques y analiza sus ventajas potenciales.

No se trata de elegir entre blanco o negro. La verdadera clave está en encontrar el equilibrio adecuado entre gestión pasiva y activa, según tus necesidades y habilidades. Lo importante es tener un plan claro y no dejarse llevar por las modas del momento.

Recuerda: No existe la estrategia perfecta, ¡solo la estrategia más adecuada para ti!

USAR EL CRÉDITO BANCARIO PARA GENERAR BENEFICIOS

El crédito bancario es una herramienta financiera poderosa que, si se utiliza con inteligencia, puede acelerar el crecimiento económico y generar ganancias. Sin embargo, hay una gran diferencia entre usar la deuda como palanca para crear valor y quedar atrapado en préstamos que se convierten en una carga.

He visto personas arruinarse financieramente por haber contraído deudas equivocadas, pero también he conocido emprendedores e inversores que han utilizado el crédito como un instrumento para construir grandes patrimonios. La clave está en distinguir entre **deuda buena y deuda mala**, y saber cómo aprovecharla a tu favor.

LA DIFERENCIA ENTRE DEUDA BUENA Y DEUDA MALA

No todas las deudas son iguales. Algunas pueden considerarse inversiones, mientras que otras solo son cargas que te obligan a trabajar para pagar intereses sin generar valor.

Ejemplos de deuda mala:

- **Hipoteca para la vivienda principal** – Es cierto que tener una casa propia es un bien, pero si no genera ingresos, es solo un gasto fijo.

- **Préstamos para bienes de consumo** – Financiar autos de lujo, gadgets costosos o vacaciones solo drena tus finanzas.
- **Tarjetas de crédito con intereses altos** – El crédito rotativo es una trampa si no se paga rápidamente.

Ejemplos de deuda buena:

- **Compra de inmuebles en renta** – Un apartamento alquilado puede cubrir la hipoteca y generar flujo de caja.
- **Iniciar o expandir un negocio** – Si un préstamo permite hacer crecer un negocio rentable, es una inversión inteligente.
- **Inversión en formación o habilidades** – Aumentar tu valor profesional puede generar mayores ingresos a futuro.

Ejemplo Práctico: *Si compro una casa con hipoteca para vivir en ella, tendré solo gastos. Si en cambio la compro y la alquilo, los ingresos generados pueden cubrir el préstamo y darme una ganancia extra.*

Ejercicio Práctico: Analiza una deuda que tengas o que estés considerando contraer y evalúa si se trata de una deuda buena o mala.

INVERTIR EN INMUEBLES CON CRÉDITO BANCARIO

Una de las formas más inteligentes de usar el crédito es adquirir propiedades que generen ingresos. Si se estudia bien, el mercado inmobiliario permite utilizar la deuda de forma estratégica.

¿Qué inmuebles pueden generar beneficios?

- **Viviendas en zonas turísticas** – Alquileres de corta duración con márgenes altos.
- **Propiedades comerciales** – Contratos de alquiler más largos y estables que los residenciales.
- **Inmuebles para co-living o alquileres fraccionados** – Maximizan el retorno por metro cuadrado.

Estrategias para maximizar el beneficio:

- **Calcular bien la rentabilidad** – El alquiler debe cubrir la hipoteca y dejar margen de ganancia.
- **Negociar financiamientos favorables** – Un pequeño ahorro en la tasa de interés puede marcar una gran diferencia.
- **Evitar mercados saturados** – Si todos invierten en la misma zona, los rendimientos pueden disminuir.

Ejemplo Práctico: *Si compro un departamento con hipoteca a tasa fija del 3% y lo alquilo con un rendimiento del 7%, después de gastos e impuestos aún tendré un beneficio positivo.*

Ejercicio Práctico: Busca una propiedad en venta en una zona con alta demanda y calcula su rentabilidad potencial frente a los costes del préstamo.

FINANCIARSE PARA INICIAR UN NEGOCIO RENTABLE

Otra forma de aprovechar el crédito es obtener financiamiento para lanzar o hacer crecer un negocio.

¿Qué tipos de negocios se benefician del financiamiento?

- **Actividades con demanda estable** – Como e-commerce, servicios digitales, restauración, formación online.
- **Franquicias** – Una marca ya consolidada reduce el riesgo empresarial.
- **Negocios escalables** – Empresas que pueden crecer rápidamente sin grandes costes fijos.

¿Cómo reducir el riesgo?

- **Crear un plan de negocio detallado** – Sirve tanto para conseguir el financiamiento como para tener una estrategia clara.

- **Calcular el punto de equilibrio** – Saber cuánto tiempo tardará el negocio en cubrir sus costes.
- **No pedir más crédito del necesario** – Evita cargarte con deudas que puedan ahogar el negocio.

Ejemplo Práctico: *Si abro una cafetería con un préstamo de 50.000 euros y tengo una previsión de ganancia neta mensual de 5.000 euros, puedo recuperar la inversión en menos de un año.*

Ejercicio Práctico: Escribe una idea de negocio y calcula cuánto capital necesitarías para iniciarla y en cuánto tiempo podría generar beneficios.

RIESGOS Y ESTRATEGIAS PARA GESTIONAR EL CRÉDITO DE FORMA SEGURA

Utilizar crédito es útil, pero debe gestionarse con disciplina.
Principales riesgos:

- **Tasas de interés demasiado altas** – Si el coste del dinero supera la rentabilidad, la deuda se vuelve insostenible.
- **Falta de liquidez** – Tener un colchón de emergencia es esencial para evitar problemas.
- **Errores de cálculo** – Sobrevalorar una inversión puede provocar grandes pérdidas.

¿Cómo reducir los riesgos?

- **Tener siempre una reserva de liquidez** – Al menos seis meses de cuotas cubiertas por cada inversión con crédito.
- **Hacer un análisis realista del retorno de la inversión** – Considerar todos los costes y posibles fluctuaciones del mercado.
- **No sobreendeudarse** – No importa cuán atractiva sea una oportunidad, si el riesgo de impago es alto, no vale la pena.

Ejemplo Práctico: *Si tomo un préstamo para comprar un inmueble, debo considerar no solo la hipoteca, sino también impuestos, mantenimiento y posibles periodos sin inquilinos.*

Ejercicio Práctico: Si estás considerando una inversión con crédito, haz una lista de todos los riesgos potenciales y cómo podrías mitigarlos.

El crédito bancario, si se usa bien, puede acelerar tu camino hacia la libertad financiera. El secreto está en usarlo solo para generar ingresos y nunca para financiar consumos innecesarios.

Recuerda: La deuda no es el problema. El problema es cómo la utilizas. Si el crédito trabaja para ti, es un aliado valioso. Si tú trabajas para pagarlo, es una trampa.

EN RESUMEN

Elegir las inversiones adecuadas es una decisión personal que requiere una buena comprensión de los mercados financieros, los niveles de riesgo y tus objetivos financieros. Diversificar tu portafolio, evaluar cuidadosamente el riesgo y considerar las oportunidades que ofrecen la inversión pasiva y activa puede contribuir a tu éxito financiero.

Recuerda también analizar detenidamente el uso del crédito bancario como herramienta para generar beneficio, considerando siempre la relación entre riesgo y rentabilidad. Toma decisiones informadas y sensatas para garantizar una base sólida para tu futuro financiero.

14 CÓMO OBTENER LA LIBERTAD ECONÓMICA

Muchos creen que la única manera de ganar dinero es abrir una empresa y trabajar en ella para siempre. Pero existe otro camino: crear un negocio con valor real y venderlo en el momento adecuado. A lo largo de los años, he iniciado varias actividades que, una vez alcanzado cierto nivel de facturación, vendí a personas interesadas en continuar el proyecto. Esto me permitió reinvertir en nuevos emprendimientos sin quedarme atrapado en un solo negocio. Esta es la mentalidad del verdadero emprendedor: construir activos que generen valor y saber cuándo es el momento adecuado para monetizarlos.

Aquí quiero enfocarme en la importancia de crear activos y fuentes de ingresos automáticos como camino hacia el éxito financiero. Un ingreso automático representa una fuente de ingresos pasivos que te permite ganar dinero sin necesidad de trabajar arduamente para conseguirlo. Aprender a generar ingresos pasivos es un paso fundamental hacia la libertad financiera y el éxito en la vida.

CREAR INGRESOS PASIVOS: LA CLAVE DE LA LIBERTAD FINANCIERA

La mayoría de las personas intercambian su tiempo por dinero, trabajando activamente para obtener ingresos, convencidos de que es la única manera de ganarse la vida. *"¡Si dejas de trabajar, dejas de ganar!"* — eso es lo que solía escuchar. Yo simplemente quería construir mi libertad financiera, y tenía que encontrar un sistema que me permitiera generar ingresos incluso cuando no estuviera físicamente trabajando.

Aquí entran en juego los **ingresos pasivos o automáticos**.

Los ingresos pasivos son flujos de dinero que siguen llegando con el tiempo sin requerir trabajo constante. No significa ganar dinero sin hacer nada (eso es un mito), sino construir activos que trabajen por ti incluso mientras duermes, viajas o te dedicas a otra cosa.

¿QUÉ SON LOS INGRESOS PASIVOS Y POR QUÉ SON IMPORTANTES?

Funcionan así: primero inviertes tiempo, dinero o habilidades, y luego cosechas los frutos con el tiempo.

Principales ventajas:

- **No requieren trabajo constante** – Tras una fase inicial, generan ingresos con poco esfuerzo.
- **Son escalables** – Un buen sistema puede crecer sin necesidad de más trabajo.
- **Diversifican tus ingresos** – Tener múltiples fuentes reduce el riesgo financiero.
- **Te acercan a la libertad financiera** – Te independizan de un salario fijo.

Ejemplo Práctico: *Una chica escribió un libro y lo publicó en Amazon y otras plataformas. Lo escribió una vez, pero cada mes sigue recibiendo regalías por las ventas. Ese es el poder del ingreso pasivo.*

Ejercicio Práctico: Piensa en una actividad que podrías transformar en ingreso pasivo. ¿Ya tienes habilidades o recursos que podrías aprovechar?

LAS MEJORES FUENTES DE INGRESO PASIVO

Hay muchas maneras de generar ingresos pasivos. Algunas requieren inversión de dinero, otras de tiempo y conocimientos.

Después de años de experiencia, identifiqué varios sectores con excelente potencial pasivo:

1. Inversiones Inmobiliarias

- **Alquilar apartamentos o viviendas vacacionales.**
- **Alquiler a medio o largo plazo** para estudiantes o trabajadores desplazados.
- **Alquiler de locales comerciales** a negocios consolidados.

2. Inversiones Financieras

- **Dividendos de acciones** – Invertir en empresas que reparten dividendos periódicamente.
- **Bonos y cuentas a plazo** – Instrumentos seguros que generan intereses.
- **ETF y fondos comunes** – Permiten obtener beneficios sin gestionar activamente el capital.

3. Creación y Venta de Productos Digitales

- **E-books y cursos online** – Crear y vender contenidos en plataformas digitales.
- **Apps y software** – Herramientas digitales que generan ingresos constantes.
- **Fotografía y música libre de derechos** – Vender en bancos digitales sin necesidad de gestión.

4. Marketing de Afiliados

- **Promocionar productos de terceros** y ganar comisiones por venta.
- Funciona muy bien con blogs, YouTube o redes sociales.

5. Negocios Automatizados

- **E-commerce con dropshipping** – Vender sin gestionar inventario.
- **Blogs o sitios de nicho** – Monetizar con publicidad o afiliaciones.

Ejemplo Práctico: *Un blogger que escribe artículos valiosos e inserta enlaces de afiliado puede generar comisiones automáticas sin vender directamente.*

Ejercicio Práctico: *¿Cuál de estas estrategias se adapta mejor a tus habilidades?*

INGRESOS PASIVOS: EL MITO DEL "AUTOMATISMO TOTAL"

Muchos creen que ingreso pasivo significa ganar dinero sin hacer nada. La realidad es que, en la mayoría de los casos, requiere trabajo inicial y cierto mantenimiento.

Algunas verdades incómodas:

- **Requiere inversión inicial** – Ya sea tiempo, dinero o habilidades. Nada nace de la nada.
- **Algunos modelos requieren mantenimiento** – Un inmueble requiere gestión y un sitio web necesita ser actualizado.
- **La diversificación es esencial** – Depender de una sola fuente es arriesgado si el mercado cambia.

Ejemplo Práctico: *Un curso online requiere tiempo para ser creado, pero una vez publicado puede venderse durante años con actualizaciones mínimas.*

Ejercicio Práctico: Evalúa si prefieres invertir tiempo o dinero para construir tu fuente de ingresos pasivos.

ERRORES COMUNES AL CREAR INGRESOS PASIVOS

Muchas personas fallan incluso antes de comenzar. Estos son los errores más comunes:

1. **Esperar ganancias inmediatas** – Crear una fuente pasiva lleva tiempo. No hay atajos mágicos.
2. **Ignorar los impuestos** – Toda fuente de ingreso pasivo está sujeta a impuestos. Es vital planificar con anticipación.
3. **No diversificar** – Apostar por una sola fuente es riesgoso; diversificar te protege.
4. **No monitorear resultados** – Aunque sea pasivo, debes revisar el rendimiento regularmente.

Ejemplo Práctico: *Un inversor compra un apartamento para alquilar, pero no calcula impuestos, mantenimiento ni vacantes. Resultado: gana mucho menos de lo esperado.*

Ejercicio Práctico: Identifica los posibles obstáculos para crear tu ingreso pasivo y diseña una estrategia para superarlos.

Crear Ingresos Pasivos es Clave para la Libertad Financiera. Pero requiere compromiso y planificación.

En resumen:

- Los ingresos pasivos necesitan una inversión inicial (tiempo, dinero o habilidades).
- Hay múltiples opciones: inmuebles, finanzas, productos digitales y negocios automatizados.
- Evita errores como la falta de diversificación o una mala gestión fiscal.

Recuerda: No trabajes por dinero, haz que el dinero trabaje para ti.

INGRESOS AUTOMÁTICOS CON BIENES RAÍCES: LA ESTRATEGIA CORRECTA PARA MAXIMIZAR BENEFICIOS

Generar ingresos automáticos mediante inversiones inteligentes es una de las formas más eficaces de construir una estabilidad financiera a largo plazo. Los bienes raíces, si se gestionan adecuadamente, pueden convertirse en una fuente sólida y duradera de ingresos pasivos.

Sin embargo, no todas las inversiones inmobiliarias son iguales, y algunas estrategias pueden resultar mucho más rentables que otras. Ahora analizaremos las diferentes formas de generar ingresos automáticos con bienes raíces, las mejores oportunidades disponibles y las estrategias clave para lograrlo, evitando los errores más comunes.

¿POR QUÉ INVERTIR EN BIENES RAÍCES PARA GENERAR INGRESOS AUTOMÁTICOS?

Los inmuebles ofrecen múltiples ventajas como inversión a largo plazo:

- **Flujos de caja constantes:** Los alquileres generan ingresos recurrentes que pueden cubrir los gastos y generar beneficios.
- **Protección contra la inflación:** El valor de los inmuebles tiende a aumentar con el tiempo, protegiendo tu capital.
- **Uso del apalancamiento financiero:** Los bancos permiten comprar propiedades con poco capital inicial, ampliando tu capacidad de inversión.
- **Diversificación:** Incluir bienes raíces en tu portafolio financiero ayuda a reducir riesgos.

Pero no todas las inversiones inmobiliarias son igual de rentables. Veamos cómo elegir la estrategia más eficaz para ti.

¿QUÉ PROPIEDADES OFRECEN MEJOR RENTABILIDAD?

No todos los inmuebles son iguales, y la forma en que los gestionas marca la diferencia entre una inversión exitosa y un fracaso.

Alquileres Cortos para Turistas y Viajeros de Negocios

- **VENTAJAS:** Puedes ganar mucho más que con un alquiler tradicional gracias a plataformas como Airbnb.
- **DESVENTAJAS:** Requieren más gestión (check-in, limpieza, atención al cliente), aunque puedes delegarlo a un administrador de propiedades.

Ejemplo Práctico: *Un amigo compró un pequeño apartamento en una ciudad turística y lo alquila a turistas con tarifas diarias. En un año, gana más del doble que alguien que alquila la misma propiedad a largo plazo.*

Alquileres para Estudiantes y Trabajadores Desplazados

- **VENTAJAS:** Demanda estable y posibilidad de alquilar por habitaciones, aumentando la rentabilidad.
- **DESVENTAJAS:** Los estudiantes se mudan con frecuencia, por lo que se requiere una gestión más activa.

Ejemplo Práctico: *Un piso de tres habitaciones alquilado a estudiantes universitarios en una gran ciudad puede generar mayores ingresos que un único alquiler residencial a largo plazo.*

Alquileres a Largo Plazo: ¿Por Qué Evitarlos?

Según mi experiencia, los alquileres residenciales a largo plazo no son la estrategia más rentable.

- **Ingresos más bajos:** El beneficio neto, después de impuestos y gastos, suele ser reducido.

- **Impagos y dificultades para desalojar:** En muchos países, la ley protege más a los inquilinos que a los propietarios. Esto puede traducirse en meses (o años) sin cobrar y sin poder recuperar el inmueble.
- **Desvalorización de la propiedad:** Si un inquilino permanece muchos años, la falta de mantenimiento puede devaluar el inmueble y dificultar una renovación sin pérdida de ingresos.

Ejemplo Práctico: *Muchos inversores creen que alquilar un apartamento durante años brinda estabilidad, pero cuando enfrentan inquilinos morosos y largas batallas legales, descubren que no vale la pena.*

Alternativa recomendada: Alquilar a estudiantes o trabajadores ofrece mayor flexibilidad y rentabilidad.

ESTRATEGIAS PARA MAXIMIZAR BENEFICIOS

Para obtener la máxima rentabilidad, necesitas una estrategia bien definida.

1. Elegir la Ubicación Correcta

- Invertir en zonas con alta demanda turística, universitaria o comercial garantiza mayores ingresos.
- Evita áreas con alta morosidad o propiedades difíciles de revender.

2. Optimizar la Estructura del Inmueble

- Dividir un gran piso en varias unidades para aumentar la rentabilidad.
- Renovar y decorar de forma atractiva para captar inquilinos dispuestos a pagar más.

3. Aprovechar la Fiscalidad

- Algunos tipos de alquiler a corto plazo ofrecen ventajas fiscales.
- Consulta a un asesor para optimizar el rendimiento neto.

4. Automatizar la Gestión

- Usa software de gestión para controlar pagos, gastos y vencimientos.
- Contrata a un administrador de propiedades para reducir tu carga operativa.

Errores que Debes Evitar

- **Comprar sin análisis de mercado:** Muchos compran sin estudiar la demanda y el rendimiento potencial.
- **Subestimar los costes:** Impuestos, mantenimiento y gestión pueden reducir significativamente tus beneficios.
- **No diversificar:** Invertir solo en una propiedad es arriesgado.
- **Ignorar los aspectos fiscales:** No conocer el régimen fiscal puede hacerte perder dinero.

Ejemplo Práctico: *He visto personas comprar casas en las afueras pensando que se alquilarían fácilmente, pero después de meses vacías entendieron que sin demanda real no se generan ingresos.*

Invertir en bienes raíces puede ser una excelente estrategia para generar ingresos automáticos, pero necesitas saber cómo hacerlo correctamente.

- Los **alquileres cortos y a estudiantes o trabajadores** son las mejores opciones para maximizar beneficios.
- Los alquileres a largo plazo pueden parecer más seguros, pero suelen ofrecer márgenes más bajos y mayores complicaciones.

- Planificar y diversificar es esencial para evitar sorpresas desagradables.

Recuerda: No se trata solo de poseer una propiedad, sino de saber cómo hacerla rentable.

ELEGIR EL SECTOR CORRECTO PARA CREAR INGRESOS PASIVOS

Cuando empecé a buscar formas de generar ingresos pasivos, cometí uno de los errores más comunes: me lancé a un sector solo porque estaba de moda. Sin investigar, sin entender si era adecuado para mí. ¿El resultado? Perdí tiempo y dinero. Luego comprendí que elegir el sector correcto no es cuestión de moda o suerte, sino de estrategia.

Analicemos cómo identificar el sector adecuado para generar ingresos automáticos, evitando errores y aprovechando oportunidades reales.

LOS TRES FACTORES CLAVE PARA ELEGIR EL SECTOR CORRECTO

Para seleccionar un sector en el que construir un ingreso pasivo, entendí que hay que evaluar tres elementos fundamentales:

1. Pasión e Interés Personal

- Si trabajas en un sector que te apasiona, estarás más motivado a dedicarle tiempo a largo plazo.
- Un sector que despierte tu curiosidad te impulsará a innovar y profundizar.
- La pasión te ayuda a superar obstáculos iniciales y mantenerte constante en tu esfuerzo.

Ejemplo Práctico: *Un amante de los viajes podría iniciar un blog de viajes monetizado con afiliaciones y publicidad, mientras que un experto en tecnología podría abrir un canal de YouTube haciendo reseñas de productos.*

En el pasado, intenté invertir en un sector solo porque parecía rentable, sin ningún interés real. Después de unos meses, perdí el entusiasmo, el dinero y abandoné el proyecto. Luego comprendí que, si quieres construir algo duradero, debes elegir un sector que realmente te apasione.

2. Habilidades y Conocimientos Previos

- Aprovechar las competencias ya adquiridas reduce el tiempo de aprendizaje y evita errores de principiante.
- Si tienes experiencia en un sector, te resultará más fácil identificar oportunidades rentables.
- Si aún no tienes conocimientos en un área que te interesa, considera formarte antes de invertir.

Ejemplo Práctico: *Si tienes experiencia en marketing digital, podrías lanzar un negocio de consultoría o crear un curso online para enseñar tus habilidades.*

3. Análisis de Mercado y Rentabilidad

- Un sector rentable debe tener una demanda estable o creciente. Evita mercados saturados o en declive.
- Evalúa la competencia: demasiados actores dificultan la entrada; muy pocos pueden señalar baja demanda.
- Estima el potencial de ganancia y el tiempo necesario para generar ingresos pasivos. Algunos sectores tardan más en ser rentables.

Ejemplo Práctico: *Un mercado en crecimiento como las energías renovables podría ofrecer mejores oportunidades que sectores en declive como la impresión tradicional.*

Ejercicio Práctico: Haz una investigación de mercado sobre el sector que te interesa, analizando la demanda, la competencia y el potencial de crecimiento en los próximos 5-10 años.

ERRORES A EVITAR AL ELEGIR EL SECTOR

- **Seguir solo las modas** – Un sector en tendencia puede saturarse rápidamente.
- **No hacer un análisis de mercado** – Invertir sin conocer la competencia es arriesgado.
- **Entrar en un sector sin pasión ni conocimientos** – Si no tienes interés ni experiencia, la probabilidad de fracaso es alta.
- **No considerar los riesgos y barreras de entrada** – Algunos sectores requieren grandes inversiones o tienen regulaciones complejas.

Ejemplo Práctico: *Muchos inversores inexpertos compraron acciones sin estudiar el mercado y terminaron perdiendo gran parte de su capital cuando los precios cayeron.*

Ejercicio Práctico: Haz una lista de los posibles riesgos del sector que te interesa y diseña estrategias para mitigarlos.

CÓMO EMPEZAR EN EL SECTOR ADECUADO

Una vez elegido el sector correcto, sigue estos pasos para lanzar tu actividad:

1. **Formación e Investigación**
   - Adquiere competencias a través de libros, cursos y mentoría.
   - Estudia casos de éxito y modelos de negocio eficaces.
2. **Planificación y Pruebas**
   - Redacta un plan de negocio detallado con objetivos y estrategias.

- Realiza pruebas de mercado para conocer la respuesta del público.
3. **Networking y Colaboraciones**
    - Conéctate con expertos y profesionales para aprender estrategias efectivas.
    - Evalúa colaborar con personas que puedan acelerar tu éxito.
4. **Adaptabilidad y Crecimiento**
    - Monitorea el desempeño de tu inversión y realiza mejoras continuas.
    - Sé flexible para cambiar de estrategia si el mercado lo exige.

Elegir el Sector Correcto es un Paso Fundamental para Crear un Ingreso Pasivo Exitoso.

- **Pasión, habilidades y análisis de mercado** son las claves para tomar una decisión informada.
- **Existen muchos sectores rentables**, como el inmobiliario, las inversiones financieras, los negocios online y las energías renovables.
- **Evitar errores comunes** como seguir las modas o invertir sin conocimiento es esencial para tener éxito.

Recuerda: El secreto del éxito no es hacerlo todo, sino elegir el sector correcto y dominar el mercado.

CREAR UNA RENTA SIN INVERTIR DINERO

La idea de ganar dinero sin invertir ni un céntimo parece imposible, ¿verdad? Sin embargo, con la estrategia adecuada y un poco de ingenio, es posible construir una renta pasiva partiendo desde cero.

Yo también pasé por eso. Cuando me encontraba en dificultades económicas, aprendí que la falta de dinero no es un obstáculo insuperable, sino un impulso para pensar de forma más inteligente y aprovechar lo que ya se tiene. Inicié varios proyectos sin capital inicial, solo con mis habilidades, creatividad y un sano espíritu emprendedor. Algunos funcionaron, otros no tanto, pero cada experiencia me enseñó algo. ¿Y sabes cuál es la lección más importante? El dinero no es el único recurso del que dispones. El tiempo, las habilidades y las relaciones pueden valer mucho más.

Veamos cómo crear una renta pasiva sin invertir dinero, aprovechando los recursos que ya tienes a tu alcance.

APROVECHA LO QUE YA TIENES

Si no tienes dinero para invertir, aún puedes aprovechar tu tiempo, tus competencias y las relaciones que has construido con el tiempo.

Aquí tienes algunas estrategias prácticas:

Utiliza tus habilidades para crear valor

- Si tienes conocimientos de marketing, redacción, programación o diseño gráfico, puedes iniciar un negocio en línea sin necesidad de capital inicial.
- **Ejemplo:** Puedes crear un blog, un canal de YouTube o un perfil en redes sociales enfocado en un tema específico y monetizarlo mediante afiliaciones y publicidad. Un buen amigo mío comenzó con un simple blog de viajes, escribiendo artículos y monetizándolos con enlaces de afiliados. Hoy en día, vive solo de eso.

Capitaliza tus relaciones

- ¿Conoces personas que podrían necesitar un servicio o algún tipo de apoyo? Puedes ofrecer consultorías o colaborar con otros para generar ingresos sin invertir dinero.
- **Ejemplo:** Un experto en redes sociales puede gestionar los perfiles de pequeñas empresas a cambio de una comisión sobre las ventas generadas.

Trabaja a cambio de un porcentaje de los beneficios

- En lugar de trabajar por un sueldo, considera la opción de participar en proyectos con un modelo de reparto de beneficios, obteniendo una participación en el negocio.
- **Ejemplo:** Ofrece tus servicios a una startup a cambio de un porcentaje de los beneficios futuros. Conozco personas que han adquirido así participaciones en empresas que hoy valen millones.

Ejercicio Práctico: Haz una lista de tus habilidades y de las personas que podrían necesitar tu ayuda. ¿Cómo podrías monetizarlas sin invertir dinero?

MODELOS DE NEGOCIO ESCALABLES Y DE BAJO COSTO

Un negocio escalable es aquel que puede crecer con el tiempo sin aumentar proporcionalmente tu carga de trabajo o tus gastos. Aquí van algunas ideas.

Vende productos digitales

- Crear un e-book, un curso online o una guía es una forma de ganar dinero sin costos de producción recurrentes.
- **Ejemplo:** Un amigo escribió un pequeño manual sobre cómo usar LinkedIn para encontrar trabajo y lo vendió en Amazon Kindle. Solo invirtió su tiempo, pero hoy genera ingresos automáticos cada mes.

Haz marketing de afiliación

- Puedes promocionar productos de otras empresas y ganar una comisión por cada venta.
- **Ejemplo:** Hay personas que hacen reseñas de gadgets tecnológicos en YouTube y ganan dinero con los enlaces de afiliados de Amazon. Cada vez que alguien compra a través de su enlace, se lleva un porcentaje.

Lanza un negocio online sin inventario

- El dropshipping te permite vender productos en línea sin tener que gestionar inventarios ni logística.
- **Ejemplo:** Crear una tienda online que venda productos de proveedores externos, ganando dinero con cada venta.

Ejercicio Práctico: ¿Qué modelo de negocio podría funcionar mejor para ti?

AUTOMATIZA TUS INGRESOS CON TECNOLOGÍA

La tecnología es tu mejor aliada para generar ingresos sin tener que trabajar manualmente todos los días.

Automatiza la generación de contactos

- Crea un sistema de email marketing que envíe ofertas automáticamente a potenciales clientes.
- **Ejemplo:** Un boletín que promocione productos o servicios de afiliados de forma automática puede generarte ingresos incluso mientras duermes.

Monetiza las redes sociales

- Crear contenido en tus redes sociales genera ingresos pasivos a través de publicidad o enlaces de afiliación.
- **Ejemplo:** Un influencer de nicho gana dinero con publicidad y patrocinios sin tener que gestionar productos físicos.

Ejercicio Práctico: ¿Qué herramienta podrías usar para automatizar un flujo de ingresos?

GANAR CON BIENES RAÍCES SIN DINERO

No necesitas grandes capitales para entrar en el sector inmobiliario. Aquí tienes dos estrategias que he visto funcionar.

Gestiona propiedades para terceros

- Puedes ofrecerte como administrador de propiedades para propietarios que quieren alquilar en Airbnb pero no tienen tiempo para gestionar reservas e invitados.
- **Ejemplo:** Un conocido mío gestiona diez apartamentos de otros propietarios y se queda con el 20 % de los ingresos. Ha creado un negocio sin poseer ni una sola propiedad.

Subarriendo y Rent-to-Rent

- Alquilas una casa a largo plazo y la subarriendas de forma más rentable. (Asegúrate de informar al propietario antes de hacerlo).
- **Ejemplo:** Un inversor alquila una casa y luego la divide en habitaciones para alquilar a estudiantes o profesionales, aumentando así la rentabilidad.

Ejercicio Práctico: ¿Existen oportunidades inmobiliarias que podrías aprovechar sin invertir capital?

APROVECHA LAS ALIANZAS PARA MULTIPLICAR TUS OPORTUNIDADES

Crear alianzas estratégicas permite compensar la falta de capital con habilidades y recursos compartidos.

Además de ofrecer tus servicios a cambio de participaciones en empresas, podrías establecer colaboraciones fructíferas con otros profesionales:

- Unir fuerzas con expertos en sectores complementarios para crear negocios sin costos iniciales.
- **Ejemplo:** Un diseñador gráfico puede colaborar con un redactor para crear una agencia de marketing en redes sociales. Uno escribe los contenidos, el otro se encarga del diseño. Sin inversión inicial, solo habilidades compartidas.

Ejercicio Práctico: ¿A quién conoces que podría convertirse en un buen socio de negocios?

Crear rentas pasivas sin dinero no es una utopía, pero requiere un cambio de mentalidad.

No necesitas tener capital para invertir, puedes empezar con lo que ya tienes: tiempo, habilidades, relaciones y creatividad.

- Aprovecha tu tiempo y tus competencias para generar valor.
- Elige modelos de negocio escalables y automatizables.
- Usa la tecnología para generar ingresos sin trabajo activo.
- Crea alianzas estratégicas para acceder a recursos sin capital inicial.

Recuerda: El capital más importante no es el dinero, sino el conocimiento y la capacidad de actuar.

EN RESUMEN

Crear rentas automáticas es un objetivo alcanzable para cualquiera que desee lograr el éxito financiero. A través de la creación de ingresos pasivos, la elección del sector adecuado y el uso de estrategias sin coste, puedes generar un flujo de ingresos que te permita disfrutar de una mayor libertad financiera. Recuerda que es necesario invertir tiempo, energía y recursos iniciales para crear un sistema que funcione por sí solo con el tiempo. Con la mentalidad adecuada y determinación, puedes alcanzar el éxito en la creación de rentas automáticas.

15 CÓMO AFRONTAR EL FRACASO

La vida puede ser un camino tortuoso lleno de desafíos y obstáculos que ponen a prueba nuestra fortaleza mental y nuestra motivación. A veces, podemos sentirnos atrapados en una espiral de negatividad y abrumados por la rutina diaria. Sin embargo, es posible superar estos momentos difíciles y recuperar la alegría de vivir. En este capítulo, exploraremos diferentes estrategias para renacer, reencontrar la motivación y el entusiasmo por la vida.

EMPEZAR DE NUEVO TRAS UN FRACASO: RECUPERAR LA MOTIVACIÓN Y EL ENTUSIASMO

Todo emprendedor, profesional o persona ambiciosa se enfrentará, tarde o temprano, a un revés. Un negocio que no despega, una inversión que no da frutos, un proyecto que fracasa o una relación que termina. He vivido todas estas situaciones y sé lo difícil que puede ser levantarse.

El fracaso puede minar la motivación y empujarnos hacia la frustración, el desánimo y, en los peores casos, una sensación de impotencia que puede derivar en inacción. Pero el fracaso no es el final del camino: es una lección, una oportunidad de crecimiento. La diferencia entre quien se levanta y quien se rinde está en la capacidad de recuperar la motivación y el entusiasmo para empezar de nuevo.

ACEPTAR EL FRACASO SIN DEJARSE APLASTAR

La primera reacción ante un fracaso suele ser la culpa o la decepción. Es normal, pero quedarse demasiado tiempo en esa fase puede paralizarte.

¿Cómo afrontar el fracaso de forma constructiva?

- **Acéptalo como parte del camino** – Todo gran emprendedor ha fracasado varias veces antes de tener éxito.
- **Evita culparte en exceso** – Analiza el error con claridad, sin desanimarte innecesariamente.
- **Separa el fracaso de tu identidad** – Fracasar no significa que seas un fracasado.

Ejemplo Práctico: *Si mi proyecto empresarial no ha funcionado, puedo concentrarme en lo que he aprendido en lugar de definirme como incapaz. Puedo mejorar mi estrategia e intentarlo de nuevo con un enfoque distinto.*

Ejercicio Práctico: Escribe una carta a ti mismo describiendo lo que has aprendido del fracaso y cómo vas a usar esa experiencia para mejorar.

ENCONTRAR NUEVA MOTIVACIÓN: MIRAR HACIA ADELANTE

Una vez aceptada la situación, el siguiente paso es redirigir tu energía hacia nuevos objetivos. Quedarse estancado pensando en el pasado no cambia nada: actuar, sí.

Estrategias para recuperar la motivación:

- **Vuelve a enfocar tu visión** – ¿Por qué comenzaste? ¿Tu objetivo sigue siendo válido?

- **Crea nuevos estímulos** – A veces cambiar de entorno, hábitos o enfoque reaviva el entusiasmo.
- **Rodéate de personas que te inspiren** – Hablar con quienes han superado momentos difíciles puede darte una nueva perspectiva.

Ejemplo Práctico: *¿Perdí una oportunidad laboral? En lugar de quedarme inmóvil, puedo dedicar una hora diaria a formarme y buscar nuevas formas de destacar mis competencias.*

Ejercicio Práctico: Escribe un nuevo objetivo claro y concreto para los próximos tres meses y planifica los tres primeros pasos para alcanzarlo.

CAMBIAR DE PERSPECTIVA: CADA FRACASO ES UNA LECCIÓN

Las personas exitosas no ven el fracaso como una derrota, sino como una oportunidad para mejorar. Cada error contiene información valiosa, si aprendemos a interpretarla correctamente.

¿Cómo transformar un fracaso en una oportunidad?

- **Analiza qué funcionó y qué no** – Sin juicios, solo datos objetivos.
- **Identifica qué puedes mejorar** – ¿Hay habilidades que necesitas desarrollar? ¿Estrategias que perfeccionar?
- **Aplica el principio de mejora continua** – Fracasar hoy significa hacerlo mejor mañana.

Ejemplo Práctico: *Si mi negocio no funcionó, puedo preguntarme: ¿era el producto? ¿el mercado? ¿el modelo de negocio? ¿Qué aspecto puedo mejorar y volver a intentarlo?*

Ejercicio Práctico: Después de un fracaso, escribe tres cosas que has aprendido y cómo las aplicarás en el futuro.

RECARGAR ENERGÍAS: RECUPERAR EL ENTUSIASMO

El fracaso puede agotar la motivación. Antes de volver a empezar, es fundamental recargar las energías mentales y físicas.

¿Cómo recuperar el entusiasmo y la determinación?

- **Dedícate a algo que te apasione** – A veces basta una pausa para reencontrar la creatividad.
- **Realiza actividades que fomenten el pensamiento positivo** – Deporte, lectura, meditación, viajes.
- **Establece pequeñas victorias diarias** – Alcanzar metas incrementales ayuda a recuperar impulso.

Ejemplo Práctico: *Si me siento bloqueado, puedo tomarme una semana para dedicarme a un proyecto paralelo o a una actividad creativa. A menudo, el distanciamiento mental trae nuevas ideas.*

Ejercicio Práctico: Cada día, dedica al menos 30 minutos a una actividad que te recargue emocionalmente.

ACTUAR: LA ÚNICA FORMA DE SALIR DEL LIMBO

Después de reflexionar, recargar energías y redefinir objetivos, llega el paso más importante: actuar. El mayor riesgo tras un fracaso es quedarse esperando el momento perfecto.

¿Cómo volver a empezar de forma efectiva?

- **Da un primer paso, aunque sea pequeño** – Incluso hacer una llamada o enviar un correo puede ser el comienzo.
- **Evita la trampa de la procrastinación** – El momento perfecto no existe, actúa con lo que tienes ahora.
- **Monitorea los progresos sin obsesionarte** – La mejora es un proceso gradual.

Ejemplo Práctico: *Si he perdido a un cliente importante, puedo enfo-*

carme de inmediato en buscar nuevas oportunidades en lugar de quedarme atrapado en el arrepentimiento.

Ejercicio Práctico: Fija una acción concreta que puedas realizar hoy mismo para acercarte a tu objetivo.

Un fracaso no define quién eres. Lo que importa es cómo reaccionas, qué aprendes y qué haces después. Encontrar motivación y entusiasmo tras un momento difícil no es inmediato, pero es posible.

Recuerda: Quien sabe levantarse tras un fracaso no solo es más fuerte, sino también más preparado para el éxito futuro.

POR QUÉ ES IMPORTANTE MANTENER UNA ACTITUD POSITIVA

La positividad no es solo una cuestión de actitud, sino una herramienta práctica para afrontar desafíos y construir el éxito. Ser positivo no significa ignorar los problemas, sino desarrollar la capacidad de encontrar soluciones, mantener la claridad mental y afrontar las dificultades con determinación.

En el mundo empresarial y profesional, una mentalidad positiva no solo ayuda a superar obstáculos, sino que atrae oportunidades, mejora la productividad y fortalece las relaciones. Quien mantiene una actitud optimista tiene más probabilidades de persistir ante las dificultades, inspirar a los demás y obtener resultados concretos.

LA POSITIVIDAD COMO VENTAJA COMPETITIVA

En los negocios y en la vida, los imprevistos son inevitables. La diferencia entre quien se rinde y quien tiene éxito radica en la forma en que reacciona ante estas dificultades.

¿Por qué una mentalidad positiva ayuda a destacar?

- **Mejora la capacidad para resolver problemas** – Un estado

mental abierto y confiado favorece la creatividad y el pensamiento estratégico.
- **Aumenta la resistencia al estrés** – Las personas positivas manejan mejor la presión, sin dejarse abrumar por la ansiedad.
- **Favorece mejores decisiones** – La negatividad hace que veamos solo los riesgos, mientras que la positividad permite reconocer también las oportunidades.

Ejemplo Práctico: *Un emprendedor atraviesa un periodo de crisis económica: en lugar de quejarse y bloquearse por la incertidumbre, analiza nuevas estrategias, diversifica sus fuentes de ingreso y convierte la dificultad en una oportunidad de crecimiento.*

Ejercicio Práctico: Cada vez que enfrentes una dificultad, pregúntate: "¿Qué oportunidad puede surgir de esta situación?"

ENTRENAR LA MENTE PARA UNA RESILIENCIA POSITIVA

La positividad no es un don innato, sino una habilidad que se puede desarrollar y entrenar. Ser positivo no significa evitar los problemas, sino construir la fortaleza mental para afrontarlos de forma productiva.

Estrategias para fortalecer una mentalidad positiva:

- **Reformular los pensamientos negativos** – En lugar de decir "No puedo hacerlo", pregúntate "¿Cómo puedo lograrlo?"
- **Usar lenguaje positivo** – Las palabras influyen en la mente: evita expresiones derrotistas y concéntrate en afirmaciones constructivas.
- **Practicar la autocelebración** – Cada pequeño logro confirma tus capacidades y alimenta la confianza en ti mismo.

Ejemplo Práctico: *Si un proyecto fracasa, en vez de enfocarte en lo que salió mal, analiza lo que aprendiste y cómo puedes mejorar la próxima vez.*

Ejercicio Práctico: Al final de cada día, escribe tres cosas que hiciste bien y que te hacen sentir orgulloso.

EL PODER DE LA GRATITUD: CAMBIAR DE PERSPECTIVA

Una de las formas más eficaces de mantener la positividad es practicar la gratitud. Desplazar la atención de lo que falta hacia lo que se tiene ayuda a construir una mentalidad equilibrada y resiliente.

Beneficios de la gratitud:

- **Reduce el estrés y la ansiedad** – Ser agradecido ayuda a enfocar la mente en las fortalezas, no en las preocupaciones.
- **Aumenta el sentido de plenitud** – Al reconocer el valor de las cosas, las dificultades parecen menos pesadas.
- **Refuerza la motivación** – Enfocarse en lo positivo da energía para seguir trabajando hacia los objetivos.

Ejemplo Práctico: *En lugar de centrarte en un cliente que rechazó tu propuesta, piensa en los que creyeron en ti y continúa mejorando para atraer a nuevos.*

Ejercicio Práctico: Cada mañana, escribe tres cosas por las que estás agradecido, incluso si son simples, como una conversación inspiradora o un pequeño avance en un proyecto.

LA INFLUENCIA DEL ENTORNO Y LAS PERSONAS

Las personas con las que compartimos nuestro tiempo tienen un impacto directo en nuestra mentalidad. Relacionarse con personas negativas y pesimistas puede disminuir la motivación, mientras que rodearse de personas positivas ayuda a mantener una actitud proactiva.

¿Cómo elegir el entorno adecuado?

- **Relacionarse con personas que inspiran** – Busca mentores, colegas y amigos que transmitan energía y estímulos positivos.
- **Limitar el tiempo con personas tóxicas** – Si alguien tiende a menospreciarte o difundir negatividad, reduce el contacto.
- **Consumir contenidos edificantes** – Libros, pódcast y videos motivacionales pueden influir positivamente en tu estado mental.

Ejemplo Práctico: *Si notas que una persona con la que interactúas te transmite ansiedad o pesimismo, pregúntate: '¿Esta relación me ayuda a crecer o me está frenando?'*

Ejercicio Práctico: Analiza las personas que frecuentas más seguido y evalúa cuáles tienen un impacto positivo en tu vida.

CONVERTIR LA POSITIVIDAD EN ACCIÓN

La positividad sin acción es solo teoría. Para que una mentalidad positiva sea efectiva, debe traducirse en comportamientos concretos.

Estrategias para transformar la positividad en resultados:

- **Actuar en lugar de esperar** – Ser optimista no significa quedarse pasivo, sino usar la energía positiva para avanzar.
- **Centrarse en las soluciones, no en los problemas** – Cada dificultad encierra una oportunidad de mejora.
- **Crear hábitos de éxito** – La positividad se convierte en un estilo de vida cuando se construyen rutinas productivas.

Ejemplo Práctico: *Si tu negocio está estancado, en vez de quejarte, planifica una estrategia para ampliar tu mercado o mejorar tu producto.*

Ejercicio Práctico: Cada semana, elige un desafío que estés enfrentando y escribe tres acciones que puedas tomar para mejorarlo.

Mantenerse positivo no significa ignorar los problemas, sino enfrentarlos con una mentalidad que permite encontrar soluciones, generar oportunidades y mantener alta la motivación.

La positividad es una elección consciente, un hábito que se cultiva y una ventaja competitiva tanto en el trabajo como en la vida.

Recuerda: No puedes controlar todo lo que sucede, pero sí puedes controlar tu actitud y la manera en que respondes a los desafíos.

RECUPERAR EL ENTUSIASMO: CÓMO REAVIVAR LA PASIÓN POR LO QUE HACEMOS

El entusiasmo es el motor que transforma las ideas en acción, el combustible que hace el trabajo más estimulante y la vida más plena. Pero todos, tarde o temprano, enfrentamos momentos de apatía y desmotivación. Es una fase natural, pero el problema surge cuando esa sensación se prolonga en el tiempo, apagando la pasión y volviendo cada actividad una carga.

Me ha pasado varias veces. Hubo momentos en los que me despertaba por la mañana y todo lo que tenía por delante me parecía aburrido, repetitivo, sin sentido. No era cuestión de pereza, era como si la energía se hubiese agotado. Estaba seguro de que ese era mi camino, pero dentro de mí sentía que algo se había apagado. Tuve que aprender a reconocer las causas y, sobre todo, a encontrar estrategias para reavivar esa chispa.

IDENTIFICAR LAS CAUSAS DE LA PÉRDIDA DE ENTUSIASMO

El primer paso para recuperar el entusiasmo es entender por qué lo hemos perdido. Las causas pueden ser muchas, pero a menudo se reducen a unos pocos factores comunes:

- **Rutina monótona** – Hacer siempre lo mismo, sin estímulos nuevos, puede volver todo predecible y aburrido.
- **Falta de progresos visibles** – Si sentimos que trabajamos

mucho sin obtener resultados, la motivación cae drásticamente.
- **Cansancio físico y mental** – El *burnout* es una de las principales causas de apatía y desinterés.
- **Falta de un objetivo claro** – Sin una dirección definida, todo puede parecer carente de sentido.

Ejemplo Práctico: *Me di cuenta de que, cada vez que perdía el entusiasmo, siempre había una de estas causas detrás. Tal vez estaba demasiado enfocado en los problemas en lugar de en las soluciones, o simplemente me estaba exigiendo demasiado sin darme tiempo para recargar energías.*

Ejercicio Práctico: Tómate 10 minutos para reflexionar y escribe cuáles podrían ser las causas de tu pérdida de entusiasmo.

REAVIVAR LA PASIÓN A TRAVÉS DE LAS PEQUEÑAS COSAS

A menudo buscamos soluciones drásticas para recuperar la motivación, pero en realidad basta con empezar por lo pequeño. A veces, un cambio mínimo puede marcar una gran diferencia.

Estrategias para reavivar la pasión:

- **Probar algo nuevo** – Incluso una pequeña variación en la rutina diaria puede ofrecer una nueva perspectiva.
- **Dedicar tiempo a lo que te hace feliz** – Redescubrir pasatiempos y pasiones ayuda a recargar la energía mental.
- **Hacer el trabajo más estimulante** – Incorporar nuevos retos o cambiar de enfoque puede devolver el entusiasmo a lo que haces cada día.

Ejemplo Práctico: *Recuerdo una etapa en la que todo parecía estancado. ¿La solución? Decidí dedicar al menos una hora al día a algo que realmente me apasionara, sin pensar en los resultados. Poco a poco, el entusiasmo volvió.*

Ejercicio Práctico: Haz una lista de cinco actividades que te hagan sentir entusiasmado e integra al menos una en tu semana.

DEFINIR OBJETIVOS APASIONANTES Y ALCANZABLES

El entusiasmo surge cuando tenemos un objetivo claro que nos motiva a actuar. Pero si un objetivo es demasiado vago o lejano, puede generar frustración en lugar de energía.

Cómo fijar objetivos que alimenten el entusiasmo:

- **Elige metas que te apasionen** – No deben ser solo necesarias, sino también estimulantes.
- **Divídelas en pasos concretos** – Cada pequeño logro alcanzado genera nueva motivación.
- **Mide el progreso** – Ver resultados, incluso mínimos, mantiene alta la motivación.

Ejemplo Práctico: *Cuando empiezo un nuevo proyecto, en lugar de decirme 'Quiero que despegue', divido el camino: primero estudiar el mercado, luego probar una idea, luego validarla. Así, cada pequeño éxito me impulsa a seguir.*

Ejercicio Práctico: Escribe un objetivo importante para ti y divídelo en tres pasos concretos y alcanzables.

RECUPERAR EL ENTUSIASMO A TRAVÉS DE LA INSPIRACIÓN

A veces, el entusiasmo no surge desde dentro, sino que debe alimentarse mediante estímulos externos. Encontrar fuentes de inspiración es fundamental para mantener alta la motivación.

¿Dónde encontrar inspiración?

- **Leer historias de éxito** – Saber que otros superaron momentos difíciles puede ofrecerte una nueva perspectiva.

- **Rodearte de personas apasionadas** – La energía de los demás es contagiosa.
- **Escuchar pódcast o ver contenidos motivacionales** – A veces, una frase adecuada en el momento justo puede marcar la diferencia.

Ejemplo Práctico: *Cuando me siento bloqueado, dedico 15 minutos al día a leer un libro de desarrollo personal o ver un video motivacional. Siempre funciona.*

Ejercicio Práctico: Encuentra una fuente de inspiración que te motive y dedícale al menos 10 minutos al día.

CREAR UN ENTORNO QUE FAVOREZCA EL ENTUSIASMO

El entorno en el que vivimos y trabajamos tiene un enorme impacto en nuestro estado de ánimo. Si es caótico, opresivo o carente de estímulos, será más difícil recuperar el entusiasmo.

Cómo optimizar tu entorno:

- **Crea un espacio de trabajo estimulante** – Un ambiente agradable influye directamente en tu estado de ánimo.
- **Evita personas negativas** – La negatividad es contagiosa; es mejor rodearse de quienes te motivan.
- **Organiza tu tiempo estratégicamente** – No te sobrecargues, deja espacio para actividades que te recarguen.

Ejercicio Práctico: Identifica tres cambios que puedes hacer en tu entorno para que sea más estimulante.

ACTUAR DE INMEDIATO PARA SALIR DEL ESTANCAMIENTO

El verdadero secreto para recuperar el entusiasmo es dar el primer paso. La acción, por pequeña que sea, genera impulso y reaviva la motivación.

Estrategias para actuar sin procrastinar:

- **Empieza con algo sencillo** – Un paso pequeño es mejor que la inacción.
- **Crea un plan para los próximos días** – Saber qué hacer ayuda a mantener el enfoque.
- **Recompénsate por los avances** – Incluso los logros pequeños merecen reconocimiento.

Ejemplo Práctico: *Cada vez que me siento bloqueado, me pregunto: ¿cuál es la cosa más pequeña y sencilla que puedo hacer hoy para volver a ponerme en marcha? Y siempre funciona.*

Ejercicio Práctico: Escribe una pequeña acción que puedas realizar hoy mismo para comenzar tu camino hacia un mayor entusiasmo.

El Entusiasmo no es Algo que se Pierde para Siempre. Es una llama que puede reavivarse con pequeños pasos, nuevos hábitos y fuentes de inspiración.

Recuerda: No esperes a sentirte entusiasta para actuar. Actúa, y el entusiasmo volverá por sí solo.

BUSCAR NUEVAS INSPIRACIONES

La pérdida de motivación suele venir de la monotonía, la falta de estímulos o la sensación de estar atrapado en hábitos repetitivos. Para reactivar la creatividad y las ganas de actuar, es esencial abrirse a nuevas fuentes de inspiración. La inspiración no llega sola, hay que buscarla activamente, alimentando la mente con nuevas ideas, experiencias y exploraciones.

Buscar nuevas inspiraciones significa expandir tus horizontes, desafiarte a ti mismo y encontrar estímulos en lugares, personas y conocimientos inesperados.

EXPANDIR LOS HORIZONTES A TRAVÉS DE NUEVAS EXPERIENCIAS

Para salir del estancamiento mental, es necesario romper la rutina y probar nuevas actividades. La inspiración a menudo nace del contacto con situaciones distintas a las habituales, que nos obligan a ver las cosas desde otra perspectiva.

Formas de explorar nuevas experiencias:

- **Viaja, incluso a lugares cercanos** – El cambio de entorno estimula la creatividad y genera nuevas ideas.
- **Asiste a eventos y conferencias** – Escuchar a expertos e innovadores abre la mente a nuevas posibilidades.
- **Frecuenta entornos distintos a los habituales** – Explorar nuevas comunidades, sectores o disciplinas enriquece el pensamiento.

Ejemplo Práctico: *Si me siento estancado en mi trabajo, puedo asistir a un evento en un sector diferente al mío para descubrir nuevas ideas y conexiones.*

Ejercicio Práctico: Busca un evento o actividad fuera de tu zona de confort y participa activamente en los próximos 30 días.

BUSCAR INSPIRACIÓN EN LAS HISTORIAS DE OTROS

Una de las fuentes más poderosas de inspiración es escuchar las experiencias de quienes han enfrentado desafíos y los han superado. Las historias de éxito y resiliencia nos recuerdan que las dificultades forman parte del camino y que el cambio es posible.

¿Dónde encontrar historias inspiradoras?

- **Leer biografías de personas exitosas** – Comprender su camino puede darte nuevas ideas para enfrentar tus desafíos.

- **Ver documentales y entrevistas** – Escuchar directamente a quienes han superado dificultades puede ser muy motivador.
- **Hablar con mentores o personas que admires** – El contacto directo con alguien con más experiencia ayuda a aclarar tu perspectiva.

Ejemplo Práctico: *Si estoy pasando por un momento difícil en mi negocio, puedo leer la biografía de un emprendedor que superó obstáculos similares.*

Ejercicio Práctico: Encuentra una biografía, un documental o una entrevista de alguien que te inspire y anota al menos tres lecciones aplicables a tu vida.

EL APRENDIZAJE CONTINUO COMO FUENTE DE INSPIRACIÓN

El crecimiento personal y profesional está estrechamente ligado al aprendizaje. Cuando aprendemos algo nuevo, nuestra mente se expande y se vuelve más receptiva a las oportunidades.

Formas de integrar el aprendizaje en tu vida:

- **Inscribirte en cursos presenciales u online** – Incluso una hora a la semana dedicada a un nuevo tema puede marcar la diferencia.
- **Leer libros sobre temas que despierten tu curiosidad** – No solo por trabajo, sino también por el placer de descubrir.
- **Participar en talleres prácticos** – El aprendizaje activo estimula el cerebro más que el pasivo.

Ejemplo Práctico: *Si siento que he perdido el entusiasmo por mi sector, puedo inscribirme en un curso de actualización para adquirir nuevas competencias y reavivar la pasión.*

Ejercicio Práctico: Elige un nuevo tema que te interese y empieza a dedicarle 30 minutos a la semana a través de libros, cursos o videos educativos.

EL PODER DE LAS NUEVAS CONEXIONES

A veces, la inspiración surge de las personas que conocemos. Ampliar nuestra red de contactos y relacionarnos con individuos que tienen ideas diferentes a las nuestras puede abrir la mente y ofrecer nuevas perspectivas.

Cómo crear conexiones inspiradoras:

- **Asiste a eventos de networking o comunidades del sector** – Conocer personas con intereses similares estimula la creatividad.
- **Encuentra un mentor o conviértete tú mismo en mentor** – Enseñar o aprender de otros genera nuevas ideas.
- **Únete a grupos de discusión o masterminds** – Compartir ideas regularmente con otras personas ayuda a mantener alta la motivación.

Ejemplo Práctico: *Si me siento desmotivado en mi trabajo, puedo buscar un grupo de profesionales con quienes intercambiar ideas y encontrar nuevos estímulos.*

Ejercicio Práctico: Identifica a una persona con la que te gustaría conectar y envíale un mensaje para iniciar una conversación.

ESTIMULAR LA CREATIVIDAD A TRAVÉS DE NUEVAS EXPERIENCIAS SENSORIALES

La inspiración no proviene solo del conocimiento, sino también de la experiencia sensorial y de la expresión creativa.

Cómo estimular la creatividad para encontrar inspiración:

- **Escucha música que te inspire** – Los sonidos pueden influir en tu estado de ánimo y productividad.

- **Explora diferentes formas de arte** – Fotografía, pintura, teatro o cualquier otra forma creativa puede ayudarte a ver las cosas de forma distinta.
- **Cambia tu entorno de trabajo o de vida** – Incluso mover los muebles o trabajar en un lugar diferente puede aportar nueva energía.

Ejemplo Práctico: *Si me siento mentalmente bloqueado, puedo dar un paseo por un museo o por un entorno natural para cambiar de perspectiva.*

Ejercicio Práctico: Encuentra una actividad creativa que nunca hayas probado antes y dedícale al menos una hora esta semana.

La inspiración no llega por casualidad: hay que buscarla activamente.

Abrir la mente a nuevas experiencias, aprender continuamente, conectar con personas estimulantes y cultivar la creatividad son estrategias fundamentales para recuperar energía, entusiasmo e ideas nuevas.

Recuerda: Cuanto más explores el mundo que te rodea, más posibilidades tendrás de encontrar la inspiración que necesitas para alcanzar tus objetivos.

RELANZARSE: RECUPERAR IMPULSO Y SEGURIDAD

Hay momentos en la vida en los que nos sentimos estancados, sin energía ni estímulos. Relanzarse no significa cambiarlo todo radicalmente, sino introducir pequeños cambios intencionales que puedan reavivar la confianza en uno mismo y las ganas de actuar.

Un relanzamiento personal no se trata solo de apariencia o motivación momentánea, sino de un proceso de renovación interior y exterior que nos permite recuperar impulso, seguridad y determinación.

EL IMPACTO DEL CAMBIO ESTÉTICO EN LA CONFIANZA PROPIA

Nuestra apariencia influye directamente en cómo nos percibimos y cómo enfrentamos el mundo. Sentirse bien con uno mismo a nivel estético puede tener un impacto inmediato en la autoconfianza y en la actitud con la que encaramos el día a día.

Cómo un pequeño cambio puede marcar la diferencia:

- **Renueva tu estilo** – Incluso un nuevo accesorio o corte de pelo puede darte un aire fresco.
- **Cuida tu postura y lenguaje corporal** – Caminar erguido y con seguridad influye tanto en cómo te perciben los demás como en cómo te sientes interiormente.
- **Ordena tu armario** – Eliminar lo que ya no te representa e invertir en prendas que te hagan sentir bien puede mejorar tu estado de ánimo.

Ejemplo Práctico: *Si quiero cambiar mi actitud, puedo empezar vistiéndome de una forma que me haga sentir seguro y preparado para afrontar nuevos retos.*

Ejercicio Práctico: Identifica un pequeño cambio estético que puedas hacer hoy para sentirte mejor contigo mismo y ponlo en práctica.

TOMAR LA INICIATIVA EN LO QUE SIEMPRE HAS POSPUESTO

Muchas veces nos sentimos estancados porque hemos dejado demasiados proyectos o sueños en suspenso. Posponer continuamente genera frustración e insatisfacción. En cambio, comenzar por fin algo que siempre hemos querido hacer puede ser un catalizador de energía y motivación.

Cómo relanzarte a través de la acción:

- **Identifica un proyecto que siempre hayas postergado** – Incluso algo pequeño, pero significativo para ti.
- **Da el primer paso, aunque sea mínimo** – No hace falta planearlo todo de golpe, basta con empezar.
- **Disfruta el proceso** – No pienses solo en el resultado final, sino también en la satisfacción de avanzar.

Ejemplo Práctico: *Si siempre he querido aprender un nuevo idioma, en lugar de seguir diciendo 'algún día lo haré', puedo empezar hoy con una clase en línea.*

Ejercicio Práctico: Escribe un objetivo que siempre hayas pospuesto y define una pequeña acción que puedas hacer hoy mismo para empezar.

REDEFINIR TU IDENTIDAD Y PROPÓSITO

A veces, para relanzarse, es necesario redescubrir quiénes somos y qué queremos realmente. Esto implica dar un paso atrás y reflexionar sobre nuestros valores, nuestras pasiones y lo que nos hace sentir realizados.

Cómo redefinir tu identidad:

- **Reflexiona sobre lo que realmente te entusiasma** – ¿Qué te hace sentir vivo y motivado?
- **Analiza tus experiencias pasadas** – ¿Qué actividades te han hecho sentir verdaderamente satisfecho?
- **Escribe una declaración de intenciones** – Define quién quieres ser y qué pasos puedes dar para acercarte a tu mejor versión.

Ejemplo Práctico: *Si me siento perdido, puedo escribir una declaración personal sobre lo que quiero lograr en los próximos seis meses y usarla como guía.*

Ejercicio Práctico: Escribe una frase que describa quién quieres ser en los próximos meses y qué puedes hacer para acercarte a esa versión de ti mismo.

RENOVAR LAS RELACIONES PARA ENCONTRAR NUEVA ENERGÍA

Las personas que nos rodean tienen un gran impacto en nuestra energía y motivación. A veces, relanzarse también implica renovar nuestras conexiones sociales y alejarnos de quienes nos frenan.

Cómo mejorar las relaciones para relanzarte:

- **Busca nuevas conexiones con personas estimulantes** – Asiste a eventos, únete a grupos o amplía tu red de contactos.
- **Reduce el tiempo con personas negativas** – Si alguien apaga tu entusiasmo, considera disminuir su influencia en tu vida.
- **Redescubre antiguos contactos** – A veces, una conversación con alguien que te inspiraba puede reavivar una chispa.

Ejemplo Práctico: *Si siento que necesito nueva energía, puedo buscar oportunidades para conocer personas con intereses similares a los míos y compartir nuevas ideas.*

Ejercicio Práctico: Contacta a una persona que te haya inspirado en el pasado y organiza una reunión o conversación para compartir ideas y motivación.

Relanzarse no significa revolucionar tu vida de un día para otro, sino hacer pequeños cambios que te ayuden a sentirte más fuerte, más motivado y más seguro.

Recuerda: Toda gran transformación empieza con un primer paso. El momento ideal para relanzarte es ahora.

TRANSFORMAR LOS OBSTÁCULOS EN OPORTUNIDADES

Hay momentos en la vida en los que los obstáculos parecen insuperables, cuando todo parece estar en contra nuestra.

He vivido situaciones en las que pensé que lo había perdido todo, momentos en los que el fracaso parecía el único desenlace posible. Pero cada vez descubrí que, detrás de cada dificultad, se escondía una oportunidad que aún no había visto.

ADOPTAR UNA MENTALIDAD RESILIENTE

La resiliencia no es solo una palabra de moda, sino una herramienta real de supervivencia en el mundo de los negocios y en la vida. Ser resiliente significa aceptar que los obstáculos siempre estarán presentes, pero también comprender que podemos elegir cómo enfrentarlos.

Cómo fortalecer la resiliencia:

- **Aceptar que las dificultades forman parte del camino.** Si crees que todo debe ir siempre bien, cualquier problema parecerá una catástrofe. Pero si sabes que los obstáculos son normales, los verás como oportunidades de crecimiento.
- **Centrarse en las soluciones.** Cada vez que enfrenté un momento difícil, intenté preguntarme: "¿Cuáles son las opciones? ¿Cómo puedo superar este obstáculo?". Buscar soluciones en lugar de quejarse lo cambia todo.
- **Ser flexible.** A veces, el camino hacia el éxito no es el que habíamos imaginado. Tuve que cambiar de dirección varias veces en mi vida, y cada vez descubrí nuevas oportunidades que antes ni siquiera habría considerado.

Ejercicio Práctico: Piensa en un reto reciente que hayas enfrentado. Escribe tres formas en las que podrías haberlo transformado en una oportunidad.

CAMBIAR DE PERSPECTIVA: DEL OBSTÁCULO A LA POSIBILIDAD

Muchas veces, un problema es solo una cuestión de perspectiva. Lo que hoy parece una derrota podría convertirse en el giro decisivo de tu vida.

Cómo cambiar de perspectiva:

- **Busca la lección oculta.** Cada obstáculo tiene algo que enseñarte. He aprendido más de mis fracasos que de mis éxitos.
- **Identifica la oportunidad detrás de la dificultad.** Una vez perdí un cliente importante y, al principio, me sentí abatido. Luego me di cuenta de que podía aprovechar esa libertad para enfocarme en un proyecto aún más grande.
- **Sustituye el pensamiento negativo por uno estratégico.** En lugar de preguntarte "¿Por qué me pasó esto a mí?", pregúntate "¿Cómo puedo usar esta experiencia para mejorar?"

Ejercicio Práctico: Toma un obstáculo que estés enfrentando y escribe al menos una posibilidad positiva que pueda surgir de esa situación.

APROVECHAR EL FRACASO COMO PALANCA DE CRECIMIENTO

El fracaso no es el final del camino, sino una etapa inevitable hacia el éxito. Si nunca has fracasado, significa que nunca te has arriesgado lo suficiente.

Cómo usar el fracaso a tu favor:

- **Analiza qué salió mal,** sin autocompadecerte, pero con una mirada crítica.
- **Adopta una mentalidad de experimentación.** Cada

experiencia es una prueba, cada error es una retroalimentación.
- **Vuelve a empezar con mayor conciencia.** Usa lo que aprendiste para perfeccionar tu estrategia.

Ejercicio Práctico: Escribe tres cosas que aprendiste de un fracaso reciente y cómo puedes aplicarlas en el futuro.

USAR LOS RETOS COMO MOTOR DE INNOVACIÓN

Las mayores innovaciones nacen de problemas que necesitan solución. Si aprendemos a ver los obstáculos como oportunidades de mejora, podemos transformar las dificultades en ventajas competitivas.

Cómo aprovechar las dificultades para innovar:

- **Piensa fuera de lo convencional.** Si un método no funciona, prueba otro.
- **Observa lo que hacen los demás y encuentra tu ventaja única.**
- **Experimenta.** No esperes la solución perfecta; prueba y mejora sobre la marcha.

Ejercicio Práctico: Identifica una dificultad que estés enfrentando y escribe una idea innovadora que podrías desarrollar para superarla.

FORTALECER LA DETERMINACIÓN A TRAVÉS DE LAS DIFICULTADES

Los obstáculos ponen a prueba nuestra determinación. Pero quien persiste, al final logra transformar incluso los retos más grandes en trampolines hacia el éxito.

Cómo fortalecer tu determinación:

- **Sé fiel a tus objetivos, pero flexible en el camino.**
- **Crea una red de apoyo.** Contar con personas que creen en ti puede darte la fuerza para no rendirte.

- **Recuerda tu "por qué".** Cuando todo parezca difícil, reconéctate con las razones profundas que te llevaron a empezar.

Ejercicio Práctico: Escribe tu "por qué", es decir, la razón profunda por la que iniciaste tu camino, y léela cada vez que enfrentes un obstáculo.

Los obstáculos no son barreras, sino oportunidades disfrazadas.

Si aprendemos a cambiar de perspectiva, a ver las dificultades como ocasiones de crecimiento y a perseverar en los momentos difíciles, podemos transformar cualquier desafío en una ventaja.

Recuerda: No te preguntes si superarás el obstáculo, sino cómo lo convertirás en tu mayor oportunidad.

LA IMPORTANCIA DEL CAMBIO CONSCIENTE

La rutina ofrece seguridad, pero puede convertirse en una jaula invisible. Cuando nuestros días empiezan a parecer repetitivos y sin estímulos, corremos el riesgo de perder el entusiasmo, la curiosidad y el deseo de mejorar. Es necesario introducir nuevos estímulos, salir de los patrones habituales y redescubrir el placer de explorar.

No hace falta revolucionar tu vida; basta con abrirse a nuevas experiencias, incluso pequeñas, para renovar la energía mental y ver el mundo con nuevos ojos.

Muchas veces la rutina se establece de forma gradual e inconsciente. Nos acostumbramos a hacer lo mismo cada día porque es más fácil y seguro, pero esta repetición puede conducir al aburrimiento y la estancación. Para cambiar de verdad, es necesario darse cuenta de cuánto nuestras costumbres están limitando nuestro crecimiento.

Cómo reconocer las señales de que necesitas un cambio:

- Te sientes aburrido o desmotivado, incluso sin un motivo claro.

- Tus días transcurren sin momentos emocionantes o estimulantes.
- Te das cuenta de que evitas nuevas experiencias por miedo o por pereza.

Ejemplo Práctico: *Si noto que cada día se parece al anterior, puedo comenzar a introducir pequeñas novedades, como un nuevo pasatiempo o una rutina matutina diferente.*

Ejercicio Práctico: Escribe tres aspectos de tu vida que están volviéndose repetitivos y piensa cómo podrías cambiarlos para hacerlos más estimulantes.

EXPERIMENTAR PEQUEÑOS CAMBIOS PARA ROMPER LA MONOTONÍA

No es necesario transformar tu vida de la noche a la mañana. El cambio puede comenzar con pequeños gestos cotidianos que interrumpan el automatismo de la rutina.

Formas sencillas de introducir variedad en tu día:

- **Cambia tu ruta al trabajo** – Notarás nuevos detalles y romperás la monotonía del trayecto.
- **Modifica tus hábitos matutinos** – Prueba levantarte más temprano, hacer una actividad nueva o cambiar el orden de lo que haces al despertar.
- **Elige una actividad nueva cada semana** – Desde cocinar algo diferente hasta leer un género nuevo, cada novedad estimula la mente.

Ejemplo Práctico: *Si todas las mañanas comienzo el día de la misma forma, puedo probar a incluir un nuevo hábito, como escribir un pensamiento positivo o dar un paseo corto.*

Ejercicio Práctico: Elige un hábito de tu rutina diaria que puedas modificar y pruébalo durante una semana.

SALIR DE LA ZONA DE CONFORT Y ABRAZAR LA INCERTIDUMBRE

El verdadero cambio ocurre cuando nos empujamos más allá de lo que conocemos. Salir de la zona de confort significa enfrentarse a nuevas experiencias sin miedo al fracaso, acogiendo la incertidumbre como parte del crecimiento personal.

Cómo salir de tu zona de confort:

- **Acepta nuevos retos sin temor a equivocarte** – Cada error es una oportunidad de aprendizaje.
- **Di "sí" a experiencias inesperadas** – Acepta invitaciones, prueba cosas que nunca habías considerado.
- **Haz algo que te dé miedo pero te intrigue** – Superar pequeños miedos refuerza la confianza en uno mismo.

Ejemplo Práctico: *Si siempre he evitado hablar en público por miedo a equivocarme, puedo empezar con una breve intervención frente a un grupo reducido.*

Ejercicio Práctico: Identifica una experiencia que has evitado por miedo o inseguridad y planea una forma de afrontarla en los próximos días.

EXPANDIR TUS PERSPECTIVAS A TRAVÉS DE NUEVAS EXPERIENCIAS

Las experiencias distintas amplían nuestra visión del mundo y nos ayudan a descubrir talentos y pasiones que no sabíamos que teníamos. Explorar nuevos entornos, culturas y disciplinas abre la mente y enriquece nuestra perspectiva.

Formas de ampliar tus horizontes:

- **Viaja, incluso sin ir lejos** – Visitar lugares nuevos, incluso dentro de tu ciudad, ayuda a ver las cosas desde otro ángulo.

- **Conoce personas con intereses diferentes a los tuyos** – Escuchar experiencias distintas puede ofrecer nuevos estímulos.
- **Profundiza en temas que no conoces** – Leer, hacer cursos o hablar con expertos de sectores distintos al tuyo amplía la mente.

Ejemplo Práctico: *Si siempre he leído solo libros de un cierto tipo, puedo intentar explorar un tema completamente distinto para estimular nuevas ideas.*

Ejercicio Práctico: Elige una actividad, un libro o una experiencia fuera de tu zona habitual de interés y comprométete a explorarla esta semana.

CREAR ESPACIOS DE REFLEXIÓN Y REGENERACIÓN

Para mantener alta la motivación y la energía, es fundamental reservar tiempo para uno mismo, para recargar energías y reflexionar sobre los propios avances.

Actividades para recargar mente y cuerpo:

- **Meditación o mindfulness** – Incluso unos minutos al día ayudan a reducir el estrés y mejorar la concentración.
- **Paseos en la naturaleza** – Caminar en un entorno distinto al habitual ayuda a despejar la mente.
- **Momentos de desconexión de redes sociales y tecnología** – Apagar el móvil durante unas horas permite reconectar contigo mismo.

Ejemplo Práctico: *Si me siento abrumado por la rutina y el ritmo frenético, puedo dedicar cada día 15 minutos solo para mí, sin distracciones.*

Ejercicio Práctico: Planifica un momento del día en el que puedas relajarte y reflexionar, sin estímulos externos.

Cada pequeño paso fuera de la zona de confort es un paso hacia una vida más rica y estimulante.

Recuerda: Abandonar la rutina no significa necesariamente revolucionar tu vida, sino introducir cambios graduales que aporten nueva energía y estímulos positivos.

EN RESUMEN

Renacer, recuperar la motivación y el entusiasmo por la vida requiere compromiso y constancia. No es un camino lineal, pero con determinación y la aplicación de estas estrategias, puedes superar la negatividad, encontrar inspiración y relanzarte.

Recuerda que tú eres el director de tu vida y tienes el poder de crear tu propio éxito. Afronta cada día con positividad, gratitud y mente abierta, y deja que el entusiasmo guíe tu camino hacia el éxito y la realización personal.

CONCLUSIÓN

Todo lo que he compartido en estas páginas —cada lección, cada error y cada victoria— es fruto de mi experiencia en el terreno, y espero que pueda servirte de ayuda en tu camino. Cada obstáculo superado es un paso adelante, una oportunidad para crecer, aprender y mejorar. Si hay algo que quiero que recuerdes después de leer este libro, es que el éxito no se trata solo de dinero o de ideas brillantes, sino de mentalidad, acción y perseverancia.

Abre tu mente, desafía las reglas que te han enseñado y empieza a construir tu negocio, tu futuro, bajo tus propias condiciones.

Y sobre todo, no esperes el momento perfecto… porque el momento perfecto es ahora.

Si crees que eres demasiado joven para lanzarte en un proyecto, déjame decirte algo: no existe una edad correcta para empezar. Y si piensas que ya es demasiado tarde, debes saber que muchos emprendedores encontraron su camino bien pasados los 40, los 50 o incluso los 60 años.

Ray Kroc tenía 52 años cuando convirtió McDonald's en un gigante mundial. El Coronel Sanders fundó KFC a los 65 años. Sam Walton creó Walmart a los 44. Vera Wang comenzó su carrera como diseñadora a los 40 y Arianna Huffington fundó el Huffington Post a los 55.

CONCLUSIÓN

Por otro lado, hay jóvenes que hicieron fortuna antes de los 20, simplemente porque nunca se creyeron la excusa del "no estoy listo". El tiempo pasa de todos modos, hagas algo o no. Y esta es la verdad: si no empiezas hoy, probablemente no empezarás nunca.

No importa desde dónde partas, lo importante es empezar. El mundo está lleno de oportunidades, pero ninguna irá a tocar a tu puerta. Si hay una idea que te ronda la cabeza desde hace tiempo, deja de pensarlo y da el primer paso.

El éxito pertenece a quien actúa, no a quien pospone.

No es un sueño inalcanzable:
¡está en tus manos convertirlo en realidad!

www.ingramcontent.com/pod-product-compliance
Lightning Source LLC
Chambersburg PA
CBHW051605010526
44119CB00056B/784